Aus der Waagschale der Justitia

Ein Lesebuch aus 2000 Jahren Rechtsgeschichte

Von Fritjof Haft

Mit 40 Schwarzweißabbildungen
3., durchgesehene Auflage 2001

Deutscher Taschenbuch Verlag

Originalausgabe
Deutscher Taschenbuch Verlag GmbH & Co. KG,
Friedrichstraße 1 a, 80801 München

Gesamtherstellung: Druckerei C. H. Beck, Nördlingen
(Adresse der Druckerei: Wilhelmstraße 9, 80801 München)
Umschlaggestaltung: Agentur 42 (Fuhr & Partner), Mainz,
unter Verwendung eines Fotos von Taubenberger
(Bavaria Bildagentur)
ISBN 3 423 05690 8 (dtv)
ISBN 3 406 45207 8 (C. H. Beck)

Gedruckt auf säurefreiem, alterungsbeständigem Papier
(hergestellt aus chlorfrei gebleichtem Zellstoff)

Es vergeht kein Tag, ohne daß das Recht uns in irgendeiner Weise berührt. Wir befolgen es, wir brechen es, wir kämpfen darum, wir verlieren es, das Recht beherrscht uns, und wir setzen es ein, um andere zu beherrschen. Gründe genug, um sich über das Recht Gedanken zu machen – und darüber nachzulesen. In diesem Buch wird die „Sache Recht" in all ihrer Vielfalt, ihren Höhen und Tiefen, ihrer Wahrheit und ihren Irrtümern lebendig, vom Prozeß Jesu bis zum Nürnberger Tribunal, vom Pentateuch bis zum Grundgesetz, von Platon bis Bloch reicht dieses Lesebuch aus 2000 Jahren Rechtsgeschichte.

In sechs Abschnitten wird von Gerichten, Prozessen, Gesetzen, Rechtsklassikern, Rechtswissenschaftlern und Rechtsideen berichtet. Und im siebten Abschnitt kommen die großen Rechtsphilosophen des Abendlandes selbst zu Wort. Bilder geben den Darstellungen Anschaulichkeit, und der Autor beweist, daß Rechtsgelehrte keineswegs trocken und langweilig zu schreiben brauchen.

Der Autor Fritjof Haft, 1940 in Berlin geboren, studierte Rechtswissenschaft in München, habilitierte sich dort und ist seit 1983 ordentlicher Professor für Strafrecht, Strafprozeßrecht, Rechtsphilosophie und Rechtsinformatik in Tübingen. Seine mehr als 70 Veröffentlichungen, darunter zwölf Bücher, befassen sich vor allem mit Strafrecht und Rechtsphilosophie und den Schwerpunkten Rechtsinformatik, Rechtsdidaktik und Rechtsrhetorik. Er engagiert sich außerdem im Bereich der wissenschaftlichen Fort- und Weiterbildung für Berufspraktiker.

Inhalt

A. Die Gerichte

B. Die Prozesse

C. Die Gesetze

D. Die Klassiker des Rechtsdenkens

E. Die Rechtswissenschaftler

F. Die Ideen

G. Die Texte

A. Die Gerichte

1. Die Erfindung des Gerichts – zwei Pfunde Goldes für den, der das Recht am geradesten spräche

In einer berühmten Szene der Ilias (II. 18. 497–508) schildert Homer einen Prozeß, der in einer Folge von Bildern auf dem legendären Schild des Achill dargestellt ist. Dies sind die Worte des Dichters (in der Übersetzung von Wolfgang Schadewaldt):

„Das Volk aber war auf dem Markt versammelt. Dort hatte ein Streit sich erhoben: Zwei Männer stritten um das Wergeld für einen erschlagenen Mann. Der eine gelobte, daß er alles erstattet habe und tat es dem Volke dar, der andere leugnete: nichts habe er empfangen. Und beide begehrten, beim Schiedsmann einen Entscheid zu erlangen, und das Volk schrie beiden zu, hüben und drüben als Helfer. Und Herolde hielten das Volk zurück, die Ältesten aber saßen auf geglätteten Steinen im heiligen Ring. Und sie hielten die Stäbe von den Herolden, den luftdurchrufenden, in den Händen; mit denen sprangen sie dann auf und taten abwechselnd ihren Spruch. In ihrer Mitte aber lagen zwei Pfunde Goldes, um sie dem zu geben, der unter ihnen das Recht am geradesten spräche."

Die Stelle erlaubt es uns, einen flüchtigen Schimmer jenes Prozesses zu erhaschen, in welchem ein Volk den Schritt vom primitiven zu einem archaischen Rechtszustand tut. Offenbar hatte der Beklagte einen Verwandten des Klägers ermordet, und offenbar ging der Streit um die Erfüllung eines Paktes, mittels dessen sich die Parteien über das Recht des Klägers zur Rache verglichen hatten. Es gab also bereits eine compositio, ein „Wergeld", welches die primitive Blutfehde zu überwinden geeignet war. Und es gab offenbar schon ein Gericht.

Über den letztgenannten Punkt ist freilich viel gestritten worden. Man hat darauf verwiesen, die Worte „beide begehrten, beim Schiedsmann einen Entscheid zu erlangen", deuteten auf ein Schiedsgericht hin, und ein Schiedsgericht sei schon immer eine vom staatlich autorisierten Gericht grundsätzlich verschiedene Erscheinung gewesen; jenes sei freiwillig und wolle vermitteln;

dieses sei zwingend und verbindlich. Wie jedoch vor allem H. J. Wolff überzeugend herausgearbeitet hat, beschreibt Homer ein echtes Gericht. Wolff deutet die Szene so:

Der Kläger war noch auf Selbsthilfe angewiesen. Er mußte den Schuldner festnehmen und konnte, wenn dieser das Wergeld nicht bezahlte, Blutrache nehmen, indem er den Schuldner umbrachte. Der Beklagte rief zum Schutz gegen diese Selbsthilfe die Obrigkeit an. Er fand bei den Ältesten Zuflucht und Schutz, bis seine Behauptung, das Wergeld sei gezahlt worden, geklärt war.

Es existierte also eine Obrigkeit, die mit der Macht ausgestattet war, in eine bereits angefangene private Vollstreckung einzugreifen. Die Existenz dieser Obrigkeit wird durch die Herolde belegt, die das Volk zurückhielten. Die Obrigkeit selbst – ein König? – spielte im Verfahren keine Rolle und wurde deshalb vom Dichter nicht erwähnt.

Als erster trug der Beklagte seine Sache vor „und tat es dem Volke dar". Dann sprach der Kläger. Danach taten die Ältesten „abwechselnd" ihren Spruch, wobei sie die „Stäbe von den Herolden" in den Händen hielten. Das Volk hörte schweigend jeden Vorschlag an. Mißfiel ihm ein Vorschlag, hielt das Schweigen auch nach dem Vortrag an; anderenfalls akklamierte es. Der Älteste, dessen Vorschlag den meisten Beifall fand, war der, der „das Recht am geradesten" sprach. Er erhielt die beiden Pfund Gold, welche die Parteien als Gebühr für den Spruch im voraus hinterlegt hatten.

Damit, schreibt H. J. Wolff, ist das „hinter den Vorgängen stehende Prinzip klar. Die öffentliche Gewalt sucht den internen Frieden zu garantieren – nicht so sehr dadurch, daß sie sich denen zur Verfügung stellt, die eine friedliche gerichtliche Bestätigung ihrer Ansprüche suchten, als vielmehr dadurch, daß sie einem angegriffenen Mitglied des Gemeinwesens Schutz gewährte, solange das Recht des Angreifenden auf den Zugriff nicht feststand. So primitiv und unvollkommen dieses Verfahren auch sein mochte, der erste und entscheidende Schritt in der Richtung der Verhütung des Auswachsens der Selbsthilfe zur wilden Fehde, die die Ordnung und den Frieden des Gemeinwesens in Frage gestellt hatten, war getan."

Das Gericht war erfunden – „die erste, vielleicht auch die letzte große Erfindung auf dem Gebiet des Rechts" (W. Seagle).

2. Oberster Richter im alten Ägypten – der, der das Geheimnis des Himmels schaut

Zu Beginn des Alten Reiches (3.–8. Dynastie, 2620–2100) wurde unter König Djoser ein entscheidender Schritt in Richtung auf den klassischen ägyptischen Staat und seine Kultur getan. Die beginnenden Großbauten der Pyramiden erforderten eine volle Erfassung des Arbeitspotentials des ganzen Landes. Das wiederum setzte eine Bürokratie, einen echten Staat voraus. Zu jener Zeit schuf man am „Königshaus" das neue Amt eines obersten Richters. Er entlastete den König in seiner richterlichen Tätigkeit. Später wurde dieser Oberrichter auch erster Leiter der Staatsverwaltung. Er hieß Wesir, und er war der, „der das Geheimnis des Himmels schaut".

Die feierliche Ansprache, mit welcher der jeweilige König einen neuen Wesir in sein Amt einführte, ist erhalten. In ihr sagte der König: „Verzögere nicht die Ma^{c}at, deren Gesetz (hp) du kennst." Und: „Siehe zu, daß alles getan werde gemäß den Gesetzen und alles getan werde gemäß seiner Richtigkeit (mtr), damit man jeden im Zustand der Ordnung (m^{3c}) sein lasse." Ferner: „Siehe, das ist ein Spruch, der in der Buchrolle von Memphis steht, wenn der König den Wesir zur Nachsicht mahnte: Hüte dich vor dem, was man vom Wesir Achthoes erzählte. Man sagte nämlich, er benachteilige die Leute seiner Verwandtschaft gegenüber anderen aus Furcht, man könnte wahrheitswidrig von ihm behaupten, er bevorzuge seine Familie. Aber das ist mehr als Ma^{c}at." Und schließlich: „Im Ausspruch des Wesirs erwartet man Ma^{c}at." Sicherung der Ma^{c}at war die bedeutsamste Aufgabe des Wesirs. Als Abzeichen trug er eine kleine Figur der Göttin Ma^{c}at um den Hals. Was bedeutet Ma^{c}at?

Im Wörterbuch von Erman-Grapow wird Ma^{c}at mit „Recht" übersetzt. Daß dieser Begriff aber in einem umfassenderen Sinne zu verstehen ist, hat Wolfgang Helck gezeigt. Man kann, je nach Textzusammenhang, Ma^{c}at auch mit Gerechtigkeit, Weltordnung, Wahrheit übersetzen. In der Hieroglyphenschrift wird Ma^{c}at durch eine vorn abgeschrägte Basis geschrieben, wie sie unter Thronen oder als erhöhte Standbasis von Figuren benutzt wird. Ma^{c}at ist also die Basis allen Lebens.

Die Göttin Ma^{c}at wird durch eine Feder auf dem Kopf hervorgehoben. Auf Darstellungen von Prozessionsschiffen steht sie auf dem Vorderdeck. Dahinter verbirgt sich eine geschichtliche Überlieferung. Wenn in der Frühzeit Ägyptens, der sog. „Thinitenzeit", der König der beiden Länder auf dem Nil durch sein Reich fuhr, „um die Guten zu belohnen und die Bösen zu bestrafen", stand auf dem Vorderdeck seines Schiffes ein Hinrichtungsgerät, ein Stamm mit biegsamer Spitze, an welchen der Verurteilte gebunden wurde. Sein Kopf wurde mit den Haaren an der herabgezogenen Spitze befestigt. Beim Abschneiden schnellte er hinauf und blieb oben hängen, wo ihn die Ginsterkatzen fraßen. Später stand die Göttin Ma^{c}at an dieser Stelle.

Gegenbegriff der Ma^{c}at ist jsft – das Chaos, die Unordnung. Atum, der Schöpfergott, hatte den chaotischen Urzustand vor der Schöpfung beendet und die Zweiheit Himmel und Erde, die Ordnung der Welt geschaffen. Ma^{c}at bedeutet den Zustand der geordneten Welt; ihn zu bewahren und bei einer Thronbesteigung neu einzurichten war die vornehmste Pflicht des Königs. Der König setzt „Ma^{c}at an die Stelle von jsft".

Das ägyptische Weltbild war dementsprechend dualistisch, von der „Zweiheit" bestimmt. Das läßt sich historisch erklären. Der ägyptische Staat war aus der Unterwerfung des kulturell höherstehenden Nordens durch Jägernomaden aus dem Süden entstanden. Diesen Dualismus fanden die Ägypter überall in der Natur wieder – Fluß und Wüste, Mann und Frau, Tag und Nacht. In allen Verwaltungsämtern wurde dieser Dualismus festgehalten. Häufig wurde der König sogar zweimal nebeneinander abgebildet, ja, er hatte sogar zwei Gräber.

Ma^{c}at ist also der dauernd durch das Chaos gefährdete Zustand, den der König erhalten muß, will er die Basis des Staates bewahren. Diesen Zustand bewahrt man nun am besten, wenn man Konflikte verhindert. Dazu muß man ein Ma^{c}at-gerechtes Leben führen, muß den Emotionen den Kampf ansagen und Selbstbesinnung und Selbstbeherrschung üben. Das Leitbild ist der „Schweigende", der seine Gefühle und damit das Chaos rigoros unterdrückt. Der „Kampf ums Recht" (Ihering) ist nicht ma^{c}at-gerecht. Ma^{c}at-gerecht ist vielmehr ein Verhalten wie jenes, welches Ptahotep gegenüber Vorgesetzten, Gleichgestellten und Untergebenen mit folgenden Worten anrät.

„Wenn du einen Besserwisser bei seinem Auftritt antriffst, der aber seinen Willen durchsetzen kann, weil er ranghöher ist als du, so beuge deine Arme und krümme deinen Rücken. Laß dich nicht ihm gegenüber hinreißen, daß er dir nicht schaden kann. Du verminderst die Wirkung dessen, der dumm redet, dadurch, daß du ihm nicht entgegentrittst. Man nennt ihn einen Unwissenden, wobei deine Zurückhaltung seinen Rang aufwiegt."

„Wenn du einen Besserwisser bei seinem Auftritt antriffst, der deinesgleichen und dir ranggleich ist, dann laß deinen Rang ihm gegenüber höher erscheinen durch Schweigen, wenn er Falsches redet. Dadurch wird die Ablehnung durch die Verständigen größer und dein Name wird gut in der Kenntnis der Beamten."

„Wenn du einen Besserwisser bei seinem Auftritt antriffst, einen Rangniederen, der nicht deinesgleichen ist, so werde nicht wütend gegen ihn wegen seiner Rangniedrigkeit. Laß ihn links liegen, denn er trifft sich selbst. Antworte ihm nicht, um dein Herz zu erleichtern, auch triumphiere nicht über deinen Gegner, denn der gilt als schlecht, der einen mit geringerem Gesichtskreis schädigt. Man tut ja doch, was du willst, und du schädigst ihn auf dem Dienstweg."

Anders als in Vorderasien stellten die Ägypter keine Gesetzessammlungen auf. Ihr Recht war Präzedenzienrecht, eine Sammlung von Urteilssprüchen, in denen ursprünglich der König, später der Wesir und die ihn unterstützenden weiteren Richter die Maᶜat bewahrten. Daß sie nur der Maᶜat, nicht irgendeinem kodifizierten Gesetzesrecht unterworfen waren, bezeugt folgende Mitteilung an den Wesir nach Schilderung eines Falles von Diebstahl und Meineid (worin zugleich verblüffend moderne generalpräventive Überlegungen zu erkennen sind):

„Ich will aber meinen Herrn die Situation wissen lassen. Früher, zur Zeit des obersten Richters Nfr-rnpt hat in unserer Siedlung die Bürgerin Tꜣ-nḏm-hms einen kleinen Kupferbecher von ½ dbn Gewicht gestohlen. Sie war die Frau des Pꜣ-šd, des Sohnes des Hh. Da schickte der Wesir den Schreiber Hꜣtjꜣj und ließ sie zum Hafen abführen. Möge mein Herr veranlassen, daß auch diese Frau jetzt für den Meißel- und Hackendiebstahl bestraft wird, damit nicht eine andere Frau etwas Ähnliches tue. Siehe, ich mache meinem Herrn kund: Der Wesir ist der, der sagen kann: Tue es! Und er kann alles tun, was er will."

3. Richter im Mittelalter – daz denne der richtere an Gotis stat sizit

Im Mittelalter stand der Richter an der Stelle Gottes. Eine berühmte Stelle der Glosse zum sächsischen Weichbildrecht (von mhd. wīch = Siedlung und mhd. bilede = Recht) drückt das so aus: „. . . wo der richter mit orteiln richtit, in der selbigen stat unde in der selbigen stunde sizit got in sinem gotlichen gerichte obir den richter, unde obir die schepphen . . . Unde wist eigentlichin: daz man von Gotis wegin yn gerichte sizit . . . daz denne der richtere an Gotis stat sizit . . .“.

Nach dem Richtsteig Landrecht wandte der Kläger sich mit folgenden Worten an den Richter: „N claget gode unde iu“, oder der Vorsprecher sagte: „her richter, wil gi (wollt Ihr) dor god unde des rechtes willen N wort horen?“ Und der Beklagte antwortete: „her richter, ic bidde iu dorch god unde alle de hir ummestan . . .“ Das Urteil hatte ebenfalls unmittelbaren Bezug zu Gott. Denn, so die Weichbildglosse, „wo daz wertliche orteil obir get, do sal Gotis zorn mete gesenftigt (besänftigt) werden.“

Der Gedanke, daß der Richter Gottes Ordnung vollzog, weil das Recht aus Gott stammte, wurde immer wieder ausgedrückt. Noch im 18. Jahrhundert hieß es im preußischen Project des Codicis Fridericiani Marchici von 1748, die Richter müßten „unparteiische Justiz administrieren, so wie sie gedenken, solches vor dem gerechten Richterstuhl Gottes zu verantworten, damit die Seufzer der Witwen und Waisen, auch anderer Bedrängnis, nicht auf ihrer und ihrer Kinder Haupt kommen mögen.“ In dieser besonderen Verantwortung vor Gott ist noch ein Abglanz jener mittelalterlichen Auffassung zu erkennen, die den Richter als Statthalter Gottes auf Erden ansah.

Wie aber sah dieser Statthalter als Mensch aus? In vielen Rechtsquellen des Mittelalters wurde das Idealbild des Richters beschrieben. Der Sachsenspiegel etwa beschrieb die Richtertugenden wie folgt: „Ein iegelich rihter sol vier tugent an ihm han. Die selben vier tugent die heizent die kardenäle tugent oder fürsten über alle tugende. Daz eine ist rehtikeit; daz ander wisheit; daz dritte sterke; daz vierte maze.“

Den Tugenden des Richters standen Untugenden gegenüber. Die Weichbildglosse zählte sie auf: „der richter sal sien gerichte durch keinerley sache willen, unde sunderlich durch vier sachin wille, als durch vorchte, durch gyzigkeit, durch hasses ader durch nydes, ader durch libe, ader durch gabe willen, vorkeren." Der Richter sollte also die Gerechtigkeit nicht in ihr Gegenteil verkehren, nicht aus Furcht, nicht aus Habsucht, nicht aus Haß oder Neid, nicht aus Liebe und nicht wegen empfangener Gabe.

Unbestechlichkeit des Richters war eine Haupttugend, die bis ins 19. Jahrhundert hinein immer wieder beschworen wurde – was auf eine nicht abreißende Kette von Fällen der Richterbestechung schließen läßt. So mußte der Richter nach der Nassau-Katzenellenbogenschen Gerichts- und Landordnung von 1616 schwören, sich nicht beeinflussen zu lassen durch ,,Sippschafft / Magschafft / Gunst / Forcht / Lieb oder Leyd / Freundschafft /

1 Der König als oberster Rechtsherr im Mittelalter.
Holzschnitt von Bartholomäus von Unckel im Sachsenspiegel, niederdeutsche Ausgabe, 1480.

Gelübd / Verheißung / Gold, Silber, Geld / Geldswerth / oder um ichtes / das sich einigen Nutzen vergleichen mag."

Der Richter sollte das Gleichheitsgebot beachten. „De richtere scal gelik richtere sin allen luden" (Sachsenspiegel). Recht sollte geschehen „einem Armen sowohl als dem Reichen, dem Fremden als dem Einheimischen, dem Geistlichen als dem Weltlichen, und Jedermänniglich" (Schlesien, 16. Jahrhundert), ebenso „dem Hohen und Niedrigen, Gast- und Landmann, Armen und Reichen" (Bayern, 18. Jahrhundert). Angesichts der großen Standesunterschiede war die Betonung der Gleichheit besonders wichtig.

Der Richter sollte „Maze" haben, also die Kunst des Maßhaltens und der Selbstbeherrschung besitzen. Er sollte, wie der Schwabenspiegel sagte, keinen unmenschlichen Zorn gewinnen, weder zu jäh noch zu träge sein. Und er sollte weder durch Leichtsinn noch durch Übereilung das Recht gefährden.

Und der Richter sollte Weisheit haben. Die Cautela drückte das in der Mitte des 14. Jahrhunderts so aus: „ alle richtere . . . sullen das recht wissen." Mit Recht war freilich nicht die Gesetzes- und Rechtskenntnis im modernen Sinne gemeint. Vielmehr ging es um das „Vermögen, Gut und Böse voneinander unterscheiden zu können" (Hermann Krause). Um die Begrenztheit der Gesetze wußte man damals sehr genau. Im Jahre 1506 hieß es in einem Schreiben Venedigs an die Stadt Nürnberg, die eine Anfrage wegen des venezianischen Vormundschaftsrechts gestellt hatte: „Sunt enim plures casus quam leges estque justior justus judex quam justa lex" (Es gibt nämlich mehr Fälle als Gesetze, und der gerechte Richter ist gerechter als das gerechte Gesetz).

Im Grunde genommen „kreiste alles um die Unparteilichkeit. Sie ist letzten Endes in allen diesen Tugenden angesprochen" (Hermann Krause). Denn, so die Constitutio Criminalis Carolina von 1532, es sind „große Sachen, als zwischen dem gemeinen Nutz und der Menschen Blut zu richten" (Art. 150 a. E.).

4. Die mittelalterliche Strafgerichtsbarkeit – Gott ist selber Recht

Der mittelalterliche Strafprozeß darf nicht mit modernen Augen gesehen werden. Er fand in einer Zeit statt, in welcher der christliche Glaube *gelebt* wurde. Allen Erscheinungen des Lebens lag das christlich-kirchliche Weltbild zugrunde. Das soziale Leben der Menschen fand im Rahmen der göttlichen Ordnung statt. Eine profan-weltliche Gesellschaft gab es nicht. Die Kirche gab dem Zusammenleben das Maß. Gott selbst hatte das Zusammenleben der Menschen geordnet. Die göttlichen Gesetze konnte man deshalb unmittelbar „finden". Im Sachsenspiegel (entstanden um 1225) wurde dies so ausgedrückt: „Gott ist selber Recht, deswegen ist ihm Recht lieb." Auch heißt es dort: „Wer abweicht von (des Sachsenspiegels) Lehre, spricht leicht zu seiner Unehre und tut Sünde gegen Gott; denn er bricht des Bunds Gebot, der das Recht verkehrt. Gott uns selber lehrt, daß wir Recht sein alle und Unrecht uns mißfalle."

In den Gerichtsstuben hingen Gerechtigkeitsbilder. Sie brachten den weltlichen Richter in Verbindung mit Christus, dem Weltenrichter am Jüngsten Tag. Gott war ein verrechtlichter Gott. Er war ein gerechter Gott, der über Missetaten erzürnt war und diese bestraft. Von diesem Ordo-Gedanken her läßt sich das Strafrecht des Mittelalters begreifen. Es ging nicht um die Ahndung von Rechtsverletzungen im heutigen Sinne, „sondern es stand im wahrsten Sinne des Wortes alles auf dem Spiel" (Wolfgang Schildt).

Profanes und Sakrales bildeten eine Einheit. Die menschliche Gesellschaft und die Geschichte war ein Schauplatz, auf dem die göttliche Ordnung im Kampf zwischen Gott und dem Satan verwirklicht wurde. Wer die Seite des Bösen einnahm, stellte sich gegen Gott. Das Böse zu vernichten, war die Aufgabe jedes Christen. Gelang dies, konnte der durch die sündige Übeltat als beleidigt betrachtete Gott wieder besänftigt werden. Seine Vergeltungsmaßnahmen (Seuchen, Mißernten, Hungersnöte) konnten auf diese Weise abgewendet werden. Deshalb war die Tötung des Verbrechers Grund für ein freudiges Fest. Hinrichtungen waren echte Volksfeste, zu denen man mit Kind und Kegel zog. Es gab sogar Städte, die Geld bezahlten, um sich eine Exekution zu kaufen.

Noch herrlicher war der Sieg des Guten, wenn es gelang, den Sünder dazu zu bewegen, ein Geständnis abzulegen und dem Satan abzuschwören. Dann konnte ihm die Absolution erteilt und seine Seele gerettet werden. Der geständige Übeltäter wurde als der „arme Sünder" oder nur als der „Arme" bezeichnet. Freilich, am Leben lassen konnte man ihn nicht. Er mußte so bald als möglich in seinem eigenen Interesse hingerichtet werden. Denn er hatte nun einmal der Versuchung des Bösen nachgegeben. Auch war er nach dem Geständnis immer noch gefährdet, das ewige Seelenheil zu verlieren. Wurde er dagegen im Zustand der Reue und Buße, versehen mit den Tröstungen des heiligen Sakraments hingerichtet, so konnte er vor den ewigen Höllenqualen errettet werden. Viele Verurteilte gingen deshalb gefaßt zur Hinrichtung, ja, manche gingen sogar freudig in den Tod und baten den Scharfrichter, ihnen für ihr Seelenheil noch mehr Qualen zu bereiten. Auf der Hinrichtungsstätte noch richteten sie belehrende Worte an das versammelte Volk. Sie ermahnten die Menschen, in christlichem Glauben zu leben und die Kinder vor dem Einfluß des Bösen zu bewahren.

Von hier aus ist es auch zu erklären, warum man um jeden Preis versuchte, zu einem Geständnis zu kommen. Dabei schreckte man nicht vor der Folter zurück. Es ging schließlich um die Rettung der unsterblichen Seele des Menschen. Was bedeuteten demgegenüber schon körperliche Qualen? Diese sollten – auch – den Teufel austreiben. Gebete und heilige Gegenstände unterstützten die reinigende Kraft, die den Schmerzen beigemessen wurde. Übrigens war die Folter für die sie Anwendenden nicht immer ungefährlich. Wenn es um Zauberer, Hetzer und Ketzer ging, hatte man es mit Personen zu tun, die sich dem Satan geöffnet hatten. Das Verfahren war der unmittelbare Kampf gegen den Teufel selbst. Dieser Kampf war gefährlich. Die Folternden umgaben sich deshalb mit Weihrauch. Sie legten geweihte Kreuze unter den Leib des Verbrechers und vermieden den direkten Blickkontakt mit ihm, um nicht selbst vom Bösen ergriffen zu werden.

Der Tod des Verurteilten war dann ein Tod auch für die anderen. Er besänftigte den durch das Verbrechen auch verursachten Zorn Gottes. Er reinigte die Welt vom Übel. Die Ordnung der Welt wurde wieder gut und „heil". Die Hinrichtung war öffentlich. Sie war eine sinnliche Bewährung der göttlichen Ordnung, ein Triumph des Guten, aus dem man wieder Kraft für das eigene Leben schöpfen konnte. Sie war Ausdruck einer versöhnten Gemeinschaft der Lebenden und der Toten.

5. Folter – das christliche Blut mit unmenschlicher Marter und Peinigung vergießen

Um 1500 war angesichts des verbreiteten Verbrecherunwesens in Deutschland die Folter allgemein üblich. Sie wurde furchtbar mißbraucht. Es war das Verdienst des von Johann Freiherr zu Schwarzenberg und Hohenlandsberg geschaffenen Strafprozeßbuches, der Carolina von 1532, die Folter in enge Grenzen eingeschlossen zu haben, um zu verhindern, daß „das christliche Blut mit unmenschlicher Marter und Peinigung nicht also unschuldiglich vergossen" werde.

Freilich, an der Folter hielt auch Schwarzenberg fest. Sie war die Folge seiner Beweistheorie, nach welcher ein Angeklagter nur verurteilt werden konnte, wenn er durch zwei Augenzeugen seiner Tat überführt war oder aber ein Geständnis ablegte. Da Augenzeugen oftmals fehlten und ein eigenes Bekennen des Angeklagten („Urgicht") aus naheliegenden Gründen nicht zu erlangen war, schritt man zur Folter. Andernfalls hätte man den, der etwa kurz nach dem Mord mit der Mordwaffe in der Hand und der Börse des Ermordeten im Besitz getroffen wurde, freisprechen müssen.

In ausführlichen Bestimmungen regelte die Carolina die Anwendung der Folter. Art. 45 bestimmte, daß man den Gefangenen peinlich fragen sollte, wenn „argkwon vnd Verdacht eyner Beklagten vnd verneynten Mißhandlung" bestünde. Die peinliche Frage mußte in Gegenwart des Richters, zweier Gerichtspersonen und des Gerichtsschreibers erfolgen. Zunächst sollte versucht werden, ob nicht schon die Bedrohung mit der Folter („Territion") den Angeklagten zum Geständnis veranlassen könne. Es sollte dem Angeklagten auch Anleitung zur Verteidigung erteilt werden – „vnd solche Erinnerung ist darumb Not, daß mancher auß Eynfalt oder Schrecken, mitführt zu schlagen weist, ob er gleich vnschuldig ist, wie er sich des entschuldigen vnd außfüren soll" (Art. 47).

Verneinte der Angeklagte die ihm vorgeworfene Straftat, bestanden die Verdachtsmomente aber weiter, und konnten sie in sonstiger Weise nicht entkräftet werden, wurde die peinliche Frage angewandt. Über das „mas peinlicher Frage" bestimmte Art. 58, die peinliche Frage solle „nach Gelegenheyt des argkwons der Person, vil, offt oder wenig, hart oder linder nach Ermessen eyns guten, vernünfftigen Richters, fürgenommen werden ..."

Suggestivfragen waren verboten. Durch sie würde man nicht auf den „grundt der warheyt kommen" (Art. 56). Auch durfte während der Folter „die sag des Gefragten nit angenommen oder auffgeschriben werden,... sondern (dieser) soll sein sag thun, so er von der Marter gelassen ist" (Art. 58).

Nach einigen Tagen, wenn sich der Eindruck der Folter etwas verloren hatte, sollte der Angeklagte nochmals außerhalb der Folterkammer um die Bestätigung seines Geständnisses befragt werden. Auch dieses Geständnis sollte durch Fragen möglichst vervollständigt werden. Jeder bekundete Umstand, der sich feststellen ließ, sollte auf seine Wahrheit nachgeprüft werden („Verifikation"). Der Angeklagte, der gefährliche „Wunden oder ander Scheden an seinem Leib hett", sollte so mit der peinlichen Frage vernommen werden, daß er „an solchen Verwunden oder Scheden am minsten verletzt würde" (Art. 59).

Auch an den Mißbrauch der Folter war gedacht worden. Art. 61 bestimmte: „Wo aber solch peinlich Frag, diser vnd des heyligen Reichs rechtmessegen Ordnung widerwertig gebraucht würde, so weren die selben Richter, als vrsächer solcher vnbillicher peinlicher Frag strafflich, Vnd sollen darumb nach Gestalt und Gelegenheyt der Überfahrung, wie Recht ist, straff vnd abtragleiden, und mögen darumb von jrem nechsten ordentlichen Obergericht gerechtfertigt werden."

Die Carolina umgab also das gefährliche Beweismittel der Folter mit zahlreichen Sicherungen. Aber die erwähnte Generalklausel des Art. 58 und das Ausschweigen über die Häufigkeit zulässiger Wiederholung der Folter machten diese Sicherungen fragwürdig. Vor allem in den Hexenprozessen sollte die Folter in schlimmster Weise mißbraucht werden.

Noch im 18. Jahrhundert hieß es im großen Universallexikon aller Wissenschaften und Künste von Johann Heinrich Zedler, daß die Folter oder Tortur oder Marter (tortura, quaestio rigorosa, quaestio criminalis) eine den gemeinen Besten nützliche, ja notwendige Sache sei: „denn wenn die Bösewichte wissen sollten, daß sie im Fall nicht zu erlangender Überweisung, welche vielmal gar schwerlich zu erhalten, andere Gestalt zur Erhaltung der Wahrheit nicht gepeinigt werden könnten, sondern als unschul-

2 Gefesselte Verbrecher vor dem Richter, 16. Jahrhundert.
Zeitgenössischer Holzschnitt von Geofroy Tory.

dig erlassen werden müßten, würde die Welt mit unzählbaren Bösewichtern und Übeltätern dem gemeinen Wesen zum höchsten Nachteil angefüllet werden."

Die ganz herrschende Meinung erachtete es im 18. Jahrhundert noch für zulässig, die Folter anzuwenden. Der bayrische Gesetzgeber Wiguläus Kreittmayr schrieb in seinen „Anmerkungen über den Codicem Juris Bavarici Criminalis", die Folter sei zwar ein sehr gefährliches und betrügliches Mittel, sie sei aber im Kurfürstentum Bayern nun einmal eingeführt und dort schon „vor tausend Jahren... gebräuchlich" gewesen. Dabei nahm er Bezug auf die Lex Baiuvariorum, Titel VIII, 18, wonach eine Magd, die einer Frau einen Abtreibungstrunk einflößte, 200 Schläge erhalten sollte. Und er vertrat den Standpunkt, daß der gute Gebrauch dieses rechtlichen Mittels aufgrund der erzielten Erfahrung nicht bezweifelt werden könnte.

Die Constitutio Criminalis Theresiana, das österreichische Strafgesetzbuch von 1768, wollte die Folter an Regeln binden. In einem Anhang wurde in Bildern gezeigt, welche Arten der Folter jeweils rechtmäßig seien. Dabei wurde auf die jeweils ortsübliche Folterpraxis Rücksicht genommen.

Grundsätzlich war jeder Angeklagte der Folter unterworfen. Es gab aber Ausnahmen. Folterimmunität genossen Minderjährige unter 14 Jahren, kranke und bettlägerige Personen, schwangere Frauen, Wöchnerinnen, die ihr Kind selbst stillten und vielfach auch Adlige. Aber von diesem letztgenannten Punkt gab es Ausnahmen. Benedikt Carpzov, der 1638 mit dem Werk „Der peinliche Inquisitions- und Achtprozeß" die Entwicklung der Strafrechtspflege in Deutschland bis über die Mitte des 18. Jahrhunderts hinaus nachhaltig prägte, versagte z.B. als Mitglied des Leipziger Schöppenstuhls einem adligen Totschläger gegenüber die Folterimmunität.

Nur sehr wenige Opfer überstanden die peinliche Frage. Sie wurden dann oft für unschuldiger gehalten als zuvor und als Märtyrer gepriesen. Rechtlich gesehen bestand jetzt die Vermutung, daß sämtliche zuvor vorhandenen Anzeigen und Indizien restlos entkräftet und zurückgewiesen waren.

Der Gefolterte mußte freilich Urfehde schwören. Er mußte also schwören, sich nicht für die erlittene Folter zu rächen. Dann konnte er freigelassen werden. Doch half ihm dies nicht für immer. Er erreichte lediglich die absolutio ab instantia, die Lossprechung von der Instanz. Beim Aufkommen neuer Verdachtsmomente konnte er erneut angeklagt und gefoltert werden.

Erst in der Mitte des 18. Jahrhunderts begann eine Bewegung zur allmählichen Abschaffung der Folter. Sie nährte sich aus dem Geist der Aufklärung. Friedrich der Große beschränkte die Anwendung der Folter unmittelbar nach seinem Regierungsantritt (1740) auf Majestätsverbrechen, Landesverrat und qualifizierten Mord. 1754 hob er sie ganz auf. Bayern hielt noch 1751 im eben erwähnten Strafkodex unbeirrt an der Folter fest: „dem sei nun, wie ihm wolle, ist es bei uns einmal so eingeführt . . ." Erst 1806 gab der große Kriminalist Feuerbach den Anstoß zur Beseitigung der Folter auch in Bayern. Aber auch zu dieser Zeit fehlte es nicht an besorgten Äußerungen, sogar des aufgeklärten bayrischen Königs Maximilian I. Josef.

Die letzten Reste der Folter verschwanden in Deutschland in den zwanziger Jahren des 19. Jahrhunderts (Hannover 1822, Gotha 1828). Damit verbunden war eine tiefgreifende Umgestaltung des Strafprozesses. Die gesetzliche Beweistheorie der Carolina – Geständnis oder zwei Zeugen – mußte durch die freie richterliche Beweiswürdigung ersetzt werden. Das setzte aber einen gereiften und vertrauenswürdigen Richterstand voraus. Ganz in diesem Sinne wurden die Richter in Bayern angewiesen, durch leidenschaftsloses und kluges, den Umständen und dem Charakter des Inquisiten angemessenes Betragen den Zweck der Untersuchung zu fördern bemüht zu sein.

6. Das Reichskammergericht – Handhabung des Friedens und des Rechts

Ein Richter bedarf der Autorität. Wer aber besaß höhere Autorität als der Fürst? Deshalb war im Heiligen Römischen Reich Deutscher Nation der Kaiser oberster Gerichtsherr. Die gemeinen Tage des Reiches waren Gerichtstage. Ihre Abschiede formulierten keine Gesetze, sondern stellten das wahre, alte Recht fest. Durch die Verkündung von Landfrieden suchte man, das Selbsthilferecht des Fehdeprozesses zu überwinden.

Im Jahre 1495 wurde ein ewiger Landfriede verkündet. Gleichzeitig wurde mit der Kammergerichtsordnung das Reichskammergericht eingerichtet. Es eröffnete den Parteien den Rechtsweg. Eine Exekutionsordnung („Handhabung Friedens und Rechts") sicherte das Verfahren und die Vollstreckung der Urteile. Eine „Ordnung des gemeinen Pfennigs" war dazu gedacht, Gericht und Vollstreckung zu finanzieren.

Das Reichskammergericht darf man sich nicht als das oberste Reichsgericht vorstellen. Es war als „Verbesserung" des alten

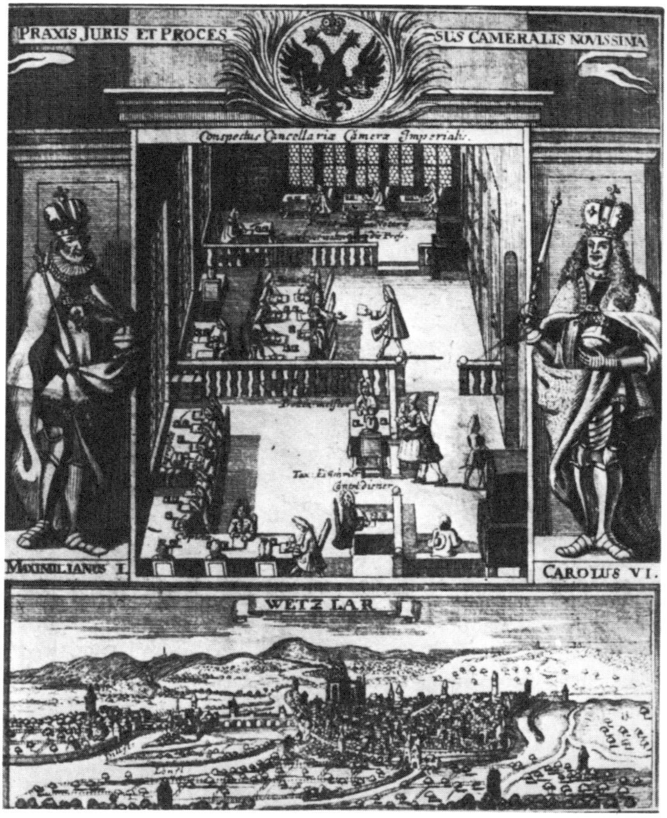

3 Das Reichskammergericht zu Wetzlar.
Barock-Titelkupferstich.

kaiserlichen Hofgerichts gedacht, durch welches der Kaiser seine richterlichen Aufgaben erfüllt hatte. Dieses Hofgericht hatte freilich in seiner Wirksamkeit vom wechselnden politischen Einfluß des Kaisers abgehangen. Kaiser Maximilian I. wollte es im Zuge seiner Reichsreform verselbständigen und auf eine breitere Grundlage stellen. Das Gericht wurde durch § 18 der Kammergerichtsordnung vom kaiserlichen Hof abgelöst. Es erhielt einen festen Sitz in "ainer fügklichen Stat" im Reich. § 1 band die Ernennung des Kammerrichters und der Urteiler an die Mitwirkung der Reichsstände.

Das Reichskammergericht sprach unverändert Recht „im Namen des Kaisers", und zwar das gute alte, gemeine Recht des Reiches unter Berücksichtigung der „redlichen, erbern und leidlichen Ordnungen, Statuten und Gewohnhaiten" (§ 3 RKO 1495). Es war für alle Rechtsstreitigkeiten zwischen Reichsunmittelbaren einschließlich der „Churfürsten, Fürsten und Fürstmäßigen" zuständig, soweit diese nicht das Recht hatten, ihre Händel in einem besonderen Austrägalverfahren „auszutragen" (§ 28 RKO 1495). Weiter war es für Berufungen gegen Entscheidungen der Landesherren zuständig, aber nur, soweit diese nicht das „privilegium de non appellando" besaßen. Das letztere betraf die deutschen Kurfürsten. In der Goldenen Bulle von 1356 (Kap. XI) hatte der Kaiser darauf verzichtet, Klagen gegen Urteile kurfürstlicher Gerichte anzunehmen; ebenso hatte er darauf verzichtet, Klagen von Untertanen der Kurfürsten an sich zu ziehen („privilegium de non evocando").

„Dem Range nach kann man das Reichskammergericht nur mit dem Bundesverfassungsgericht vergleichen, den Kompetenzen nach eher mit dem US-Supreme Court. Nur – nicht mehr der „Kaiser im Gericht" veranstaltete das Verfahren, sondern an seiner Stelle ein Kammerrichter, der ein Fürst oder wenigstens ein Graf oder Freiherr sein mußte (§ 1 RKO 1495)", schreibt Gerd Roellecke. Und er bemerkt: „. . . was damals als nüchterne Zweckmäßigkeit erschien, erwies sich als Strukturveränderung. Rechtsprechung und Herrschaft wurden getrennt, ein revolutionärer Vorgang, wenn man bedenkt, daß die Gerichtsbarkeit der Kern herrscherlicher Gewalt war, um so revolutionärer, wenn man hinzunimmt, daß alles scheinbar beim alten blieb."

Das Reichskammergericht blieb freilich an die herrscherliche Autorität gebunden. Eine verselbständigte richterliche Gewalt gab es nicht. Das Gericht wurde durch den Reichstag kontrolliert. Zunächst wurde durch die Kammergerichtsordnung von 1555 eine allgemeine Tätigkeitskontrolle eingeführt: „Damit auch Cammer-Richter und Beysitzer desto fleissiger seyn, so sie besorgen müssen, daß die Acta folgends nach gesprochener Urtheil auch besichtigt, und niemand an dem Cammer-Gericht Unrecht geschehe", durfte jeder, der sich durch ein Urteil beschwert fühlte, eine alljährlich das Gericht überprüfende „Visitationskommission" anrufen. Später entwickelte sich daraus ein Revisionsverfahren – mit den dafür nötigen rechtstechnischen Unterscheidungen zwischen Gesetz und Urteil, Rechts- und Tatfrage. Das wiederum war die Voraussetzung für eine schöpferische Fortentwicklung des Rechts durch Richtersprüche.

Freilich darf man die politischen Machtverhältnisse im Reich nicht aus den Augen verlieren. Die guten alten Rechte und Freiheiten der Stände blieben bestehen. Die Stände entwickelten ihre eigenen Gerichtsbarkeiten und besetzten sie mit von ihnen abhängigen Richtern. Diese wurden zunächst durch Gesetzeskommissionen ebenso kontrolliert wie das Reichskammergericht durch die Visitationskommission des Reichstags. Aber bald entdeckte man eine neue Möglichkeit, die Rechtsprechung zu kontrollieren: das Gesetz.

In den Kodifikationen des 18. Jahrhunderts wurde mit der Bindung des Richters an das Gesetz der Weg zur Unabhängigkeit der Justizbediensteten von obrigkeitlicher Gewalt eröffnet.

7. Das Reichsgericht in Leipzig – der höchste Gerichtshof des Deutschen Reiches

Im Jahre 1871 wurde das Deutsche Reich gegründet. Die Justizhoheit war damals fast ausschließlich Sache der Bundesstaaten. Erst durch die Reichsjustizgesetze des Jahres 1877 (insbesondere Gerichtsverfassungsgesetz, Zivilprozeßordnung, Strafprozeßordnung) änderte sich das. Mit ihrem Inkrafttreten im Jahre 1879 wurde das Reichsgericht als Gericht des Reiches mit Sitz in Leipzig geschaffen. Sein Vorgänger war das Reichsoberhandelsgericht (ursprünglich Bundesoberhandelsgericht) gewesen, das seit 1869 in Handels- und Wechselsachen für eine einheitliche Rechtsprechung sorgen sollte.

4 Das Reichsgerichtsgebäude in Leipzig, Foto: 1890.

Mit den Justizgesetzen zur Vereinheitlichung des Rechtswesens auf dem Gebiet des Prozeß- und Gerichtsverfassungsrechts entstand auch das Bedürfnis nach Gewährleistung der Einheitlichkeit der Rechtsprechung in Zivil- und Strafsachen. Das Reichsgericht sollte dieses Bedürfnis befriedigen. Es wurde als Revisionsinstanz in Zivil- und Strafsachen eingerichtet. Außerdem war es Erst- und Letztinstanz für Hoch- und Landesverrat und ähnliche Delikte. Als Anklagebehörde fungierte die Reichsanwaltschaft unter einem Oberreichsanwalt.

Die Mitglieder des Reichsgerichts wurden vom Kaiser, nach 1918 vom Reichspräsidenten auf Vorschlag des Bundesrates (Reichsrates) ernannt. Sie waren unabhängige Richter auf Lebenszeit und mußten die Befähigung zum Richteramt haben, also Volljuristen sein. Ursprünglich existierten fünf Zivil- und drei Strafsenate. Später erhöhte sich diese Zahl auf sieben Zivil- und fünf Strafsenate.

An der Spitze des Gerichts stand der Reichsgerichtspräsident. Im Jahre 1932 wurde er durch Gesetz als Stellvertreter des Reichspräsidenten bestimmt, der bei dessen Verhinderung zu amtieren hatte.

Im Jahre 1920 wurde ein mit dem Reichsgericht verbundener Staatsgerichtshof für das Deutsche Reich eingerichtet. Er war als Organ der Verfassungsgerichtsbarkeit, insbesondere für Streitigkeiten zwischen dem Reich und den deutschen Ländern zuständig.

Der Präsident und weitere Richter des Reichsgerichts wirkten als Richter in weiteren hohen Reichsgerichten mit. So war ein Zivilsenat zugleich Reichsarbeitsgericht. Weiter sind hier der Reichsdisziplinarhof, der Ehrengerichtshof für Rechtsanwälte, das Wahlprüfungsgericht beim Reichstag, das Reichsbahngericht, der Reichsfinanzhof, das Reichsversorgungsgericht und das Reichsverwaltungsgericht zu nennen. Nach 1945 wurden für diese Bereiche durchweg eigene Bundesgerichte geschaffen.

Der für die NS-Machthaber unbefriedigende Ausgang des Reichstagsbrandprozesses führte dazu, daß dem Reichsgericht durch Gesetz vom 24. 4. 1934 die erst- und letztinstanzliche Zuständigkeit für Hoch- und Landesverrat und ähnliche Delikte entzogen und auf den sog. Volksgerichtshof übertragen wurde. Dieser war nicht nur mit Juristen, sondern auch mit Laien – NS-Funktionären und hohen Offizieren – besetzt. Es besteht Einigkeit darüber, daß es sich beim Volksgerichtshof nicht um ein Gericht, sondern um ein NS-Terrorinstrument handelte.

Im Jahre 1945 endet die Geschichte des Reichsgerichts. Sein Nachfolgegericht wurde der Bundesgerichtshof in Karlsruhe, dessen Zuständigkeit jedoch auf Zivil- und Strafsachen beschränkt ist.

In seiner langen Geschichte hat das Reichsgericht das Rechtswesen in Deutschland nachhaltig geprägt. Es wurde zu einer Zeit gegründet, als Pandektistik und Begriffsjurisprudenz herrschten, und die begrifflich-systematische Arbeit ist denn auch für die Entscheidungen dieses Gerichts kennzeichnend. Dabei hat es denn auch sprachlich gelegentlich Entgleisungen gegeben, so im wörtlichen Sinne, als das Reichsgericht einmal in einer frühen Entscheidung die Eisenbahn wie folgt definierte:

„Eine Eisenbahn ist ein Unternehmen, gerichtet auf wiederholte Fortbewegung von Personen oder Sachen über nicht ganz unbedeutende Raumstrecken auf metallener Grundlage, welche durch ihre Konsistenz, Konstruktion und Glätte den Transport großer Gewichtsmassen beziehungsweise die Erzielung einer verhältnismäßigen Schnelligkeit der Transportbewegung zu ermöglichen bestimmt ist, und durch diese Eigenart in Verbindung mit den außerdem zur Erzeugung der Transportbewegung benutzten Naturkräften – Dampf, Elektrizität, tierischer oder menschlicher Muskeltätigkeit, bei geneigter Ebene der Bahn auch schon durch die eigene Schwere der Transportgefäße und deren Ladung usf. – bei dem Betriebe des Unternehmens auf derselben eine verhältnismäßig gewaltige, je nach den Umständen nur bezweckterweise nützliche oder auch Menschenleben vernichtende und menschliche Gesundheit verletzende Wirkung zu erzeugen fähig ist."

Natürlich nahm sich daraufhin die Rechtswissenschaft des Begriffes Reichsgericht an. Das Ergebnis lautete:

„Ein Reichsgericht ist eine Einrichtung, welche dem allgemeinen Verständnis entgegenkommen sollende, aber bisweilen durch sich nicht ganz vermeiden haben lassende, nicht ganz unbedeutende bzw. verhältnismäßig gewaltige Fehler im Satzbau der auf der schiefen Ebene des durch verschnörkelte und ineinandergeschachtelte Perioden ungenießbar gemachten Kanzleistils herabgerollten Definitionen, welche das menschliche Sprachgefühl verletzende Wirkungen zu erzeugen fähig sind, liefert."

Natürlich steckt hierin viel Übertreibung. Viele Entscheidungen des Reichsgerichts sind Muster an sprachlicher Klarheit. Und auch das Dogma von der strikten Bindung an das vollständig und abgeschlossen gedachte Gesetz wurde frühzeitig erschüttert. Dazu bedurfte es nicht erst der Erfahrung mit dem NS-Unrechtsstaat. Bereits nach dem Ersten Weltkrieg gab es evident ungerechte Gesetze – und Richter in Leipzig, die dagegen ihre Stimmen erhoben.

So veröffentlichte der Richterverein beim Reichsgericht im Jahr 1924 eine Kundgebung zur Aufwertungsfrage in der Juristischen Wochenschrift. Darin heißt es:

„Nach Zeitungsberichten erwägt die Reichsregierung eine Maßnahme, durch die eine Aufwertung von Hypotheken (und wohl auch anderer Geldansprüche) verboten werden soll. Der unterzeichnende Vorstand des Richtervereins des Reichsgerichts würde glauben, gegen seine Pflicht zu verstoßen, wenn er es unterließe, seine warnende Stimme hiergegen zu erheben.

Niemand wird dem Reichsgericht den Vorwurf machen, daß es vorschnell und unüberlegt die Gleichung Mark gleich Mark aufgegeben habe. Langsam und vorsichtig hat es zunächst auf einzelnen Rechtsgebieten die Notwendigkeit einer Aufwertung anerkannt. Aber immer entschlossener und allgemeiner hat sich die neue Auffassung durchgesetzt . . .

Wenn der höchste Gerichtshof des Reiches nach sorgfältiger Erwägung des Für und Wider zu einer solchen Entscheidung gelangt ist, so glaubt er von der Reichsregierung erwarten zu dürfen, daß sie die von ihm vertretene Auffassung nicht durch einen Machtspruch des Gesetzgebers umstoßen wird. Gestützt ist die Entscheidung auf den großen Gedanken von Treu und Glauben, der unser Rechtsleben beherrscht, gestützt auf die Erkenntnis, daß ein ferneres Festhalten an der Vorstellung, Mark sei gleich Mark, zu einem höchsten Maße des Unrechts führen würde, unerträglich in einem Rechtsstaat . . .

Dieser Gedanke von Treu und Glauben steht außerhalb des einzelnen Gesetzes, außerhalb einer einzelnen positiv-rechtlichen Bestimmung. Keine Rechtsordnung, die diesen Ehrennamen verdient, kann ohne jenen Grundsatz bestehen. Darum darf der Gesetzgeber nicht ein Ergebnis, das Treu und Glauben gebieterisch fordert, durch sein Machtwort vereiteln . . .

Eine gesetzgeberische Maßnahme, die die Betroffenen schädigt, kann sich vom Standpunkt des Ganzen nachträglich als unzweckmäßig herausstellen. Der Gefahr *solcher* Mißgriffe kann kein Gesetzgeber entgehen. Aber ein schwerer Stoß nicht nur für das Ansehen der Regierung, sondern für das Rechtsgefühl im Volke wäre es, wenn es dazu kommen müßte, daß jemand, der sich im Rechtsstreit auf die neue gesetzliche Vorschrift beriefe, damit von den Gerichten mit der Begründung abgewiesen würde, seine Berufung auf die Vorschrift verstoße gegen Treu und Glauben . . .

Die ernste Gefahr einer solchen Beurteilung der geplanten Maßnahmen – auch durch das höchste Gericht – besteht . . .

Der unterzeichnende Vorstand bittet, dieses Bild von der Stimmung beim Reichsgericht so ernst, wie es geschildert ist, zu würdigen."

8. Das Terrorinstrument „Volksgerichtshof"

Der „Volksgerichtshof" wurde durch Gesetz vom 24. 4. 1934 als Provisorium geschaffen und durch Gesetz vom 18. 4. 1936 in ein Dauerorgan umgewandelt. Er war die Reaktion der NS-Machthaber auf den für sie unbefriedigenden Ausgang des Reichstagsbrandprozesses. Konsequent wurde der „Volksgerichtshof“ im NS-Unrechtsstaat als Terrorinstrument eingesetzt. Ihm waren in erster und letzter Instanz die Aufgaben des Reichsgerichts bei Hoch- und Landesverrat sowie anderen politischen Delikten übertragen worden.

Adolf Hitler ernannte in Abweichung von den Vorschriften des Gerichtsverfassungsgesetzes die Mitglieder des „Volksgerichtshofes“. Erster Präsident war von 1936 bis 1942 Otto Thierack, der spätere Reichsjustizminister. Von 1942 bis Februar 1945 war Roland Freisler Präsident.

In den Verhandlungen brauchten nur der Vorsitzende und ein Beisitzer (von vier Richtern) Berufsrichter zu sein. Als Laienbeisitzer fungierten Angehörige der Partei, der Wehrmacht und der Polizei. Ankläger war der Oberreichsanwalt beim Volksgerichtshof.

Besonders im Zweiten Weltkrieg diente der Volksgerichtshof als Instrument zur Unterdrückung politischer Gegner und zur Bekämpfung von „Feindbegünstigung“ und „Wehrkraftzersetzung“. Insgesamt wurden über 5000 „Todesurteile“ verhängt und vollstreckt.

In einem Gespräch mit Hermann Rauschning, dem früheren Senatspräsidenten von Danzig, einem Nationalsozialisten, der sich später von Hitler abwandte, als er sein Wesen erkannte – in diesem Gespräch also drückte Hitler die geistige Haltung aus, der dieses Terrorinstrument entsprungen war:

„Grausamkeit imponiert. Grausamkeit und rohe Kraft. Der einfache Mann auf der Straße läßt sich nur von brutaler Kraft und Rücksichtslosigkeit imponieren. Die Frauen übrigens auch, Frauen und Kinder. Die Leute brauchen den heilsamen Schreck. Sie wollen sich vor etwas fürchten. Sie wollen, daß man ihnen bange macht und daß sie sich jemandem schaudernd unterwerfen... Was schwatzen Sie da von Grausamkeit und entrüsten sich über Qualen. Die Masse will das. Sie braucht etwas zum Grauen.“

Vor dem Volksgerichtshof fanden auch die Verfahren gegen die Mitglieder der Widerstandsbewegung vom Zwanzigsten Juli 1944 statt, soweit diese nicht schon vorher durch Selbsttötung oder militärische Standgerichte umgekommen waren. Etwa tausend Personen wurden verhaftet, davon etwa zweihundert nach „Todesurteilen“ des „Volksgerichtshofes“ ermordet.

In den Verfahren wurden die elementarsten Grundsätze eines rechtsstaatlichen Verfahrens mißachtet. So findet sich in den Akten des Reichsjustizministeriums folgende Niederschrift, aus der hervorgeht, daß die Todesurteile schon vor der Verhandlung beschlossene Sache waren:

„Am 4. September 1944, um 18.30 Uhr, teilte Oberreichsanwalt Lautz fernmündlich mit, Termin zur Hauptverhandlung gegen Goerdeler, von Hassell, Leuschner, Lejeune-Jung, Wirmer sei nunmehr auf Donnerstag, den 7. September 1944 anberaumt worden. Es stehe fest, daß diese Angeklagten im Anschluß an die Hauptverhandlung auch sofort hingerichtet werden können. Die Stapo habe dies zugesagt und weiter zum Ausdruck gebracht, daß ihr an schleuniger Durchführung der Hauptverhandlung gegen die Vorbezeichneten gelegen sei . . ., 5. 9. 1944 (Unterschrift unleserlich)".

Über die Verhandlungsführung des Präsidenten Roland Freisler berichtete der im Verfahren gegen Julius Leber als Beobachter zugelassene Journalist Paul Sethe nach dem Krieg: „Unaufhörlich dröhnen die Fragen, die Anklagen und Beschimpfungen wie ein wilder Katarakt auf den Angeklagten . . . Noch mitten im Satz unterbricht ihn regelmäßig der Präsident, unerbittlich drängt er den Angeklagten auf den einen Punkt: da, wo er zugeben muß, sich verschworen zu haben, die Regierung stürzen zu wollen, an die Niederlage zu glauben . . . Das Verhör dauert vielleicht eine Stunde oder zwei, man weiß es nicht, die Zeit fliegt vorbei, man spürt das Herz klopfen, immer deutlicher senken sich die Schatten des Todes über Julius Leber herab – aber die Stimme da vorn bleibt ruhig, gleichmäßig und gelassen wie am Anfang. Kein Zittern in den Worten, keine Unsicherheit in der Aussage, kein zu schnelles und kein zu langsames Wort, kein Zeichen, daß Julius Leber den Mann da vorn fürchtet. Man sieht sein Gesicht nicht, aber man kann den Ausdruck der Züge erraten. Er wirkt so gelassen und ruhig wie seine Stimme auch. Eine einzige Bewegung an dem starken Körper ist zu spüren: Immer wieder bewegt er sich auf die Fußspitzen auf und nieder – das einzige Zeichen, daß auch ihn dieses Verhör angreift."

Trotz Folterungen und dem unablässigen Bemühen, erniedrigende Begleitumstände zu schaffen – der ranghöchste Offizier aus dem Kreis des Zwanzigsten Juli, Generalfeldmarschall Erwin von Witzleben wurde in Handschellen, einem schlechtsitzenden Zivilanzug ohne Hosenträger oder Gürtel vorgeführt, so daß er ständig seine Hosen vor dem Herunterrutschen bewahren mußte – zeigten die Angeklagten eine bewunderungswürdige Haltung.

Josef Wirmer rief dem tobenden Freisler entgegen: „Wenn ich hänge, Herr Präsident, habe nicht ich die Angst, sondern Sie."

5 „Die rote Robe", Richter des Volksgerichtshofs im Dritten Reich. Allegorische Lithographie von Bodo Gerstenberg, ehem. Angeklagter vor dem Volksgerichtshof.

Und als Freisler ihn mit den Worten unterbrach: ,,Bald werden Sie in der Hölle sein . . .", erwiderte er: ,,Es wird mir ein Vergnügen sein, wenn Sie bald nachkommen, Herr Präsident." –

Freisler wurde übrigens im Februar 1945 während eines seiner Schandprozesse bei einem Fliegerangriff durch einen niederstürzenden Balken tödlich verletzt. In seinen letzten Minuten in einem Krankenhaus pflegte ihn eine Schwester des von Freisler dem Henker überantworteten Grafen Bernstorff.

Selbst die NS-Machthaber übten interne Kritik. Freislers Vorgänger Thierack, nunmehr Reichsjustizminister, teilte am 8. September 1944 dem Reichsleiter Bormann mit:

,,Die Verhandlungsführung des Vorsitzers war bei den Angeklagten Wirmer und Goerdeler unbedenklich und sachlich, bei Lejeune-Jung etwas nervös. Leuschner und von Hassell ließ er nicht ausreden. Er überschrie sie wiederholt. Das machte einen recht schlechten Eindruck, zumal der Präsident etwa 300 Personen das Zuhören gestattet hatte . . . Ein solches Verfahren in einer solchen Sitzung ist sehr bedenklich. Die politische Führung der Verhandlung war sonst nicht zu beanstanden. Leider redete er aber Leuschner als Viertelportion und Goerdeler als halbe Portion an und sprach von den Angeklagten als Würstchen. Darunter litt der Ernst dieser gewichtigen Verhandlung erheblich. Wiederholte längere, nur auf Propagandawirkung abzielende Reden des Vorsitzers wirkten in diesem Kreise abstoßend. Auch hierunter litt der Ernst und die Würde des Gerichts. Es fehlt dem Präsidenten völlig an eiskalter, überlegener Zurückhaltung, die in einem solchen Prozeß allein geboten ist . . ."

Nach dem Kriege bezeichnete Generalmajor a. D. Remer, der an der Niederschlagung des Zwanzigsten Juli aktiv beteiligt gewesen war, die Widerstandskämpfer als ,,Landesverräter, die vom Ausland bezahlt wurden". Er mußte sich dafür im März 1952 vor dem Landgericht Braunschweig verantworten und wurde wegen übler Nachrede in Tateinheit mit Verunglimpfung des Andenkens Verstorbener zu drei Monaten Gefängnis verurteilt. In seiner Urteilsbegründung schloß sich das Gericht dem Gutachten von Prof. Dr. Hans Günther Seraphim an. Dort heißt es u. a.: ,,Die Beweggründe der Führer des deutschen Widerstandes, noch in letzter Minute den Versuch zum Aufstand gegen Hitler und sein Regime zu unternehmen, entsprangen der Hoffnung, bei Gelingen der Welt zu zeigen, daß auch unter schwersten äußeren

Verhältnissen von innen heraus der Wandel zum Rechtsstaat, zur Sittlichkeit und zu geordneten Verhältnissen von Deutschen selbst durchgeführt worden sei. Für den Fall des Mißlingens sollte das Fanal des anderen Deutschlands beweisen, daß das deutsche Volk in seiner Gesamtheit und der Nationalsozialismus nicht das gleiche gewesen sei."

Im Britischen Unterhaus sagte Winston Churchill im Jahre 1946: „In Deutschland lebte eine Opposition, die durch ihre Opfer und eine entnervende internationale Politik immer schwächer wurde, aber zu dem Edelsten und Größten gehört, was in der politischen Geschichte aller Völker je hervorgebracht wurde. Diese Männer kämpften ohne eine Hilfe von innen oder außen – einzig getrieben von der Unruhe ihres Gewissens. So lange sie lebten, waren sie für uns unsichtbar und unerkennbar, weil sie sich tarnen mußten. Aber an den Toten ist der Widerstand sichtbar geworden. Diese Toten vermögen nicht alles zu rechtfertigen, was in Deutschland geschah. Aber ihre Taten und Opfer sind das Fundament eines neuen Aufbruchs. Wir hoffen auf die Zeit, in der das heroische Kapitel der innerdeutschen Geschichte seine gerechte Würdigung finden wird."

9. Der Bundesgerichtshof – Revisionsgericht im demokratischen Rechtsstaat

Fünf Jahre nach dem Ende der nationalsozialistischen Unrechtsherrschaft, im Jahre 1950, wurde der Bundesgerichtshof als Nachfolgegericht des Reichsgerichts errichtet. Zehn Jahre später, am 15. Oktober 1960, gab der damalige Bundesrichter und spätere Präsident des BGH, Robert Fischer, einen Rückblick auf die ersten zehn Jahre. Zunächst schilderte er die Probleme, insbesondere die sachlichen Schwierigkeiten der Anfangszeit:

„Der Bundesgerichtshof fand am Anfang seiner Tätigkeit eine drohende und vielfach schon eingetretene Zersplitterung des Rechts vor und war schon deshalb nicht in der Lage, in ruhiger Entwicklung an die Rechtsprechung des Reichsgerichts anzuknüpfen." Dem „Zerfall der Rechtseinheit" habe man entgegentreten müssen, und das vielfach angesichts von Rechtsfragen, „die sich aus dem nationalsozialistischen Unrecht, aus dem Krieg, dem Zusammenbruch, dem Währungsverfall sowie der Spaltung

Deutschlands ergaben.“ Eine „gesicherte Rechtstradition, an die man hätte anknüpfen können“, habe gefehlt. „Es fehlten namentlich die geeigneten Gesetze... Und soweit sie in geringer Anzahl vorhanden waren ..., waren sie schlecht und mit einem gesunden Rechtsbewußtsein vielfach nicht zu vereinbaren.“

Besonders schwer wog natürlich das nationalsozialistische Erbe: „Die schwerste Belastung stellte hierbei die Liquidierung des nationalsozialistischen Unrechts... dar, weil bei diesen Prozessen in so erschreckendem Maße die mögliche Antinomie von Gesetz und Recht in Erscheinung trat und weil die Entscheidung dieser Prozesse von jedem Richter das Äußerste an sittlicher Kraft und gewissenhaftem Verantwortungsbewußtsein erforderte.“

6 Bundesgerichtshof, ehem. Erbgroßherzgl. Palais, NO-Fassade.

Dankbar gedachte Fischer bei dieser Gelegenheit der wenigen Mitglieder des Reichsgerichts, die in der Anfangszeit dem BGH angehört hatten. ,,Ihnen ist es zu verdanken, daß der Bundesgerichtshof im wesentlichen zur Technik des Urteilsstils des Reichsgerichts zurückfand und der großen Gefahr, die Urteile nach Art von Dissertationen mit Schrifttumsnachweisen und rechtlichen Exkursen zu überladen, nicht erlag. Diese Gefahr ist deshalb... so naheliegend, weil es viel einfacher ist, den verarbeiteten Rechtsstoff im Urteil auch vollständig auszubreiten, anstatt sich auf das Wesentliche der eigenen Gedankenführung zu beschränken."

Unter diesen früheren Mitgliedern des Reichsgerichts hob Fischer namentlich den ersten Präsidenten des BGH, Weinkauff hervor. ,,Seine starke und prägende Richterpersönlichkeit hat auf den Inhalt und besonders auf den Geist der Rechtsprechung dieses Gerichts... einen nachhaltigen Einfluß ausgeübt. Ihm ist es namentlich zu danken, daß sich die Rechtsprechung des Bundesgerichtshofs in den entscheidenden Fragen unseres Rechts an den Grundsätzen des freiheitlichen und sozialen Rechtsstaates ausrichtete, daß sie an diesen Grundsätzen ihren festen Halt fand und daß sie von Anfang an bemüht war, der Würde und Eigenständigkeit des Menschen einen sinnvollen und rechtlich unantastbaren Ausdruck zu verleihen."

Und Fischer hob die Bedeutung dieser Ausrichtung hervor. ,,Denn die Rechtsanwendung kann nicht nach wertfreien, formalen oder nur logischen Grundsätzen vollzogen werden, sie bedarf um ihres materialen Gehalts willen, namentlich in den Grundsatzfragen unseres Rechts, einer Wertordnung, an die sie gebunden ist."

Sodann nannte er die Erfordernisse für die Erfüllung der Aufgaben des Bundesgerichtshofes – Wahrung der Einheit des Rechts und gesunde Fortbildung des Rechts. ,,Zunächst muß die Rechtsprechung des Bundesgerichtshofs einen bestimmten konservativen Grundzug aufweisen und sich davor hüten, durch einfallsreiche Originalität zu glänzen und damit notwendigerweise Rechtsunsicherheit und Rechtsverwirrung hervorzurufen." Dieser notwendige konservative Grundzug erfordere ,,Behutsamkeit und Zurückhaltung. Das kann nur dadurch geschehen, daß sich das Urteil im Einzelfall sorgsam auf den zur Entscheidung gestellten Sachverhalt beschränkt und davon absieht, durch rechtstheoretische Ausführungen über den so gesteckten Rahmen hinauszugreifen."

Gegenüber den zahlreichen „klugen, aber zum Teil auch reichlich überspitzten" Theorien der Rechtswissenschaft gelte es, sich auf die eigene Aufgabe zu besinnen. „Der Revisionsrichter ist kein Wissenschaftler, ihm obliegt die Beobachtung und Beurteilung der Rechtswirklichkeit an Hand der einzelnen zur Entscheidung gestellten Tatbestände, er trägt die Verantwortung für die Stetigkeit der Rechtsprechung und hat dabei zugleich einer gesunden Fortbildung des Rechts zu dienen."

Sodann müsse der Revisionsrichter im Unterschied zum Instanzgericht „stets die rechtliche Auswirkung seiner Rechtsauffassung auf alle gleichgelagerten Tatbestände im Auge haben, sich fragen, ob die für einen Einzelfall einmal vertretbare Beurteilung auch generell vertretbar ist und ob sie auch dann noch eine sachgerechte und sinnvolle Lösung darstellt."

Weiter müsse das Revisionsgericht dem „Zwiespalt zwischen der Rechtssicherheit und der notwendigen Berücksichtigung von Treu und Glauben" Rechnung tragen. Die Rechtssicherheit müsse einerseits „eine besondere Beachtung finden". Das dürfe aber andererseits nicht bedeuten, daß eine „wertfreie Jurisprudenz" stattfinde. „Die Rechtsanwendung ist nicht Mathematik . . ." Für sie „spielt das Judiz, das gesunde Urteil, der gesunde Menschenverstand eine besondere Rolle... Offenbar unrichtige Ergebnisse, die mit dem gesunden Menschenverstand oder mit dem allgemeinen Gerechtigkeitsgefühl nicht zu vereinbaren sind, muß das Revisionsgericht vermeiden, aber es muß zugleich den Gründen nachspüren, warum die Anwendung der bisher anerkannten Rechtsgrundsätze oder Rechtsregeln in einem Einzelfall zu einem offenbar unrichtigen oder unbilligen Ergebnis zu führen scheint."

Schließlich sei es „von wesentlicher Bedeutung zu wissen, welche Aufgabe heute der Rechtsprechung im allgemeinen obliegt." Der Gesetzespositivismus liege heute hinter uns. „Das nomokratische Ideal der Gesetzesexekution" (Schröder) sei verblaßt. Die Gesetzesanwendung „ist nicht mehr allein Vollzug des Gesetzes, sondern zugleich eigene Entscheidung", „Wertverwirklichung", „die Wahl zwischen mehreren möglichen Bewertungen – an welchen Prinzipien auch immer diese Wahl sich orientiert (Wieacker)".

Die Abkehr vom Gesetzespositivismus belegte Fischer mit einer Reihe von Zitaten aus frühen Entscheidungen des BGH: „Höher als der Wortlaut des Gesetzes steht sein Zweck und Sinn. Diesen im Einzelfall der Rechtsanwendung nutzbar zu machen und darnach unter Berücksichtigung von Treu und Glauben den Streitfall einer vernünftigen und billigen Lösung zuzuführen, ist die Aufgabe des Richters" (BGHZ 2, 184). „Die richtige, d.h. dem Recht gemäße Anwendung des positiven Rechts, gestattet dem Richter nicht nur, das Recht im Sinne seiner Weiterentwicklung durch Auslegung des gesetzten Rechts fortzubilden, sondern sie verpflichtet ihn sogar hierzu, wenn die Findung einer gerechten Entscheidung dies erfordert" (BGHZ 3, 315). „Das Recht hat dem Leben zu dienen und muß die entsprechenden Formen zur Verfügung stellen. Ein pflichtbewußter Richter kann sich der Aufgabe, das Recht notfalls fortzuentwickeln, nicht entziehen" (BGHZ 9, 164).

In pointierter Auseinandersetzung mit rechtstheoretischen Lehren von Wieacker und Esser legt Fischer dann ein Bekenntnis zu inhaltlichen Prinzipien ab, nach denen sich die Richterrechtsbildung auszurichten habe. „Nach der heutigen Verfassungslage ist der Gesetzgeber an die Wertvorstellungen des Grundgesetzes, an die obersten Grundwerte der freiheitlichen demokratischen Grundordnung gebunden. Diese Bindung muß sich auch bei der Rechtsanwendung durch die Gerichte bewähren und aktualisieren. Auch die Rechtsprechung muß sich an den entscheidenden Grundvorstellungen unseres freiheitlichen und sozialen Rechtsstaates ausrichten und die Gerichte müssen den alleinigen Maßstab für die Wertverwirklichung ihres Urteilens in der sittlichen Idee des Menschen finden, dessen Würde unantastbar ist und der nicht zum bloßen Objekt eines Machtwillens – welcher Art auch immer – depraviert werden darf."

10. Das Bundesverfassungsgericht – Hüter des Grundgesetzes

Das Bundesverfassungsgericht entspricht dem in der Weimarer Verfassung vorgesehenen Staatsgerichtshof. Während aber dieser dem Reichsgericht angegliedert war, ist das Bundesverfassungsgericht als eigenes Gericht tätig. Seine Entscheidungen binden alle anderen staatlichen Organe, auch den Bundestag. Das Bundesverfassungsgericht ist das höchste Rechtsprechungsorgan des Bundes und zugleich Verfassungsorgan, welches selbständig neben den übrigen Verfassungsorganen des Bundes steht. Seine überragende Stellung zeigt sich darin, daß seine Stellung und die Erfüllung seiner Aufgaben auch im Verteidigungsfalle nicht beeinträchtigt werden dürfen.

Das Bundesverfassungsgericht ist ein Zwillingsgericht mit zwei Senaten, die mit jeweils acht Richtern besetzt sind. Diese müssen das 40. Lebensjahr vollendet haben, zum Bundestag wählbar sein und die Befähigung zum Richteramt besitzen. Die Richter dürfen keinem anderen Bundes- oder Landesorgan angehören. Neben ihrer Richtertätigkeit dürfen sie nur das Amt eines Hochschullehrers ausüben. Die Amtszeit beträgt zwölf Jahre; eine Wiederwahl ist ausgeschlossen.

Dem Bundesverfassungsgericht obliegt die Erkenntnis von Recht, nicht die Entscheidung politischer Fragen. Insbesondere entscheidet es über die Auslegung des Grundgesetzes bei Streit über die Rechte und Pflichten der obersten Bundesorgane, bei Zweifeln über die Vereinbarkeit von Bundes- oder Landesrecht mit dem Grundgesetz, bei Meinungsverschiedenheiten über Rechte und Pflichten des Bundes und der Länder, über Verfassungsbeschwerden wegen Grundrechtsverletzungen durch die öffentliche Gewalt und in sonstigen im Grundgesetz vorgesehenen Fällen (z.B. Präsidentenanklage, Richteranklage, Wahlprüfung). Insbesondere von der Möglichkeit der Verfassungsbeschwerde wurde und wird in großem Umfang Gebrauch gemacht.

Das Verfahren vor dem Bundesverfassungsgericht ist von dem Bemühen gekennzeichnet, möglichst wenig formale Bindungen anzuwenden. Das Gericht befolgt die sog. Offizialmaxime, d.h. es erforscht von Amts wegen die objektive Wahrheit. Durch Beschluß können offensichtlich unzulässige oder unbegründete Anträge verworfen werden. Verfassungsbeschwerden werden durch einen Richterausschuß vorgeprüft, der sie verwerfen kann. Aus wichtigen Gründen können einstweilige Anordnungen getroffen werden. Seit 1971 besteht die Möglichkeit des dissenting opinion; jeder Richter kann seine abweichende Meinung in einem Sondervotum niederlegen. Von dieser Möglichkeit wird oft Gebrauch gemacht. Auch kann der Senat in seinen Entscheidungen das Stimmenverhältnis mitteilen; auch dies geschieht regelmäßig.

7 Bundesverfassungsgericht. Das Foto zeigt (v.l.) die Richter Träger, Niebler, Wand, Mahrenholz, Zeitler, Rinck, Rottmann und Steinberger bei der Entscheidung über die Auflösung des Bundestages am 16. Februar 1983.

Wohl wie keine andere Einrichtung verkörpert das Bundesverfassungsgericht die Tatsache, daß die Bundesrepublik Deutschland ein Rechtsstaat ist. Was sind die wesentlichen Merkmale des Rechtsstaates? Gerhard Leibholz, ehemals Bundesverfassungsrichter, drückte das so aus:

„Man pflegt von einem Rechtsstaat zu sprechen, wenn ein Staat im Rechte steht, d.h. wenn die politische Gemeinschaft aufgrund der Legitimierung durch das Recht sich zu einer Rechtsgemeinschaft erweitert hat. Gewiß sind auch in einem Rechtsstaat Verfassung und Gesetze zunächst einmal politische Entscheidungen. Sie sind aber nicht allein im politischen Raum verhaftet, sondern müsssen darüber hinaus in die Spähre des Rechts transponiert werden. Unter diesen Voraussetzungen kann in einem Rechtsstaat eine Verfassung legitimerweise den Anspruch erheben, zugleich eine Rechtsentscheidung zu sein, an der potentiell alle Akte der Verfassungsorgane gemessen werden können.

Eine solche Kongruenz von Staat und Rechtsgemeinschaft setzt voraus, daß vom Politischen her der Eigenwert des Rechtes respektiert wird. Von einer solchen Begrenzung von Staat und Herrschaft durch das Recht kann aber nur gesprochen werden, wenn durch die politische Ordnung (etwa eine Verfassung) die Vernunftprinzipien im Kantschen Sinne respektiert werden oder – zeitnäher gesprochen – die Grund- und Urrechte des Menschen, eben die Menschenrechte (die ‚basic or fundamental rights of man'), zum materialen Hauptbestandteil des nationalen Kulturwertsystems gemacht werden."

Es geht also darum, „die Menschenwürde und die individuellen Freiheitsrechte im Rahmen der politischen Ordnung abzusichern". Dabei habe sich im zwanzigsten Jahrhundert ein grundlegender Wandel des Rechtsstaatsbegriffes vollzogen. Nicht nur die Exekutive, sondern auch die gesetzgebenden Parlamente sollten an die Grund- und individuellen Freiheitsrechte gebunden werden. „Schon unter der Weimarer Verfassung nahm z. B. das Reichsgericht in fortschreitendem Maße das Recht für sich in Anspruch, vom Parlament beschlossene Gesetze auf ihre Verfassungsmäßigkeit hin zu überprüfen."

Nach dem Zusammenbruch des NS-Regimes habe man diesen verfassungsrechtlichen Schutz der individuellen Freiheitsrechte vervollständigt. Es „kann die Behauptung gewagt werden, daß dort, wo – wie in der Bundesrepublik – eine so umfassende Verfassungsgerichtsbarkeit eingeführt worden ist, die rechtsprechende Gewalt zu einer den anderen Gewalten ebenbürtigen, d. h. echten dritten Gewalt geworden ist. Hier nimmt der Rechtsstaat eine besondere Gestalt an. In einem solchen Rechtsstaat sind bestimmte höchste Gerichte dazu berufen, als Hüter der Verfassung mit letzter rechtlicher Verbindlichkeit für Volk und Staat die ihnen zur Beurteilung zugewiesenen Rechtsstreitigkeiten zu entscheiden und durch Ausübung einer solchen rechtsprechenden Tätigkeit zugleich an der Ausübung der staatlichen Gewalt teilzunehmen."

Hiergegen sei auch Kritik laut geworden. Man habe gesagt, der Rechtsstaat sei in der Bundesrepublik Deutschland zu einem Justizstaat denaturiert worden. Dieser Einwand gehe aber fehl. Gewiß hätten Verfassungsstreitigkeiten eine ,,bestimmte politische Wirkkraft". Aber sie erfolgten auf der Grundlage einer ,,justitiablen Norm, d. h. einer Norm, die einer näheren rechtlich vernünftigen Auslegung fähig" sei. ,,Dadurch, daß die die individuelle Freiheit sichernde dritte Gewalt zu einer den anderen Gewalten ebenbürtigen geworden ist, kann sie nicht den Anspruch erheben, ,über' den anderen Gewalten . . . zu stehen."

Auch in einem perfektionierten Rechtsstaat müßten die ,,artbestimmenden" Tendenzen des modernen Staates respektiert werden. Die ,,politischen Erwägungen" hätten, sofern sie sich im Rahmen des verfassungsmäßigen Rahmens hielten, den Vorrang, ,,selbst wenn sie der eigenen politischen Auffassung der Gerichte widersprechen".

Und: ,,Die richterliche Selbstbeschränkung gebietet auch, daß, wenn eine Norm mehrere Auslegungen zuläßt, die teils zu einem verfassungswidrigen, teils zu einem verfassungsmäßigen Ergebnis führen, die Auslegung verfassungskonform, d. h. so beschaffen sein muß, daß sie als mit der Verfassung vereinbar zu betrachten ist. Die Auslegung findet an dem eindeutigen Wortlaut und dem Sinn des die individuelle Freiheit verbürgenden Gesetzes ihre Grenzen."

B. Die Prozesse

1. Der Prozeß Jesus – der folgenreichste Prozeß der Weltgeschichte

Mit Jesus von Nazareth wurde kurzer Prozeß gemacht. Aber dieser Prozeß sollte der folgenreichste Prozeß der Weltgeschichte sein.

Nach Gründung des Staates Israel im Jahre 1948 liefen beim Obergericht in Jerusalem mehrere Anträge christlicher Theologen ein, die eine Wiederaufnahme des Prozesses Jesu forderten. Man argumentierte, erst jetzt habe das jüdische Volk wieder eine eigene souveräne Gerichtsbarkeit erhalten, so daß die Stunde für eine Revision des Verfahrens gekommen sei. Das Gericht beschäftigte sich eingehend mit den Anträgen, gab ihnen aber nicht statt, da alle prozessualen Unterlagen fehlten und lediglich die tendenziösen Berichte in den Evangelien (Mark. 14, 53–15; Matth. 26, 57–27, 30; Luk. 22, 66–23; Joh. 18, 12–19, 14) vorlägen. Was sagen nun diese Berichte?

Jesus wurde im Garten Gethsemane verhaftet. „Die Schar aber und der Oberhauptmann und die Diener der Juden nahmen Jesum und banden ihn und führten ihn zuerst zu Hannas; der war des Kaiphas Schwiegervater, welcher des Jahrs Hohepriester war" (Joh. 18, 13–14). Hannas führte als Einzelrichter eine Voruntersuchung durch und übergab dann den Angeklagten dem jüdischen Gericht, welches unter Vorsitz des Kaiphas die drei Anklagepunkte formulierte:

Tempelschändung. „Und etliche standen auf und gaben falsch Zeugnis wider ihn und sprachen: Wir haben gehört, daß er sagte: Ich will den Tempel, der mit Händen gemacht ist, abbrechen und in drei Tagen einen anderen bauen, der nicht mit Händen gemacht sei" (Mark. 14, 57–58).

Steuerverweigerung gegenüber der kaiserlichen Regierung. „Wir haben festgestellt, daß dieser unser Volk aufwiegelt und verbietet, dem Kaiser Steuern zu zahlen, und behauptet, er sei Christus, ein König" (Luk. 23, 2).

Angemaßte Messianität. „Und der Hohepriester antwortete und sprach zu ihm: Ich beschwöre dich bei dem lebendigen Gott,

8 Christus vor Kaiphas aus der Kleinen Passion von A. Dürer.

daß du uns sagest, ob du seiest Christus, der Sohn Gottes. Jesus sprach zu ihm: Du sagst es“ (Matth. 26, 63–64).

Die Verhandlung fand des Nachts im Amtspalast des Kaiphas statt. Nach jüdischem Prozeßrecht konnte aber eine Gerichtsverhandlung nur am Tage stattfinden.

Es wurden daher am Morgen weitere Gerichtsmitglieder kooptiert, so daß ein vollständiges Gericht von einundsiebzig Richtern zu einer Vollsitzung zusammentreten konnte.

,,Und bald am Morgen hielten die Hohepriester einen Rat mit den Ältesten und Schriftgelehrten, dazu der ganze Rat und banden Jesum und führten ihn hin und überantworteten ihn dem Pilatus" (Mark. 15, 1).

Die Juden besaßen kein Recht auf peinliche Gerichtsbarkeit (,,Wir dürfen niemand töten" – Joh. 18, 31). Vor allem aber sollte die Auslieferung an den römischen Statthalter Pontius Pilatus diesem jeden Vorwand zum Einschreiten gegen das jüdische Volk wegen des ,,Aufwieglers" Jesus nehmen. ,,Es war aber Kaiphas, der den Juden riet, es wäre gut, daß ein Mensch würde umgebracht für das Volk" (Joh. 18, 14).

Vor Pontius Pilatus wurde die angemaßte Königswürde als entscheidend dargestellt. Die Frage der Steuerverweigerung wurde seltsamerweise nicht weiter behandelt. ,,Und Pilatus fragte ihn: Bist du der König der Juden? Er antwortete aber und sprach zu ihm: Du sagst es" (Mark. 15, 2). ,,Da sprach Pilatus zu ihm: So bist du dennoch ein König? Jesus antwortete: Du sagst es, ich bin ein König. Ich bin dazu geboren und in die Welt gekommen, daß ich für die Wahrheit zeugen soll. Wer aus der Wahrheit ist, der höret meine Stimme. Spricht Pilatus zu ihm: Was ist Wahrheit?" (Joh. 18, 37–38).

Von den Hohepriestern erfuhr Pilatus, daß Jesus aus Galiläa stammte. Da sich dessen Landesfürst Herodes Antipas gerade anläßlich des Passahfestes in Jerusalem befand, schickte er diesem Jesus. ,,Da aber Herodes Jesum sah, ward er sehr froh, denn er hätte ihn längst gerne gesehen – denn er hatte viel von ihm gehört – und hoffte, er würde ein Zeichen von ihm sehen. Und er fragte ihn mancherlei; er antwortete ihm aber nichts" (Luk. 23, 8–9). Da verspottete Herodes Jesus und sandte ihn zu Pilatus zurück.

Es folgte die Barabbas-Episode. Barabbas, ein des Aufruhrs und Mordes bezichtigter politischer Gefangener, wurde durch Pilatus aus Anlaß des Festes amnestiert, während Jesus zum Tode am Kreuz bestimmt wurde. ,,Ihr habt aber eine Gewohnheit, daß ich euch einen auf Ostern losgebe; wollt ihr nun, daß ich euch der Juden König losgebe. Da schrien sie wieder allesamt und sprachen: Nicht diesen, sondern Barabbas! Barrabas aber war ein

Mörder“ (Joh. 18, 39–40). Die angemaßte Königswürde bedeutete nach römischem Recht eine Majestätsbeleidigung des Kaisers. Nach der Lex Julia stand darauf die Todesstrafe. Sie wurde mit der grausamsten aller Hinrichtungsarten, der Kreuzigung vollzogen.

2. Sokrates vor Gericht – weil er die Götter nicht anerkennt und die jungen Leute verdirbt

Sokrates wurde im Jahre 399 v. Chr. in Athen der Prozeß gemacht. Er stand damals im siebzigsten Lebensjahr. Gegen ihn war eine öffentliche Anklage erhoben worden, wie sie jeder Bürger einreichen konnte. Eine Staatsanwaltschaft gab es nicht. Die Ankläger waren Meletos, ein schlechter Dichter, der Gerber Anytos und der Redner Lykon. Die Anklage ging an eines von zehn Geschworenengerichten. Es war mit 501 ausgelosten Mitgliedern besetzt. Diese Gerichte waren die obersten Gerichte des souveränen Volkes, einem Parlament vergleichbar. Gegen ihre Urteile gab es kein Rechtsmittel.

Den Wortlaut der Anklage hat uns Xenophon in seinen „Erinnerungen an Sokrates“ überliefert: „Sokrates tut Unrecht, indem er die Götter nicht anerkennt, welche der Staat anerkennt, dafür aber neue Götter einführt. Er tut ferner dadurch Unrecht, daß er die jungen Leute verdirbt.“

Sokrates verteidigte sich mit einer Rede, deren Wortlaut sein Schüler Platon in der Apologie festgehalten hat. Sie beginnt mit den Worten: „Welchen Eindruck, ihr Männer von Athen, meine Ankläger auf euch gemacht haben, das weiß ich nicht, hätte ich selbst doch bei ihren Worten beinahe mich selber vergessen – so überzeugend sprachen sie. Wahres haben sie allerdings, offen gesagt, gar nicht gesprochen. Am meisten unter ihren vielen Lügen erstaunte mich aber die, daß sie sagten, ihr müsstet euch vor mir hüten, um nicht von mir getäuscht zu werden, weil ich ein Meister der Rede sei. Denn daß sie sich nicht schämten, sogleich von mir durch die Tat widerlegt zu werden, nachdem ich mich nicht im geringsten als Meister der Rede erweisen werde, das schien mir denn doch das Schamloseste an ihnen zu sein – wenn jene nicht etwa einen meisterhaften Redner den nennen, der die Wahrheit sagt.“

Sokrates betonte, er werde sprechen, wie er immer spreche. „Heute bin ich zum erstenmal vor Gericht getreten, nachdem ich das siebenzigste Jahr überschritten habe. Daher fühle ich mich ganz und gar fremd der hier üblichen Redeweise." Und so bittet er, „daß ihr meine Art, zu reden, hingehen laßt", und „daß ihr nur das prüft und darauf die Aufmerksamkeit richtet, ob ich das Rechte sage oder nicht. Das nämlich ist die Tugend des Richters, die des Redners aber ist es, die Wahrheit zu sagen."

Dann wies er auf die Vorurteile hin, mit denen er „geradezu wie mit Schatten kämpfen" müsse. „Würdigt also auch ihr, daß, wie ich sage, zweierlei Ankläger gegen mich aufgestanden sind: die einen, die mich eben erst verklagten, die andern, die... es vor langer Zeit getan haben, und versteht, daß ich mich gegen diese zuerst verteidigen muß. Denn auch ihr habt zuerst ihren Anklagen zugehört . . ."

Woraus entstand die „Verleumdung gegen mich?" fragte Sokrates. Und er gab die Antwort: „Ich habe nämlich, Männer Athens, diesen Ruf durch nichts anderes erworben als durch eine Art Weisheit." Für diese Antwort benannte er einen Zeugen – „den Gott in Delphi." Die Pythia habe verkündet – „schlagt nicht Lärm, ihr Männer" – „keiner sei weiser" als Sokrates. Aber was habe der Gott damit gemeint? „Denn ich bin mir doch bewußt, daß ich weder im Großen noch im Kleinen weise bin." Durch einen großen Rundgang durch die Stände des Volkes habe er versucht, sich über das Wesen der Weisheit klar zu werden. Er sei zu den Staatsmännern, den Dichtern, den Handwerkern gegangen und habe gefunden, daß diese weise zu sein schienen, es aber nicht seien. Daraus seien ihm viele Feindschaften erwachsen, „von gefährlicher und schwerer Art". Zum Schluß habe er gefunden, daß das Orakel dies gemeint habe: „der ist von euch, ihr Menschen, der Weiseste, der wie Sokrates erkannt hat, daß er in Wahrheit nichts wert ist, was Weisheit anbelangt."

Als Athener wußte Sokrates, wie gefährlich, wie abhängig von Stimmungen das Laiengericht war, vor dem er stand. Aber er führte eine stolze Sprache, lehnte es ab, die Gunst der Richter zu suchen, ja, er bezeichnete sich selbst als ein großes Geschenk, welches der Gott den Athenern zu ihrer Besserung geschenkt habe. „Darum bin ich jetzt weit davon entfernt, mich um meiner selbst willen zu verteidigen, wie man wohl denken könnte, sondern um euretwillen, damit ihr euch nicht versündigt an eurem

9 „Der Tod des Sokrates" – Gemälde von Jacques Louis David, 1787, (Ausschnitt) Original: New York, The Metropolitan Museum of Art.

Gottesgeschenke durch meine Verurteilung. Denn wenn ihr mich tötet, werdet ihr nicht leicht einen zweiten solchen finden, der sozusagen – wenn es auch etwas scherzhaft klingt – der Stadt vom Gotte beigegeben ist . . ."

Dieser stolzen Sprache gegenüber erhob sich ein Lärm des Unwillens. Aber Sokrates konnte sich wirkungsvoll auf Tatsachen berufen. Als ihm vor Jahren eine tyrannische Obrigkeit entgegen dem Gesetz befohlen habe, einen unschuldigen Bürger zu verhaften, damit sie ihn hinrichten könne, habe er ihr den Gehorsam versagt. ,,Damals bewies ich wahrlich . . . nicht durch Worte, sondern durch die Tat, daß mich der Tod, wenn es nicht zu grob klingt, auch nicht so viel kümmert, daß mir aber alles daran liegt, nichts Unrechtes und Unfrommes zu tun." Und er fügte hinzu: ,,Niemals gab ich jemandem das Geringste nach wider das Recht . . ."

Nochmals lehnte Sokrates es ab, das Gericht um Milde zu bitten, ,,scheint es mir doch ungerecht, den Richter zu bitten und durch Bitten freizukommen, sondern belehren und überzeugen muß man ihn. Denn nicht dazu nimmt der Richter seinen Sitz ein, das Recht nach Wohlwollen zu verschenken, sondern um das Urteil zu finden, und er hat geschworen – nicht gefällig zu sein, wenn er gerade will, sondern – Recht zu sprechen nach den Gesetzen."

Der Freispruch war nahe. Den Ankläger Meletos hat Sokrates so widerlegt, daß dieser nicht einmal ein Fünftel der Richter gewonnen hätte, in welchem Fall Meletos nach dem Gesetz tausend Drachmen Strafe hätte zahlen müssen. Aber nun wurden die Ankläger Anytos und Lykon aktiv. Sie argumentierten, vielleicht sei die Anklage unnötig gewesen, aber nun, da sie einmal erhoben worden sei, müsse Sokrates auch verurteilt werden. Es gelang ihnen, 281 Richter auf ihre Seite zu bringen. 220 Richter sprachen Sokrates frei. Mit 61 Stimmen Mehrheit wurde Sokrates verurteilt.

Nun kommt der zweite Teil des Verfahrens. Die Ankläger haben den Tod beantragt. Sokrates hält eine zweite Rede. Auch diese hat Platon in der Apologie überliefert. Sokrates hatte das Recht, eine mildere Strafe zu beantragen. Die Aussichten dafür waren günstig. Aber hatte er das ,,Recht", eine Strafe gegen einen Unschuldigen zu beantragen? ,,Was verdiene ich zu erleiden oder zu büßen, daß ich mir in den Sinn kommen ließ, in meinem Leben nicht Ruhe zu halten, sondern unbesorgt um alles, worum die Menge sich sorgt, um Gelderwerb, um Hauswesen, um Kriegsamt und Volksrednerei und die anderen Ämter... mich auf nichts einließ, wo ich weder euch noch mir selber irgendwie zum Nutzen gewesen wäre?" Und er gab die Antwort: „Etwas Gutes, ihr Athener... Es gibt nichts, was so angemessen wäre, ihr Athener, als einen solchen Mann im Pyrtaneion zu speisen . . ."

Schweigend hörten die Richter diese Verhöhnung an. Statt einer Strafe forderte Sokrates die höchste Ehrung. Vielleicht hätten die Richter immer noch eine mildere Strafe verhängt, aber Sokrates verbaute alle Auswege. Ob der Tod ein Übel sei, wisse er nicht. „Stattdessen soll ich etwas wählen, von dem ich sehr wohl weiß, daß es ein Übel ist." Gefängnis, Geldbuße, Schuldhaft, Verbannung – all dies lehnte er ab. Freilich wollte er seine Richter nicht mit Gewalt ins Unrecht treiben. Er erklärte sich bereit, eine Geldbuße zu zahlen – alles, was er besaß, „vielleicht eine Mine Silbers" (etwa sechzig Mark). Freunde riefen ihm zu, sie würden für dreißig Minen bürgen. Er akzeptierte das. „Soviel also beantrage ich . . ."

Es war zu spät. Die Richter wussten, daß Sokrates unschuldig war, aber sie fällten das Todesurteil. Kurz vor der Hinrichtung wollte der Freund Kriton ihn zur Flucht überreden, aber Sokrates lehnte ab. Auch diesen Dialog hat Platon überliefert. „Hältst du für möglich, daß eine Stadt weiterbestehe und nicht zusammenstürze, in welcher die gerichtlichen Entscheide keine Wirkung haben, sondern von Privatleuten aufgehoben und vernichtet werden?" In dem Bewußtsein, daß sein Gehorsam gegenüber dem ungerechten Richterspruch das verletzte Recht wiederherstellen und die Rechtsordnung als Ganzes schützen werde, nahm Sokrates den Schierlingsbecher.

3. Die Hexenprozesse – „Summis desiderantes affectibus"

Der Hexenwahn hat sich in drei Perioden herausgebildet.

In der Zeit von 400 bis 1230, vor allem im 13. Jahrhundert, setzte sich der Glaube an die Realität der Dämonenwelt infolge der Tätigkeit der päpstlichen Ketzergerichte durch. Die Kirche forderte Bestrafung der Ketzerei. Als erstes weltliches Rechtsbuch kam der Sachsenspiegel dieser Forderung nach.

Von 1230 bis 1430 wurde der Dämonen- und Zauberglauben durch die Scholastik wissenschaftlich gefestigt. Man entwickelte aus dem allgemeinen Begriff der Zauberei unter Anwendung der augustinischen Pakttheorie und der Behauptung von Buhlschaft mit dem Teufel einen besonderen Verbrechensbegriff, die Hexerei (maleficium). Darauf stand der Feuertod.

In der dritten Periode, von 1430 bis 1540, begannen großangelegte, systematische Hexenverfolgungen. Ihren entscheidenden Impuls erhielten sie durch die Bulle „Summis desiderantes affectibus" des Papstes Innozenz VIII. von 1484. Den Dominikanern Heinrich Institoris und Jakob Sprenger befahl der Papst in dieser Bulle die kanonische Inquisition und Bestrafung von Hexen und Zauberern.

Drei Jahre später, 1487, legten die beiden Dominikaner einen kasuistischen Kommentar zur päpstlichen Hexenbulle namens Hexenhammer (malleus maleficarum) vor. Darin fassten sie die Elemente der Hexerei und Zauberei zusammen. Im ersten Teil des Werkes wurden Fragen gestellt, erörtert und bejaht wie diese: Gibt es eine Schwarzkunst? Können durch Incubi (Draufliegèr, Teufel, die in Männergestalt auftreten) und Succubi (Drunterlieger, Teufel, die als Weiber mit Männern geschlechtlich verkehren) Menschen erzeugt werden? Können Schwarzkünstler die Menschen zu Liebe oder Haß bewegen? Können Hexen das männliche Glied durch Zauberei vom Leib trennen? Können Hexen Menschen in Tiere verwandeln? Im zweiten Teil wurden Einzelheiten behandelt, etwa wie Hexen Gewitter und Hagel hervorrufen, Kühe der Milch berauben, Hühner am Eierlegen hindern, Fehlgeburten verursachen, Viehkrankheiten erzeugen, Besessenheit erregen, durch „Hexenschuß" die Glieder lähmen und dergleichen mehr.

Die Denkweise dieses Kommentars wird bei der Behandlung der Frage deutlich, warum Hexen besonders gerne ungetaufte Kinder töten. Der Grund dafür soll darin liegen, daß diese nicht in den Himmel kommen können. Da nun das Reich Gottes erst dann eintritt, wenn eine bestimmte Zahl Seliger im Himmel versammelt ist, wird durch die Ermordung Neugeborener dieser Zeitpunkt hinausgeschoben.

Die Hexenprozesse wurden von weltlichen Strafrichtern geführt. Der Hexenhammer gab ihnen das für die Gerichtspraxis maßgebliche Gesetzbuch an die Hand. Als verfahrensrechtliche

Neuerungen führte er die Denunziation anstelle der Anklage und die Hexenprobe sowie die Folter im Beweisverfahren ein. Die Hexenprobe bestand darin, daß die Beschuldigte gebunden aufs Wasser gelegt wurde. Sank sie nicht unter, war der Beweis der Hexerei erbracht.

Jede auffallende Eigenschaft konnte eine Frau in den Verdacht der Hexerei bringen – Schönheit und geistige Gaben ebenso wie körperliche Gebrechen und boshaftes Wesen. Ursache des Hexenwahns war vermutlich eine Massenpsychose aus verdrängter Sexualität. Die beiden Mönche, die den Hexenhammer verfassten, gaben hierüber deutlich Auskunft in der Antwort auf die selbstgestellte Frage: „Warum ist die Schwarzkunst bei den Frauen mehr verbreitet als bei den Männern?“ Sie antworteten: „Was ist denn das Weib anderes als eine Vernichtung der Freundschaft, eine unentfliehbare Strafe, ein notwendiges Unglück, eine natürliche Versuchung, ein begehrenswertes Unheil, eine häusliche Gefahr, ein reizvoller Schädling, ein Weltübel mit schöner Farbe bestrichen?“

Die „herrschende Meinung“ der Zeit erlag dem Hexenwahn. Es gab nicht nur katholische, sondern auch evangelische Hexenprozesse. Führende Rechtsdenker wie Jean Bodin in Frankreich und Benedikt Carpzow förderten den Wahn. Selbst ein Wissenschaftler vom Range eines Johannes Kepler, dessen eigene Mutter mehrmals in Gefahr war, als Hexe verbrannt zu werden, erklärte, die Hexerei lasse sich nicht leugnen. So ist anzunehmen, daß die Richter meistens guten Glaubens handelten, wenn auch bisweilen Grausamkeit, Geldgier und Rachsucht mitgespielt haben mögen.

Umso heller leuchten die Namen derjenigen, die ihre Stimme gegen den Hexenwahn erhoben. Schon im Spätmittelalter äußerten Doneldey (1382), Vintler (1411) und Molitoris (1489) Zweifel. Der Arzt Weyer erklärte dann 1563 als erster jedes Hexenwerk für Einbildung und vermeintliche Hexen für allenfalls Geisteskranke. Die Jesuiten von Thanner (1626) und Laymann (1625) sprachen sich gegen Methoden und Führung der Hexenprozesse aus. Becker griff 1631 prinzipiell den Hexenglauben an. Der rühmenswerte Aufklärer und Jurist Christian Thomasius kritisierte 1701 das Hexengerichtsverfahren mit seinen manipulierbaren Indizien und seiner „Pakttheorie“. Am hellsten aber leuchtet der Name des Jesuiten Friedrich von Spee. Er veröffentlichte im Jahre 1631 anonym seine „Cautio criminalis contra sagas“ und nahm darin gegen die Unmenschlichkeit und Rechtswidrigkeit des Hexenwahns Stellung.

Ricarda Huch schildert in ihrem zweibändigen Werk „Der dreißigjährige Krieg“ eine Episode, in der Spee zu Würzburg von einer Frau aufgesucht wurde, die berichtete, ihr Mann habe sich einer wohlhabenden Witwe zugewandt. Sieben Jahre habe die Ehe gewährt, sie hätten ein Kind miteinander und hätten immer friedfertig gelebt. Jetzt aber sei der Mann kaltherzig gegen sie geworden, gebe ihr oft harte Worte, lasse sie fühlen, daß sie kein Geld in die Ehe mitgebracht habe. Einmal sei sie in ihrem Schmerz zornig geworden, da habe er gesagt, nun sähe er, was für ein Mensch sie sei. Sie gehöre zur Hexenzunft und wolle ihm etwas antun, er aber werde sich zu schützen wissen.

Drei Tage später wurde die Frau als der Hexerei Angeklagte beim Würzburger Gericht eingeliefert. Der Mann, das Kind an der Hand, sagte gegen sie aus. Schon daß er sie zur Frau genommen, obwohl sie kein Heiratsgut mitgebracht habe und er manche begüterte andere hätte haben können, müsse Hexerei gewesen sein. Manchmal habe er Kopfweh gehabt, das habe sie durch Handauflegen vertreiben können. Einmal sei sie nicht im Bett gewesen, da habe er aus dem Fenster gesehen, und draußen sei eine schwarze Katze gesessen, die ihn falsch aus grünen Augen angeglotzt habe.

Der Richter erklärte, gerade, weil es der Ehemann sei, müsse man ihm glauben. Es werde sicher keiner etwas wider seine eigene Frau aussagen, wenn er es nicht Gott und der Wahrheit zuliebe tun müsse.

Der Henker kam, entkleidete die Frau, suchte das Hexenmal und erklärte vergnügt, da hätten sie einen guten Fang getan. Wenn der Mann sich besser auf die Zeichen verstanden hätte, hätte er längst den Bock riechen müssen. Die Frau wurde gefoltert. Sie gestand, was man hören wollte, und wurde zum Feuertod verurteilt.

Am Tage des großen Hexenbrandes fuhr Spee mit der Frau und anderen Opfern zusammen auf dem Karren zum Richtplatz, wo die Scheiterhaufen standen. Er bat die Frauen, zu beten, daß Gott ihre Seelen zu sich nähme. Die Frau aber antwortete: „Ich muß im Feuer verbrennen, damit mein Mann in Freuden mit einem anderen Weib leben kann; ich kann nicht zu Gott beten.“ Der Henker bemächtigte sich ihrer und stieß sie ins Feuer.

In seiner Verzweiflung wandte Spee sich an seine Vorgesetzten, aber die konnten ihm nicht helfen. So fühlte er sich gedrängt, „das himmelschreiende Unrecht, das er mit Händen greife, in einem Buch darzustellen, aller Augen darauf zu lenken und dafür zu öffnen, damit es sich verkriechen müsse. Gott habe den Erzengeln geboten, die Drachen zu bekämpfen; es sei jetzt einer da, der täglich die Unschuld verschlinge, und den noch kein Ritter gewagt habe, anzugreifen."

Der letzte Hexenprozeß in Deutschland fand im Jahre 1793 in Posen statt.

4. Die Prozesse des Müllers Arnold – und der „Machtspruch" Friedrichs des Großen

Im Jahre 1762 hatte der Müller Christian Arnold die Krebsmühle im Gerichtsbezirk Pommerzig in der Neumark im Kreis Krossen unweit der Oder von seinem Vater übernommen. Er war gegenüber dem Grundherrn Graf Schmettau zur Zahlung von Erbpacht verpflichtet.

Im Jahre 1770 ließ ein Nachbar des Müllers namens von Gersdorff auf Kay oberhalb der Krebsmühle einen Karpfenteich anlegen und aus dem Krebsbach bewässern. Seit Johanni 1771 blieb der Müller, der bis dahin die Pacht ordnungsgemäß gezahlt hatte, mit seinen Leistungen rückständig. Er begründete dies mit verringerter Wasserzufuhr; nur im Frühjahr und Herbst könne er noch kurze Zeit mahlen.

Der Grundherr, Graf Schmettau verklagte ihn vor dem Patrimonialgericht zu Pommerzig auf Leistung der rückständigen Zinsen. Der Gerichtshalter May verurteilte den Müller am 29. 6. 1773 zur Zahlung von 34 Thalern, „denn die von dem Beklagten angeführte Exception (sc. Wassermangel) bewürckt noch lange keine Absolutoriam, inmaßen Beklagter denjenigen, der ihm angeblich das nötige Mahl-Wasser entzieht, rechtlich belangen muß."

Arnold ging jedoch nicht gegen von Gersdorff, den wohl einflußreichsten Mann der Gegend vor. Vielmehr erhob er am 7. 3. 1774 seinerseits Klage gegen den Grafen Schmettau bei der sog. „Regierung" zu Küstrin, dem höchsten Gericht der neumärkischen Lande. Er beantragte Erlaß der Pacht bis zur Wiederher-

10 Friedrich der Große um die Zeit seines Machtspruches im Prozeß des Müllers Arnold.
Holzstich aus dem 19. Jahrhundert nach einem Gemälde von A. Graff, 1781.

stellung des alten Zustandes bzw. Schadensersatz wegen Verstattung der Bewässerung des Teiches durch von Gersdorff. Die Klage war teils Berufung, teils Widerklage.

Am 22. 1. 1776 wies die Regierung die Klage ab. Sie begründete dies mit fehlender Schuld des Grundherrn am Wassermangel. Der Müller könne und müsse sich an von Gersdorff halten.

Hiergegen legte Arnold Berufung zum Kammergericht in Berlin ein. Dieses wies die Berufung im September 1776 ab. Das Urteil ist nicht erhalten. Vermutlich folgten die Berufungsrichter der Argumentation der Vorinstanz.

Zwischenzeitlich hatte Graf Schmettau wegen weiterer Pachtrückstände erneut vor dem Patrimonialgericht geklagt. Dieses verurteilte den Müller unter Berufung auf das rechtskräftige Urteil von 1773 am 14. 6. 1774 zur Zahlung von 85 Thalern.

Arnold leistete diesen Betrag nicht. Graf Schmettau ließ daraufhin eine Zwangsversteigerung durchführen. Arnold wurde in Haft genommen; es wurden sechs Kühe gepfändet. Auch drohte der Kläger mit der Zwangsversteigerung der Mühle. Erst nach einiger Zeit kam Arnold wieder frei und wurden die Kühe gegen Teilzahlungen zurückgegeben.

Im August reiste der preußische König Friedrich der Große durch Krossen unweit Pommerzig. Dort überreichte ihm die Ehefrau des Müllers, Rosine Arnold, eine Supplik. Sie beschwerte sich wegen der Kühe, die ihr in der besten Milchzeit weggenommen worden seien. Ihr Mann sei bei großer Kälte ins ,,Hundeloch" gesetzt worden, wodurch er seine ,,Gesundheit und seinen Verstand verloren hätte". Auch sei sie vom Grafen Schmettau geschlagen worden. Der König ließ diese Supplik an die Neumärkische Regierung schicken mit dem Bemerken, daß, wenn diese Frau Recht hätte, sie auch Recht haben müsse.

Die Regierung erteilte dem Grafen Bescheid, das Einsperren und Schlagen sei widerrechtlich gewesen. In der Sache selbst blieb sie bei ihrer Rechtsauffassung. Daraufhin klagte Graf Schmettau erneut, jetzt auf 320 Thaler, beim Patrimonialgericht und erwirkte am 5. 9. 1777 ein der Klage stattgebendes Urteil. Daraus betrieb er die Zwangsversteigerung. Dabei spielten möglicherweise eigene finanzielle Schwierigkeiten eine Rolle.

Am 7. 9. 1778 wurde die Mühle zum Meistgebot von 600 Thalern dem Landeinnehmer Kuppisch zugeschlagen, der sie als Strohmann für von Gersdorff erwarb. (Dieser sollte sie später mit 200 Thalern Gewinn an die Witwe Poelchen veräußern.) Während des Versteigerungstermins wurde Rosine Arnold wegen Mißachtung des Gerichtes einen halben Tag in ,,das Loch" gesetzt. Auch der Müller wurde in der Folgezeit wegen Querulierens zu vier Tagen Gefängnis verurteilt.

Im August 1779 überreichten die Müllerseheleute – inzwischen aus dem Besitz der Mühle entfernt – dem Großkanzler von Fürst und Kupferberg in Küstrin eine Beschwerde. Sie wurde als „höchst unbegründet" abgewiesen. Nunmehr wandte sich Arnold unmittelbar an Friedrich II.

Durch Kabinettsordre vom 22. 8. 1779 setzte der König eine Kommission zur Untersuchung des Falles unter dem Obersten von Heucking ein. Diese berichtete dem König, die Beschwerden des Müllers seien berechtigt. Daraufhin verordnete Friedrich II. in einem Schreiben an die Regierung zu Küstrin, den Müller umgehend klaglos zu stellen. Er drückte sein „äußerstes Mißfallen" aus und erklärte, daß die Regierung „nicht einen Schuß Pulver da nutze" sei. „Es ist ja wider alle gesunde Vernunft in der Sache zu Werke gegangen: denn nimmt mann dem Müller das Wasser weg zum Karpfen-Teich, und er kann nicht mahlen, so kann er ja auch nicht seine Abgaben entrichten . . ."

Die Justiz in Küstrin konnte dem Müller jedoch angesichts des rechtskräftig abgeschlossenen Verfahrens nicht mehr helfen. Dieser faßte jedoch jetzt Mut und verklagte von Gersdorff vor der Regierung zu Küstrin. Dort wurde die Klage in einem umfangreichen „Bescheid" abgewiesen. Erneut wandte sich Arnold an den König und wurde von diesem an den Instanzenzug zum Kammergericht verwiesen. Dem Kammergericht befahl Friedrich II. am 28. 11. 1779, „die Sache ganz kurtz, und ohne so viele Weitläufigkeiten auszumachen."

Dies geschah: Durch Urteil vom 11. 12. 1779 wurde die Klage abgewiesen. Schon am Tag zuvor hatte Friedrich das Urteil erhalten. Am 11. Dezember berief er den Großkanzler von Fürst mit den drei Kammergerichtsräten, die das Urteil verfaßt hatten, zu sich. Er ging sie hart an und erklärte unter Hinweis auf den Eingang des Urteils: „Meinen Namen cruel gemisbraucht." Anschließend diktierte er ein Protokoll: „. . . S. K. M. werden . . . in Ansehung der wider den Müller Arnold . . . abgesprochenen . . . höchst ungerechten Sentenz ein nachdrückliches Exempel statuiren, damit sämmtliche Justiz-Collegia in allen dero Provinzen sich daran spiegeln und keine dergleichen groben Ungerechtigkeiten begehen mögen. Denn sie müssen nur wissen, daß der geringste Bauer, ja was noch mehr ist, der Bettler, eben sowohl ein Mensch ist, wie Seine Majestät sind, und dem alle Justiz muß wiederfahren werden, indem vor der Justiz alle Leute gleich sind . . ."

Noch während des Diktierens wurde der Großkanzler von Fürst entlassen –„Marsch, Seine Stelle ist schon vergeben". Die drei Kammergerichtsräte und weitere beteiligte Richter wurden verhaftet. Dem Kriminalkollegium des Kammergerichts gab der König auf, alle Richter auf Kassation und Festungshaft sowie zur Erstattung des dem Müller entstandenen Schadens zu verurteilen. Der König verfügte ferner die öffentliche Bekanntmachung des gesamten Vorgangs. Gersdorff wurde aus seinem Amt als Landrat entlassen.

Ein derartiger „Machtspruch" stand zwar nach allgemeiner Rechtsauffassung den absoluten Monarchen des 18. Jahrhunderts zu. Doch hatte Friedrich auf dieses Recht schon 1748 ausdrücklich verzichtet. Jetzt wurde er also seinem eigenen Verzicht untreu.

Das Kammergericht weigerte sich jedoch, die Richter der Weisung des Königs folgend zu verurteilen. Erneut befahl der König, dies zu tun –„meint ihr denn, daß ich eure Advokaten-Streiche nicht kenne?" Erneute Weigerung. Daraufhin erließ der König selbst das Urteil – „Wenn sie also nicht sprechen wollen, so thu ich es und sprech das Urthel . . ." Eigenhändig fügte er hinzu: „Ficfaquereien bei den Herren, weiter nichts." Der Minister Zedlitz verweigerte die Gegenzeichnung. Der König vollzog das Urteil gleichwohl. Die verurteilten Richter wurden am 7. Januar 1780 nach Spandau abgeführt. Sie bezahlten nach königlicher Anordnung die entstandenen Schäden. Am 5. 9. 1780 wurden sie freilich begnadigt.

Das Volk stimmte dem Spruch des Königs begeistert zu. Der Beamten- und Richterstand Preußens lehnte aber den Machtspruch einhellig ab. Im aufgeklärten 18. Jahrhundert war eine neue Schicht von Richterbeamten mit Korpsgeist entstanden, welche sich dem Recht und dem Staat – notfalls auch gegen den Herrscher – verpflichtet fühlte. Kennzeichnend hierfür ist die Erwiderung des Ministers Zedlitz vom 31. 12. 1779 auf den Befehl, ein verurteilendes Erkenntnis herbeizuführen:

„Ich habe Ew. K. M. Gnade jederzeit als das größte Glück meines Lebens vor Augen gehabt . . . Ich würde mich aber derselben für unwürdig bekennen, wenn ich eine Handlung gegen meine Ueberzeugung vornehmen könnte . . ."

Friedrich Wilhelm II., Friedrichs Nachfolger, kassierte den Spruch unmittelbar nach seinem Amtsantritt.

5. Enthauptung einer Kindsmörderin in Frankfurt – die Gretchentragödie in Goethes Faust

Als der frischgebackene Jurist Johann Wolfgang Goethe aus Straßburg im Jahre 1772 nach Frankfurt am Main zurückgekehrt war, ereignete sich dort ein Kriminalprozeß. Ein Mädchen, welches mit Vornamen Susanna Margareta hieß, ein armes Soldatenkind, war von einem Goldschmiedegesellen verführt worden. Dieser hatte sich alsbald davongemacht. Vereinsamt, verfemt und ratlos hatte sie ihr Kind getötet. Vor Gericht gestellt, behauptete sie, ihr Liebhaber habe sie durch ein Mittel, das er in den Wein getan habe, betäubt. Dann sprach sie unablässig vom Teufel. Satan sei nicht mehr von ihrer Seite gewichen, bis der Mord am Kind vollbracht gewesen sei. Sie bereute ihre Tat und wurde zum Tod durch das Schwert verurteilt. Der Richter verkündete das Urteil im schwarzen Rock, mit Stiefeln und Sporen. Unter seinem roten Mantel holte er das kleine rote Stäbchen hervor, zerbrach es und warf es dem Mädchen vor die Füße.

Die Kindsmörderin wurde hingerichtet. Im Arme-Sünder-Stübchen fand die Henkersmahlzeit mit üppigen Gängen statt. Der Henker nahm daran teil, die Richter, die Geistlichkeit, wie es der Sitte der Zeit entsprach. Die Pastoren nahmen nur wenig zu sich. Das Mädchen trank lediglich einen Schluck Wasser. Mit Stricken umwunden schleppte man die Verurteilte durch die Stadt. Zahlreiche Menschen drängten sich zu dem Schauspiel. Der Henker führte sie am Seil hinauf zum Schafott, zum Blutstuhl. ,,Unter beständigem Zurufen der Herren Geistlichen wurde ihr durch einen Streich der Kopf glücklich abgesetzt" – so das Protokoll. Die Schwester der Hingerichteten erhielt den Nachlaß und unterschrieb eine Quittung: einige Kleider, ein Gesangbuch, ein Perlenkettchen; vielleicht stammte es von dem Goldschmiedegesellen.

Dieser Frankfurter Kriminalprozeß wurde in der Gretchentragödie in Goethes Faust verarbeitet.

Margarete, zum Tode verurteilt, befindet sich im Kerker. Die Geister weihen schon den Rabenstein, die Richtstätte, vor der

11 Faust bei Gretchen im Kerker,
Illustration des 19. Jh. (von Alexander Liezen-Mayer).

kommenden Hinrichtung. „Schweben auf, schweben ab, neigen sich, beugen sich." Faust betritt den Kerker. „Mich faßt ein längst entwohnter Schauer, der Menschheit ganzer Jammer faßt mich an." Er will sie mit Mephistopheles Hilfe retten. Aber sie lebt schon in einer ganz anderen Welt, die das wesentliche faßt; gleichzeitig geistesverwirrt und hellsichtig; gelöst von früheren Bindungen. Sie äußert sich in Symbolen. Anfänglich ist in ihr noch Todesfurcht und Entsetzen vor der Schande. „Bin ich noch so jung, so jung! Und soll schon sterben! Schön war ich auch, und das war mein Verderben." Aber immer stärker wird das religiöse Motiv. „Oh laß' knien, die Heil'gen anzurufen!" Sie will nicht fliehen. „Ich darf nicht fort; für mich ist nichts zu hoffen. Was hilft das Fliehen? Sie lauern doch mir auf. Es ist so elend, betteln zu müssen, und noch dazu mit bösem Gewissen! Es ist so elend, in der Ferne schweifen, und sie werden mich doch ergreifen!" Margarete will selbst ihren Tod, ihr irdisches Gericht. Sie sieht darin die einzige Möglichkeit zur Sühne vor Gott. Sie befindet sich am „heiligen Ort" und: „Gericht Gottes! dir hab' ich mich übergeben!"

Der Hinrichtungstag bricht an. „Die Menge drängt sich, man hört sie nicht. Der Platz, die Gassen können sie nicht fassen. Die Glocke ruft, das Stäbchen bricht. Wie sie mich binden und pakken! Zum Blutstuhl bin ich schon entrückt. Schon zuckt nach jedem Nacken die Schärfe, die nach meinem zückt. Stumm liegt die Welt wie das Grab!"

Faust sieht, daß er Gretchen nicht nur ins Unglück gestürzt hat, sondern er sieht auch, daß er sie verliert. Gretchen wird immer mehr sie selbst. Sie kann trotz Mephistos Nähe beten. „Dein bin ich, Vater! Rette mich! Ihr Engel! Ihr heiligen Scharen, lagert euch umher, mich zu bewahren! Heinrich! Mir grauts vor dir." Faust bleibt stumm. Mephistopheles spricht am Ende von dem irdischen Gericht. „Sie ist gerichtet!" Aus dem göttlichen Bereich spricht die Stimme von oben: „Ist gerettet!" Mephistopheles ruft zu Faust: „Her zu mir!" Er verschwindet mit Faust. Eine Stimme von innen ruft verhallend: „Heinrich! Heinrich!"

6. Die Eulenburg-Prozesse – Skandal im Wilhelminischen Zeitalter

In den Jahren 1907–1909 fanden drei Skandalprozesse um den Fürsten Philipp zu Eulenburg und Hertefeld statt. Sie fügten dem Ansehen Kaiser Wilhelms II. und der Monarchie schweren Schaden zu.

Eulenburg, aus altem Adelsgeschlecht stammend, gehört noch heute zu den umstrittensten Gestalten der Wilhelminischen Ära. Unter seinen Standesgenossen war er eine durchaus ungewöhnliche Erscheinung. Er hatte Jura studiert, zum Dr. jur. promoviert, war Gardeoffizier und hatte eine Laufbahn im diplomatischen Dienst hinter sich, die ihn zuletzt als Botschafter nach Wien geführt hatte.

Vor allem aber besaß er eine starke musische Begabung. Im persönlichen Gespräch war der mit glänzender Unterhaltungsgabe, Geist und Witz ausgestattete Mann ungemein bezwingend. Er dichtete und komponierte. Seine „Rosenlieder" und „Skaldengesänge" (Balladen aus der nordischen Sagenwelt) waren überall verbreitet und wurden von den besten Sängern der Zeit auf Liederabenden vorgetragen.

So wundert es nicht, daß er zum engen Freund und Berater Kaiser Wilhelms II. avancierte. Er zählte zu den wenigen, die vor dem Monarchen offen reden durften. Damit geriet er in eine politische Schlüsselrolle, die ihn überforderte – und an der er schließlich scheitern sollte.

Sein Gegenspieler war Maximilian Harden, ein Publizist und Schriftsteller, der 1892 eine eigene politische Wochenschrift „Die Zukunft" gegründet hatte, die er als Einmannunternehmen führte und als politisches Kampforgan verwandte.

Harden, ein ebenso glänzender wie widerspruchsvoller und emotionaler Geist führte zahlreiche literarische und politische Fehden. Ursprünglich konservativer Monarchist und bereit, für Wilhelm II. zu arbeiten, wurde er von diesem abgelehnt. Daraufhin führte er unter dem Pseudonym Apostata harte Polemiken für den gestürzten Bismarck gegen den Kaiser – und dessen Freund Eulenburg.

Da der Monarch selbst schwer angreifbar war, konzentrierte Harden sich auf Eulenburg. Im Herbst 1906 eröffnete er seine Kampagne gegen die „Kamarilla", von der Kaiser Wilhelm II. umgeben sei. In der nach dem Schloß Eulenburgs so genannten „Liebenburger Tafelrunde" herrschten, so behauptete er, Spiritismus, Gesundbeterei und „andere krankhafte Neigungen". Einem der nächsten Freunde Eulenburgs, dem Grafen Kuno von Moltke, sagte er „normwidrige ideelle Männerfreundschaft" nach.

Eulenburg trat diesen Andeutungen nicht sofort entgegen. Vielmehr schickte er einen Mittelsmann zu Harden, der sondieren sollte, was Harden mit seinen Angriffen bezwecke. Natürlich zog dieser daraus den Schluß, die Angegriffenen hätten kein reines Gewissen. Er ließ Eulenburg mitteilen, er halte es im nationalen Interesse für notwendig, daß Eulenburg und Moltke sich aus der Politik zurückzögen. Eulenburg, der schon vorher aus dem aktiven Dienst wegen einer Erkrankung ausgeschieden war, zog sich tatsächlich im Winter 1906 auf 1907 an den Genfer See zurück – was Harden in seiner Meinung weiter bestärken mußte.

Aber im Frühjahr 1907 erschien Eulenburg wieder bei Hofe. Er wurde in das Kapitel des Schwarzen Adlerordens, des höchsten preußischen Ordens, aufgenommen. Jetzt schlug Harden zu. Am 27. April konnte man in der „Zukunft" folgende Sätze lesen: „Prinz Heinrich Friedrich von Preußen mußte, weil er an ererbter Perversion des Geschlechtstriebes leidet, auf die Herrenmeisterschaft im Johanniterorden verzichten. Gilt für das Kapitel des Schwarzen Adlers mildere Satzung? Da sitzt mindestens Einer, dessen vita sexualis nicht gesünder ist als die des verbannten Prinzen."

Jetzt griff der Kaiser ein und forderte Eulenburg schroff auf, sich zu erklären, ob er unschuldig sei und weshalb er auf Hardens Angriffe nichts unternommen habe. Daraufhin stellte Eulenburg Strafantrag. Die Staatsanwaltschaft verneinte jedoch ein öffentliches Interesse an der Strafverfolgung. Auch mit einem Antrag auf Einleitung eines Disziplinarverfahrens hatte Eulenburg keinen Erfolg. Es wurde ihm anheimgestellt, seine Ehre selbst wiederherzustellen. Eulenburg nahm seinen endgültigen Abschied aus dem Dienst, der ihm sofort gewährt wurde, und schickte Harden eine Duellforderung. Harden lehnte ab. Eulenburg erwog nun eine Privatklage, verwarf diesen Gedanken aber auf den Rat seines Anwalts. Schließlich erstattete Eulenburg bei der zuständigen Staatsanwaltschaft Anzeige „gegen sich selbst" wegen „sittlicher Verfehlungen". Er beantragte, sein ganzes Vorleben einer Überprüfung zu unterziehen. Die Staatsanwaltschaft ermittelte zwei Monate und stellte dann das Verfahren ein.

Sein Freund, der ebenfalls von Harden angegriffene Graf Kuno Moltke, erstattete dagegen Privatklage gegen Harden wegen übler Nachrede. Am 23. 10. 1907 wurde die Hauptverhandlung vor einem Schöffengericht in Berlin eröffnet. Es ging um Hardens Behauptung, Graf Moltke sei ein Mann mit „abnormen sexuellen Neigungen". Hardens Verteidiger, Justizrat Bernstein aus München, ein hochkarätiger Anwalt, führte die Verteidigung so, daß immer wieder Eulenburgs Name erwähnt wurde. Bemerkungen wie „Der Fürst wird die Tatsache, daß er Päderast ist, gar nicht abstreiten können“ wurden ohne Rüge des Vorsitzenden zugelassen. Das Verfahren endete am 29. 10. 1907 mit einem Freispruch Hardens.

Die angesehene Frankfurter Zeitung schrieb: „Ungenierter ... konnte das ganze Unsittenbild, und zwar ohne Begrenzung auf Moltke, gar nicht aufgerollt werden.“ Und die Berliner Tägliche Rundschau kommentierte das Urteil mit den Worten: „Wohl selten hat die Rechtspflege eines modernen Staates einen Prozeß geführt, der in gleicher Weise die öffentliche Sittlichkeit verpestet, das Vertrauen der unteren Klassen zu den höheren, ja zum Throne erschüttert und das eigene Land vor dem Auslande rücksichtsloser an den Pranger gestellt hat ... Nicht den Grafen Moltke wollte Herr Harden treffen, ... sondern seine mächtigen Freunde, insbesondere den Fürsten Philipp Eulenburg, und das Gericht gab ihm dazu die volle Möglichkeit ... Widerwärtigeres und Unbegreiflicheres ist nie in einem deutschen Gerichtssaal geboten worden.“

Der preußische Justizminister wies den Oberstaatsanwalt an, die Sache an sich zu ziehen, die Verfolgung zu übernehmen und Berufung einzulegen. In der Berufungsverhandlung vor einer Berliner Strafkammer wurde Eulenburg als Zeuge gehört. Justizrat Bernstein vernahm ihn, und Eulenburg erklärte, er habe nie in seinem Leben eine „Schmutzerei“ begangen. Darauf stellte Bernstein folgende Zusatzfrage: „Haben Sie damit bloß unzüchtige Betätigungen im Sinne des 175 ableugnen wollen? Das Reichsgericht gibt diesem Paragraphen eine sehr beschränkte Auslegung. Es gibt eine Reihe von anderen unzüchtigen Handlungen, die nicht strafbar sind.“ Darauf antwortete der Fürst unter Eid: „Sind das keine Schmutzereien?“ Diese Aussage sollte ihm ein Meineidsverfahren eintragen.

Die Berufungsverhandlung endete mit einer Verurteilung Hardens zu vier Monaten Gefängnis wegen Beleidigung. In der Revision wurde das Urteil jedoch aufgehoben und die Sache zu neuer Verhandlung zurückverwiesen. So kam es zu einer dritten Hauptverhandlung. Sie endete mit einer Verurteilung Hardens zu 600 Mark Geldstrafe und zur Übernahme sämtlicher Verfahrenskosten. Dagegen legte Harden erneut Revision ein.

Jetzt wurde der Reichskanzler Fürst Bülow aktiv. Durch Vermittlung des Reeders Ballin kam ein Vergleich zustande. Moltke erkannte Hardens Patriotismus und Lauterkeit an und nahm seinen Strafantrag zurück; Harden zog die Revision zurück und erhielt für die entstandenen Prozeßkosten 40.000 Mark aus dem Etat des Reichskanzlers.

Währenddessen wurde Eulenburg in verschiedenen Verfahren als Zeuge geladen; dabei ging es immer um Homosexualität. Ein Schriftsteller hatte dem Reichskanzler homosexuelle Beziehungen nachgesagt; Eulenburg wurde gefragt, ob er davon etwas wisse – was er verneinte. Ein Münchener Journalist behauptete, Harden habe Geld von Eulenburg erhalten; er wurde verklagt, Eulenburg wurde als Zeuge geladen – und plötzlich war von einem Fischer am Starnberger See die Rede, der Eulenburg auf den See gerudert haben sollte, wo es zu homosexuellen Handlungen gekommen sein sollte.

Zugleich wurde das Meineidsverfahren gegen Eulenburg in Gang gebracht. Dieser, inzwischen schwer krank, wurde in Untersuchungshaft genommen. Am 29. 7. 1908 wurde das Hauptverfahren eröffnet. Erneut trat der Belastungszeuge vom Starnberger See auf. Während des Verfahrens wurde Eulenburg verhandlungsunfähig. Das Verfahren wurde vertagt, Eulenburg gegen 100.000 Mark Kaution aus der Untersuchungshaft entlassen.

Im Sommer 1909 kam es dann zu einer erneuten Hauptverhandlung. Nach einer Stunde mußte die Verhandlung abgebrochen werden, weil Eulenburg einen Herzanfall erlitt. Er sollte nie mehr verhandlungsfähig werden. Bis zu seinem Tode im Jahre 1921 wurde er alle sechs Monate amtsärztlich auf seine Verhandlungsfähigkeit untersucht. Aber er hatte keine Chance mehr, sich zu rehabilitieren.

7. Der Ulmer Reichswehrprozeß – ein künftiger Diktator gibt sich legalistisch

Vom 23. September bis zum 4. Oktober 1930 fand vor dem Reichsgericht in Leipzig ein Prozeß gegen drei Leutnants des Ulmer Artillerieregiments Nr. 5 statt. Richard Scheringer, Hans Friedrich Wendt und Hanns Ludin wurden wegen Vorbereitung zum Hochverrat angeklagt. Ihnen wurden rechtsradikale Aktivitäten und der Versuch eines nationalrevolutionären Umsturzes mit Hilfe der NSDAP zur Last gelegt.

Sechs Monate zuvor war die Regierung der großen Koalition unter dem sozialdemokratischen Kanzler Hermann Müller gestürzt worden. Sie hatte einer Minderheitenregierung unter Kanzler Heinrich Brüning Platz gemacht. Dieser regierte mangels ausreichender parlamentarischer Unterstützung mit Hilfe des Art. 48 der Weimarer Verfassung, einer Vorschrift, welche dem Reichspräsidenten von Hindenburg das Recht gab, Anordnungen mit gesetzgeberischer Kraft zu treffen. Auf diese Weise war Brünings erste große Notverordnung zur „Sicherung von Wirtschaft und Finanzen" erlassen worden.

Die Sozialdemokraten hatten gegen diese Sparpolitik gekämpft und im Reichstag den Antrag auf Rücknahme der Notverordnung gestellt. Als sich dafür eine Mehrheit gefunden hatte, war der Reichstag aufgelöst worden. Am 14. September 1930 waren Neuwahlen durchgeführt worden. Sie hatten der SPD den Verlust von einer halben Million Wählerstimmen gebracht. Die KPD hatte 1,3 Millionen Stimmen hinzugewonnen. Die Nationalsozialisten steigerten sich von 800.000 auf 6,5 Millionen Stimmen. Sie, die zuvor mit 12 Abgeordneten im Reichstag vertreten waren, entsandten jetzt 107 Vertreter in das Parlament.

Vor diesem Hintergrund erhielt der Ulmer Reichswehrprozeß seine Bedeutung. Er hatte seinen Höhepunkt, als Adolf Hitler auf Betreiben des nationalsozialistischen Anwalts Frank vom Reichsgericht als Zeuge zugelassen wurde. Dies gab ihm Gelegenheit, das „legale" Verhalten seiner Partei in Vergangenheit und Zukunft zu beschwören. Zwischen Hitler und dem Vorsitzenden des Reichsgerichts wurden dabei u. a. folgende Worte gewechselt:

HITLER: „Ich habe stets den Standpunkt vertreten, daß jeder Versuch einer Zersetzung der Reichswehr Wahnwitz ist. Ich würde das für das größte Verbrechen halten, das es gibt. . . Niemals habe ich Verbindungen mit der Reichswehr angeknüpft. Ich hätte das nie gebilligt und hätte denjenigen, der das getan hätte, augenblicklich aus der Partei hinausgeworfen. Ich habe nur den Wunsch, daß das Heer, wie das deutsche Volk, den neuen, unseren Geist in sich aufnimmt."

DER VORSITZENDE: „Sie geraten in das Fahrwasser eines Propagandaredners."

12 Hitler vor dem Reichsgericht in Leipzig während des Ulmer Reichswehrprozesses am 25. September 1930. Links hinter Hitler der Angeklagte Offizier Ludin.

HITLER: ,,Natürlich wird die politische Bewegung, die die Macht im Staat mit legalen Mitteln erobern will, an die Spitze ihres Programmes den Wehrgedanken stellen. Wir werden dafür sorgen, daß unsere Reichswehr wieder eine große Volksarmee wird ... Jeder, der das Reichsheer zersetzt, ist ein Feind der Nation, des deutschen Volkes. Der Schutz des Staates ist gar nicht der Inbegriff unserer Aufgabe: darüber steht der Schutz der Nation. Selbstverständlich haben wir den Wunsch, daß die Kenntnis dieser Tatsachen auch im Reichsheer sich durchsetzt."

DER VORSITZENDE: „Diese ideellen Ziele kann man auch mit verfassungswidrigen Mitteln erstreben. Haben Sie in Ihrem Programm, wenn auch nicht expressis verbis, so doch zwischen den Zeilen nie eine solche Möglichkeit offengelassen?"

HITLER: „Wäre es möglich, in einer Organisation, die Hunderttausende von Menschen umfaßt, im geheimen andere Ziele zu verfolgen, als sie öffentlich bekanntgegeben werden? ... Die nationalsozialistische Bewegung wird von mir geführt, meine Befehle haben Gültigkeit. Über jedem Befehl steht der Grundsatz, daß er nur dann zur Ausführung kommen darf, wenn er nicht gegen das Gesetz verstößt ... Ich habe meine ideellen Ziele unter keinen Umständen mit ungesetzlichen Mitteln erstreben wollen. Ich habe auch niemals jemanden in einem solchen Sinne instruiert . . ."

DER VORSITZENDE: „Wie kommt es, daß auch andere Mitglieder der Partei sich über die Gewalt als Mittel zur Erreichung ihrer Ziele ausgelassen haben?"

HITLER: „Da handelt es sich vielleicht um etwas anderes. Wir lassen uns nie wehrlos niederschlagen ... Ich lasse mir nicht von irgendeinem mit Gewalt meine Ideale austreiben."

DER VORSITZENDE (nach Fragen zu den „Nationalsozialistischen Briefen", in denen ein Schriftsteller namens Muchow Beiträge über das Problem der Führung veröffentlicht hatte): „Hier heißt es unter anderem: „Über die Schwere des Kampfes läßt uns Hitler nicht im unklaren, wenn er sagt: Köpfe werden in diesem Kampf in den Sand rollen, entweder die anderen oder die unseren, also sorgen wir, daß es die der anderen sind!" Das kann man auffassen als Hinweis auf eine gewünschte Revolution. Was für eine Bewandtnis hat es mit diesem Zitat?"

HITLER: „Ich glaube, Herr Muchow hat hier die große geistige Revolution im Auge gehabt, in der wir uns heute befinden. Wenn die Bewegung in ihrem legalen Kampf siegt, wird ein deutscher Staatsgerichtshof kommen, und der November von 1918 wird seine Sühne finden, und es werden auch Köpfe rollen."

DER VORSITZENDE (nach weiteren Fragen): „Welche Bewandtnis hat es mit dem Dritten Reich?"

HITLER: „Die nationalsozialistische Bewegung wird in diesem Staat mit den verfassungsmäßigen Mitteln das Ziel zu erreichen suchen. Die Verfassung schreibt uns nur die Methoden vor, nicht aber das Ziel. Wir werden auf diesem verfassungsmäßigen Wege die ausschlaggebenden Mehrheiten in den gesetzgebenden Körperschaften zu erlangen versuchen, um in dem Augenblick, wo uns das gelingt, den Staat in die Form zu gießen, die unseren Ideen entspricht."

DER VORSITZENDE: „Ich fasse Ihre Aussagen dahin zusammen, daß die Errichtung des Dritten Reiches auf verfassungsmäßigem Wege erstrebt wird ... (Nach weiteren Fragen) ... Ich ersuche Sie um nähere Definition des völkischen Gedankens."

HITLER: „Der staatspolitische Gedanke der Gegenwart und Vergangenheit geht aus von dem Begriff „Staat". Der Staat ist Zweck an sich. Für den völkischen Gedanken ist der Staat nur Mittel zum Zweck ... Staatsformen können sich ändern, das Volk aber muß in unverändertem Bestand erhalten bleiben."

Hitler beschwor seine Aussage. Später bekannte Frank als Angeklagter im Nürnberger Kriegsverbrecherprozeß, dieser Legalitätseid sei ein Umstand gewesen, „der der Bewegung die Möglichkeit in juristischer Beziehung „verschafft habe", sich großzügig zu entfalten."

Die Angeklagten wurden zu 18 Monaten Festungshaft verurteilt. Während dieser Zeit schloß sich Richard Scheringer dem Kommunismus an. Hans Friedrich Wendt wandte sich dem 1930 von Hitler abgefallenen Otto Strasser zu. Hanns Ludin wurde nach seiner Haftentlassung Reichstagsmitglied für die NSDAP und hoher SA-Führer.

In seinem Buch „Der Fragebogen" beschreibt Ernst von Salomon auf den letzten Seiten, wie Hanns Ludin im Jahre 1947 an die Tschechoslowakei ausgeliefert und am 17. 12. 1947 durch Erdrosseln hingerichtet wurde.

8. Der Reichstagsbrandprozeß – der Angeklagte wird zum Ankläger

Adolf Hitler war am 30. Januar 1933 Reichskanzler geworden. Sofort ging er daran, seine Gegner mit Gewalt und List auszuschalten und die Diktatur zu errichten. Am Abend des 27. Febru-

13 Fotomontage „Der Richter / Der Gerichtete" von John Heartfield aus „Arbeiter-Illustrierte-Zeitung" vom 16. November 1933.

ar brach im Gebäude des Deutschen Reichstages ein Brand aus. Noch in derselben Nacht teilte der Rundfunk mit, daß im Reichstagsgebäude ein Brandstifter, der „holländische Kommunist"

Marinus van der Lubbe festgenommen worden sei. Man habe bei ihm ein Mitgliedsbuch der Kommunistischen Partei gefunden.

Ernst Torgler, der Vorsitzende der kommunistischen Reichstagsfraktion, meldete sich am nächsten Tag ,,zum Zwecke der Rehabilitierung" bei der Polizei. Er wurde sofort verhaftet.

Hitler erklärte am selben Tag in einer Kabinettsitzung, er zweifle nun nicht mehr daran, daß die Nationalsozialisten bei der anstehenden Neuwahl zum Reichstag mindestens 51 Prozent der Stimmen erhalten würden. Bei den Wahlen am 5. März brachten es die Nationalsozialisten jedoch nur auf 43,9 Prozent. Die Kommunistische Partei erhielt 12 Prozent. Sie wurde sofort nach der Wahl verboten. Der so zustandegekommene Reichstag stimmte mit Ausnahme der Sozialdemokraten am 23. März dem ,,Gesetz zur Behebung der Not von Volk und Reich" zu, dem Ermächtigungsgesetz. Es übertrug das Gesetzgebungsrecht auf die Reichsregierung. Nach diesem letzten ,,verfassungsmäßigen Akt" herrschte in Deutschland zwölf Jahre lang das Unrecht.

Aufgrund einer Anzeige des nationalsozialistischen Kellners Hellmer wurde am 9. März 1933 der Bulgare Georgi Michailowitsch Dimitroff verhaftet. Als Kommunist hatte er 1923 an Aufständen in seiner Heimat teilgenommen und lebte seitdem in der Emigration, zuletzt in Berlin. Hellmer behauptete, er habe Dimitroff zusammen mit van der Lubbe gesehen. Dimitroff wies mit ,,tiefer Empörung jeden Verdacht einer direkten oder indirekten Beteiligung... an dieser von jedem Standpunkt aus verwerflichen Übeltat zurück".

Am 21. September begann vor dem IV. Strafsenat des Reichsgerichts der Reichstagsbrandprozeß gegen Dimitroff, Torgler und van der Lubbe. Am 4. November wurde Hermann Göring, damals preußischer Ministerpräsident, als Zeuge vernommen. Dimitroff machte von seinem Fragerecht Gebrauch und es kam u. a. zu folgendem Wortwechsel:

DIMITROFF: ,,Nachdem Sie als Ministerpräsident und Innenminister die Erklärung abgegeben haben, daß die Kommunisten die Reichstagsbrandstifter sind . . ."

GÖRING: ,,Jawohl!"

DIMITROFF: ,,. . . daß die Kommunistische Partei . . ."

GÖRING: ,,Jawohl!"

DIMITROFF: ,,. . .das gemacht hat, daß die Kommunistische Partei Deutschlands mit van der Lubbe als ausländischem Kommunisten und anderen solchen Subjekten sich gefunden hat, ist es dann nicht richtig, daß die Einstellung für die polizeiliche Untersuchung und weiter die richterliche Untersuchung eine bestimmte Richtung gegeben hat und die Möglichkeit, andere Wege zu suchen und die richtigen Reichstagsbrandstifter, durch Sie geschlossen war, durch Ihre Erklärung?"

GÖRING: „Ich verstehe schon, was Sie sagen wollen. Die Sache ist ja auch hier ganz klar. Die Kriminalpolizei hat von vornherein Anweisung, gesetzlich festgelegt, daß sie bei einem Verbrechen als Kriminalpolizei ihre Untersuchungen in jede Richtung voranzutreiben hat, gleichgültig, wohin sie führen, wo Spuren sichtbar werden. Ich selbst aber bin nicht Kriminalbeamter. Ich selbst bin verantwortlicher Minister, und als solcher war es nicht so wichtig für mich, den einzelnen kleinen Strolch festzustellen, sondern die Partei, die Weltanschauung, die dafür verantwortlich war. Die Kriminalpolizei wird allen Spuren nachgehen, beruhigen Sie sich. Aber ich habe festzustellen: Handelt es sich hier um ein bürgerliches Verbrechen, also ein Verbrechen außerhalb der politischen Sphäre, oder ist es ein politisches Verbrechen. Es war ein politisches Verbrechen, und in dem Augenblick war es für mich klar, und ist es heute ebenso klar, daß Ihre Partei die Verbrecher gewesen sind."

VORSITZENDER (zu Dimitroff): „Soweit Sie von der richterlichenÜberzeugung gesprochen haben ... das haben Sie doch auch eben getan?"

DIMITROFF: „Nein, ich habe gesagt, Herr Präsident, daß die Untersuchung bei der Polizei und nachher auch die richterliche Untersuchung durch eine solche politische Einstellung beeinflußt werden konnte und nur in dieser Richtung hauptsächlich. Deshalb frage ich."

GÖRING: „Herr Dimitroff, aber noch das zugegeben, wenn sie sich in dieser Richtung hat beeinflussen lassen, so hat sie nur in der richtigen Richtung gesucht."

DIMITROFF: „Das ist Ihre Meinung, meine Meinung ist eine ganz andere."

GÖRING: „Aber meine ist die entscheidende."

DIMITROFF: „Ich bin Angeklagter, selbstverständlich."

VORSITZENDER: „Sie haben lediglich Fragen zu stellen."

DIMITROFF: „Ich gehe weiter, Herr Präsident. Ist Herrn Ministerpräsidenten Göring bekannt, daß die Partei mit dieser verbrecherischen Weltanschauung, wie er sagt, den sechsten Teil von der Erde regiert. Das ist die Sowjetunion."

GÖRING: „Leider!"

DIMITROFF (etwas später): „. . . Diese Weltanschauung regiert die Sowjetunion, das größte und beste Land in der Welt. Ist das bekannt?"

GÖRING: „Hören Sie mal, jetzt will ich Ihnen sagen, was im deutschen Volk bekannt ist. Bekannt ist im deutschen Volk, daß Sie sich hier unverschämt benehmen und hierhergelaufen kommen, den Reichstag anstecken und dann hier mit dem deutschen Volk noch solche Frechheiten sich erlauben. Ich bin nicht hierhergekommen, um mich von Ihnen anklagen zu lassen."

DIMITROFF: „Sie sind Zeuge!"

GÖRING: „Sie sind in meinen Augen ein Gauner, der längst an den Galgen gehört."

DIMITROFF: „Sehr gut, ich bin sehr zufrieden."

VORSITZENDER: „Dimitroff, ich habe Ihnen bereits gesagt, daß Sie keine kommunistische Propaganda – (Dimitroff versucht weiterzusprechen) – Wenn Sie jetzt noch ein Wort sprechen, werden Sie wieder hinausgetan –, daß Sie keine kommunistische Propaganda zu treiben haben. Das haben Sie jetzt zum zweitenmal getan und können sich darum nicht wundern, wenn der Herr Zeuge derartig aufbraust wie eben. Ich untersage Ihnen das jetzt aufs strengste. Wenn Sie überhaupt Fragen haben, dann rein sachliche Fragen. Nichts weiter."

DIMITROFF: „Ich bin sehr zufrieden mit dieser Erklärung des Herrn Göring."

VORSITZENDER: „Ob Sie zufrieden sind oder nicht, das ist mir vollkommen gleichgültig."

DIMITROFF: „Sehr zufrieden! Ich stelle Fragen . . ."

VORSITZENDER: „Ich entziehe Ihnen das Wort, setzen Sie sich hin!"

DIMITROFF: „Ich habe sachliche Fragen zu stellen!"

VORSITZENDER: „Ich entziehe Ihnen das Wort nach dieser Fragestellung."

DIMITROFF: „Haben Sie Angst wegen dieser Fragen, Herr Ministerpräsident?"

GÖRING: „Sie werden Angst haben, wenn ich Sie erwische, wenn Sie hier aus dem Gericht raus sind, Sie Gauner Sie!"

VORSITZENDER: „Dimitroff wird auf drei weitere Tage ausgeschlossen. Sofort hinaus mit ihm."

Dimitroff und Torgler wurden freigesprochen, van der Lubbe zum Tode verurteilt und Jahre später hingerichtet. Dimitroff wurde angesichts des Aufsehens, das der Prozeß in der Weltöffentlichkeit erregt hatte, freigelassen und ausgewiesen. Er ging nach Moskau, kehrte 1944 mit den sowjetischen Truppen nach Bulgarien zurück, rief dort die Volksrepublik Bulgarien aus und war von 1946 bis zu seinem Tode 1949 bulgarischer Ministerpräsident.

Die Frage, ob van der Lubbe Alleintäter war, oder ob – was wohl wahrscheinlicher ist – die SA mit Wissen Görings den Brand gelegt hatte, ist bis heute umstritten.

9. Die Nürnberger Prozesse – den Schandfleck unserer Zeit tilgen

Zwischen 1945 und 1949 fanden in Nürnberg eine Reihe von Strafverfahren statt. Mit ihnen wurden Verbrechen von NS-Machthabern geahndet. Wichtigstes dieser Verfahren war der „Hauptkriegsverbrecherprozess". In zwölf weiteren Prozessen wurden einzelne politische, militärische oder wirtschaftliche Führungsgruppen vor Gericht gestellt.

Die Vorgeschichte: Schon im Jahre 1941 hatten der amerikanische Präsident Franklin D. Roosevelt, der britische Premierminister Winston Churchill und die sowjetische Regierung in offiziellen Noten mitgeteilt, daß sie Verbrechen gegen das Völkerrecht nach Kriegsende gerichtlich ahnden lassen würden. Ein Jahr später wurde eine internationale Kommission mit der Sammlung von Beweismaterial beauftragt. Sie nahm 1943 ihre Arbeit auf. In diesem Jahr fand in Moskau eine Außenministerkonferenz statt, auf der eine „Erklärung über Grausamkeiten" verabschiedet wurde. Allen Deutschen, die für „Grausamkeiten, Massaker und kaltblütige Massenexekutionen" verantwortlich waren, wurde die Bestrafung angekündigt. Am 12. Februar 1945 wurde dann auf der Konferenz von Jalta erklärt: „Es ist unser unbeugsamer Wille . . . alle Kriegsverbrecher vor Gericht zu bringen und einer schnellen Bestrafung zuzuführen." Diese Absicht wurde in Potsdam am 2.

14 Hauptkriegsverbrecherprozeß in Nürnberg in der Karikatur von David Low. Göring zu den Mitangeklagten: „Keine Trommeln, keine Trompeten, keine Fahnen – Pah! Um wieviel besser hätten wir das gemacht!" (untere Reihe v. l.) Göring, Heß, v. Ribbentrop, Keitel und Streicher; (obere Reihe v. l.) Dönitz, Raeder, v. Schirach, Sauckel.

August 1945 bekräftigt. Zugleich wurden die Namen der 24 „Hauptkriegsverbrecher" genannt.

Die „Hauptkriegsverbrecher": Hermann Göring (Reichsmarschall, bis kurz vor Kriegsende designierter Nachfolger Hitlers), Rudolf Heß (Hitlers Stellvertreter als Parteivorsitzender – er war 1941 nach England geflogen), Joachim von Ribbentrop (Reichsaußenminister seit 1938), Robert Ley (Reichsorganisationsleiter der NSDAP und Führer der Deutschen Arbeitsfront), Wilhelm Keitel (Chef des Oberkommandos der Wehrmacht), Ernst Kaltenbrunner (Chef des Reichssicherheitshauptamtes), Alfred Rosenberg (Parteiideologe und Minister für die besetzten Ostgebiete), Hans Frank (Generalgouverneur von Polen), Wilhelm Frick (Reichsinnenminister), Julius Streicher (Gauleiter von Franken und Herausgeber des Hetzblattes „Der Stürmer"), Walther Funk (Reichswirtschaftsminister), Hjalmar Schacht (Reichswirtschaftsminister bis 1937, Reichsbankpräsident bis 1939), Gustav Krupp von Bohlen und Halbach (Industrieller), Karl Dönitz (Oberbefehlshaber der Kriegsmarine seit 1943, Nachfolger Hitlers als

Staatsoberhaupt), Erich Raeder (Vorgänger von Dönitz als Oberbefehlshaber der Kriegsmarine), Baldur von Schirach (Reichsjugendführer, Gauleiter von Wien), Fritz Sauckel (Generalbevollmächtigter für den Arbeitseinsatz), Alfred Jodl (Chef des Wehrmachtsführungsstabes), Martin Bormann (Reichsleiter, d.h. Sekretär Hitlers), Franz von Papen (Vizekanzler bis 1934, danach Botschafter in Wien und Ankara), Arthur Seyß-Inquart (Reichskommisar der Niederlande), Albert Speer (Architekt und Rü-

15 „Die letzte Auffangstelle" (Aus dem Skizzenbuch des Sowjet-Zeichner-Teams Kukriniksy vom Nürnberger Prozeß).

stungsminister), Konstantin von Neurath (Reichsaußenminister bis 1938, Reichsprotektor von Böhmen und Mähren) und Hans Fritzsche (Chefkommentator des Rundfunks).

Bormann wurde nie dingfest gemacht; gegen ihn wurde in Abwesenheit verhandelt. Ley beging vor Prozeßbeginn Selbstmord. Das Verfahren gegen den 75jährigen Gustav Krupp von Bohlen und Halbach wurde wegen Verhandlungsunfähigkeit ausgesetzt; an seiner Stelle wurde sein Sohn Alfried später in einem Nachfolgeprozeß vor Gericht gestellt.

Außer den genannten Personen wurden sechs Organisationen angeklagt: das Korps der politischen Leiter der NSDAP, SS, Gestapo, SA, Reichsregierung sowie Generalstab und Oberkommando der Wehrmacht.

Das Gericht: Durch das Londoner Abkommen vom 8. August 1945 wurde der Internationale Militärgerichtshof eingesetzt. Er war zuständig für Verbrechen gegen den Frieden, Kriegsverbrechen und Verbrechen gegen die Menschlichkeit. Jede der vier Siegermächte entsandte einen Richter. Den Vorsitz hatte der britische Lordrichter Sir Geoffrey Lawrence inne. Weitere Richter waren Francis A. Biddle (USA), Henri Donnedieu de Vabres (Frankreich) und Iola T. Nikitschenko (UdSSR). Aufgabe des Gerichtes sollte es sein, durch seinen Spruch „ein Jahrhundert gerechten Friedens" einzuleiten (US-Oberbefehlshaber Dwight D. Eisenhower), „Gerechtigkeit nach den Regeln von Recht und Menschlichkeit" herzustellen (Sir David Maxwell Fyfe, britischer Ankläger) und den „Schandfleck unserer Zeit (zu) tilgen" (Robert H. Jackson, US-Chefankläger).

Lawrence erklärte bei Prozeßbeginn: „Der Zweck, zu dem dieser Gerichtshof gegründet wurde, ist ... die gerechte und rasche Prozeßführung gegen die Hauptkriegsverbrecher der europäischen Achse und ihre Bestrafung ... Der Prozeß ... steht einzig in der Geschichte der Rechtspflege da und ist von größter Bedeutung für Millionen von Menschen auf der ganzen Welt. Aus diesem Grund ruht auf jedermann, der daran teilnimmt, die feierliche Verantwortung, seiner Pflicht furchtlos und unparteiisch nachzukommen, gemäß den geheiligten Grundsätzen von Recht und Gerechtigkeit."

Die Anklage: Jede der vier Siegermächte bestellte einen Hauptankläger, die USA Robert H. Jackson, Großbritannien Sir Hartley Shawcross, Frankreich Francoise de Menthon und die UdSSR

Roman Rudenko. Die Anklageschrift zählte vier Punkte auf: 1. Verschwörung gegen den Weltfrieden, 2. Planung, Entfesselung und Durchführung eines Angriffskrieges, 3. Verbrechen gegen das Kriegsrecht, 4. Verbrechen gegen die Menschlichkeit.

Chefankläger Jackson hielt am zweiten Prozeßtag (21. 11. 1945) die große Anklagerede. Sie umfaßte 25.000 Worte. Jackson sagte u. a.: „Die Untaten, die wir zu verdammen und zu bestrafen versuchen, waren von so niederträchtiger und vernichtender Art, daß die Zivilisation sich nicht leisten kann, sie zu übersehen ... Daß vier große Nationen, siegesbewußt und von Wunden verletzt, nicht Vergeltung üben, sondern ihre gefangenen Feinde freiwillig dem richtenden Gesetz überlassen, ist einer der bedeutsamsten Tribute, welche jemals Macht der Vernunft gezollt hat."

Der sowjetische Hauptankläger Rudenko sagte in seinem Schlußplädoyer: „In Erinnerung an Millionen unschuldiger Menschen, die von dieser Verbrecherbande zugrunde gerichtet worden sind, einer Bande, die heute vor den Richtern der fortschrittlichen Menschen steht, im Namen des Glücks und friedlicher Arbeitsmöglichkeiten für kommende Geschlechter – beantrage ich, das Gericht möge über alle Angeklagten ohne Ausnahme das Höchstmaß an Strafe verhängen: die Todesstrafe. Es ist der Urteilsspruch, den Fortschritt und Menschheit von Ihnen erwarten."

Die Verteidigung: Den Angeklagten war eine Liste deutscher Strafverteidiger gegeben worden. Aus ihr konnten sie sich Verteidiger wählen. Ein Handicap für die Verteidigung lag darin, daß US-amerikanisches Prozeßrecht angewandt wurde. Gewichtige juristische Bedenken wurden vorgetragen. Hermann Jahrreiß, der Verteidiger Jodls, drückte sie so aus: „Die große rechtliche Grundfrage dieses Prozesses gilt dem völkerrechtlich verbotenen Krieg, dem Friedensbruch als einem Hochverrat an der Weltordnung." Bei Ausbruch des Krieges habe es keinen Völkerrechtssatz gegeben, wonach die an der Durchführung von Kriegen beteiligten Einzelpersonen strafrechtlich zur Verantwortung gezogen werden könnten. Der Grundsatz „nulla poena sine lege" werde verletzt, wenn man jetzt anders verfahre. Das „nachträgliche Gesetz" sei „nicht schon im Pflichtbewußtsein der Menschen zur Zeit der Tat" verankert gewesen.

Jahrreiß verwies auf negative Präzedenzfälle: Weder im japanisch-mandschurischen noch im italienisch-abessinischen oder russisch-finnischen Krieg habe man die an der Durchführung dieser Kriege beteiligten Personen strafrechtlich zur Verantwortung ziehen wollen.

Freilich gab es auch ein Gegenbeispiel. Nach dem Ersten Weltkrieg hatten die Siegermächte versucht, „Wilhelm II. von Hohenzollern, gewesenen Kaiser von Deutschland" vor ein internationales Gericht zu stellen. Dieses Vorhaben war an der Weigerung der Niederlande gescheitert, den Exmonarchen, der dort Asyl gefunden hatte, auszuliefern. Auf Suchlisten hatten die Namen von rund 900 weiteren angeblichen Kriegsverbrechern gestanden, darunter übrigens auch schon Hermann Göring. Nach Absprache mit der deutschen Reichsregierung waren 45 Personen vor dem Reichsgericht angeklagt worden. Die Verfahren hatten jedoch überwiegend mit Freisprüchen und nur wenigen – geringen – Verurteilungen geendet. Diese Erfahrung hatten die Siegermächte nach dem Zweiten Weltkrieg deutlich vor Augen. Man hatte kein Vertrauen zur deutschen Justiz und wollte eine Wiederholung nicht zulassen.

Der Einwand, in Nürnberg werde rückwirkend neues Strafrecht geschaffen, wurde von der Anklage zurückgewiesen. Man wollte nicht nur die unzweifelhaften Verbrechen gegen die Menschlichkeit und das Kriegsrecht bestrafen, sondern auch das Völkerrecht weiterentwickeln und Maßstäbe für die Zukunft setzen.

Auch mit anderen Einwänden fanden die Verteidiger kein Gehör. Einige der Richter hatten als „Gesetzgeber" am Statut des Gerichts mitgewirkt, was einen Bruch mit dem Gewaltenteilungsgrundsatz bedeutete. Ihre Ablehnung wegen Befangenheit war jedoch nicht möglich. Und generell: Konnte man wirklich eine neutrale Entscheidung erwarten, wenn Sieger über Besiegte zu Gericht saßen?

Das Urteil: Nach 216 Verhandlungstagen, in denen 236 Zeugen gehört und 38.000 eidesstattliche Versicherungen entgegengenommen worden waren, begann das Gericht am 30. September 1946 mit der Urteilsverkündung. Es verhängte zwölf Todesurteile gegen Bormann (in Abwesenheit), Frank, Frick, Göring, Jodl, Kaltenbrunner, Keitel, von Ribbentrop, Rosenberg, Sauckel, Seyß-Inquart und Streicher (die Urteile wurden am 16. Oktober 1946 vollstreckt – Göring beging kurz vorher Selbstmord). Drei Angeklagte wurden freigesprochen, Fritzsche, von Papen und

Schacht. Freiheitsstrafen zwischen zehn Jahren und lebenslänglich wurden verhängt gegen Dönitz, Funk, Heß, von Neurath, Raeder, von Schirach und Speer. Von den angeklagten Organisationen wurden das Korps der politischen Leiter der NSDAP und die SS als verbrecherische Organisationen eingestuft.

Der sowjetische Richter Nikitschenko gab eine abweichende Erklärung zu Protokoll: Auch die Angeklagten Schacht, Papen und von Fritzsche hätten verurteilt werden, auch die übrigen angeklagten Organisationen als verbrecherische Organisationen eingestuft werden müssen.

Damit war die Tätigkeit des Internationalen Militärgerichtshofes beendet. Es gab zwar noch eine Reihe von Nachfolgeprozessen, doch wurden diese nicht mehr als internationale Verfahren, sondern als eigene Verfahren der vier Besatzungsmächte durchgeführt. So fanden in Nürnberg noch zwölf Prozesse vor US-amerikanischen Gerichten statt, wobei die Grundsätze des Internationalen Militärgerichtshofes angewandt wurden. In ihnen wurden insgesamt 177 Einzelpersonen als Repräsentanten jeweils bestimmter politischer, militärischer und wirtschaftlicher Führungsgruppen vor Gericht gestellt. Sie endeten mit 24 Todesurteilen (von denen 12 vollstreckt wurden), 35 Freisprüchen und lebenslangen oder zeitigen Freiheitsstrafen in den übrigen Fällen.

Bereits am 31. Januar 1951 erließ der amerikanische Militärgouverneur für Deutschland, John McCloy, eine großzügige Amnestie. Todesurteile wurden in Freiheitsstrafen umgewandelt, Freiheitsstrafen verkürzt oder erlassen.

Bis 1965 waren alle im Nürnberger Hauptkriegsverbrecherprozeß zu Freiheitsstrafen verurteilten NS-Verbrecher wieder auf freiem Fuß. Lediglich der 91-jährige Rudolf Heß saß noch im Jahre 1985 im alliierten Kriegsverbrechergefängnis in Berlin-Spandau ein.

10. Die Hitler-Tagebücher – der Wunsch, betrogen zu werden

Im Jahre 1982 veröffentlichte die Illustrierte „Stern“ angebliche Tagebücher Adolf Hitlers und gab die Parole aus, die Geschichte des Dritten Reiches müsse nun in Teilen neu geschrieben werden. Die Tagebücher entpuppten sich als Schwindel. Ein Stuttgarter Antiquitätenhändler namens Konrad Kujau war der Fälscher. Er hatte sich hauptsächlich anhand eines einzigen Buches über die persönlichen Daten Hitlers informiert und ein Tagebuch des „Führers" erfunden. Journalisten, Historiker, Graphologen befanden die Tagebücher für echt. Neun Millionen Deutsche Mark wurden durch die Illustrierte für den Schwindel bezahlt.

Kujau und sein journalistischer Helfer, der Reporter Gerd Heidemann wurden vor Gericht gestellt und wegen Betruges angeklagt. Im Verfahren wurde auf das Verhalten der Betrogenen hingewiesen. Diese hätten den Betrug mit geradezu auslösender Billigung hingenommen. Der Schwindel sei nur möglich gewesen „wegen des erheblichen Mitverschuldens der Betrogenen". Kujau selbst erklärte, er werde dem geschädigten Verlag keinen Pfennig zurückzahlen; er habe „gute Arbeit" geleistet.

Mundus vult decipi, ergo decipiatur. Die Welt will betrogen werden, also mag sie betrogen werden. Schon im Mittelalter gab es eine „Welt der Fälschungen", eine „Massenepidemie" der Fälscherei (Marc Bloch). Fälscherkunst und Fälschereifer standen in besonders hoher Blüte.

Von größter Bedeutung wurde die wahrscheinlich im 8. Jahrhundert von römischen Geistlichen gefälschte Konstantinische Schenkung, die Donatio. Es handelte sich dabei um eine auf den Namen Konstantins I., des Großen, gefälschte Urkunde. Darin legte dieser angeblich den Primat der römischen Kirche fest und übertrag Papst Silvester I. die Herrschaft über die Stadt Rom, über Italien und über die römischen Provinzen im Westen des Reiches. Weiter verlieh er ihm die kaiserlichen Insignien und schenkte ihm den Lateranpalast.

Das ganze Mittelalter nahm diese Urkunde als echt. In der Auseinandersetzung mit dem Kaisertum diente sie den Päpsten als Beweismittel bei der Bestreitung kaiserlicher Oberhoheit und zur Belegung der päpstlichen Herrschaftsrechte in Italien.

Es dauerte lange, bis die schon von Otto III. geäußerten Zweifel an der Echtheit der Konstantinischen Schenkung erhärtet wurden. Im 12. Jahrhundert lehnten die Anhänger Arnolds von Prescia, die Waldenser, später die Hussiten die Konstantinische Schenkung ab. Sie stellten den Inhalt des Dokuments in Frage: Christus und die Apostel hätten die Armut gepredigt. Es sei unmöglich, daß der Herr eine vor irdischen Gütern geradezu berstende Kirche, wie die Konstantinische Schenkung sie dem Papsttum zugestanden habe, habe wünschen können. Deshalb könne

16 Gerichtsverhandlung: Verteidiger-Plädoyer.
Karikatur von Heinrich Zille, 1910.

die Schenkung nur eine bösartige Erfindung, nur Fälschung sein. Sollte der Schenkungsakt aber tatsächlich stattgefunden haben, so sei er nicht gültig. Die Amtskirche reagierte natürlich höchst empfindlich auf diese die ekklesiologischen und materiellen Grundlagen der Kirche bedrohende Kritik.

Im Spätmittelalter, als mit dem Humanismus ein geschärfter philologischer, aber auch theologischer Sinn sich an die Überprüfung der Texte machte, erwiesen Nikolaus von Kues (gest. 1464) und Lorenzo Valla (gest. 1457) die Konstantinische Schenkung als Fälschung. Freilich resümierte Nikolaus v. Kues: „Selbst wenn alle jene Schriften (als gefälscht) wegfallen sollten, so bleibt doch die heilige römische Kirche der erste Sitz höchster Macht und Größe unter allen.“ Im 19. Jahrhundert akzeptierte die kirchliche Geschichtsschreibung die Fälschung.

Dem Mittelalter war derlei formale, historisch-philologische Kritik an Dokumenten noch fremd gewesen. Kaiser Otto I. hatte 967 ein Edikt erlassen, wonach über die Echtheit einer Urkunde im Falle des Zweifels ein Zweikampf entscheiden sollte. Man vertraute sich Gott in dem festen Glauben an, daß er die gerechte Sache siegen lassen werde. Augustins Wort, das „Gott die Quelle der Gerechtigkeit“ sei, wurde immer wieder zitiert. Gott war dabei unparteiisch. Von Wipo stammt ein Bericht über einen zur Klärung der Rechtslage angeordneten gerichtlichen Zweikampf aus dem Beginn des 11. Jahrhunderts. Der auf seinen Glauben bauende christliche Ritter war von einem auf sein gutes Recht vertrauenden heidnischen slavischen Kämpfer überwunden worden. Wipo kommentierte die Situation mit den Worten, der Christ habe eben nicht sorgfältig beachtet, „daß Gott, der die Wahrheit ist, alles in einem wahren Urteil ordnet“.

Von den auf uns gekommenen 270 Urkunden Karls des Großen sind etwa 100 unecht. Das Decretum Gratiani, ein um 1140 von dem Kamaldulensermönch Gratian in Bologna verfaßtes Lehrbuch des Kirchenrechtes, welches den 1. Teil des Corpus Juris Canonici bildet und die Grundlage für die Entwicklung der Kanonistik war, enthält nach Schätzungen 10–15 % Fälschungen. Aber Fälschungen, die sich in die Vorstellungswelt stimmig und nahtlos einfügten, wurden trotz ihres apokryphen Charakters respektiert. Die Juristen des Mittelalters erklärten, dieses und jenes Kapitel sei zwar von manchen Vätern für apokryph gehalten worden, „in neuer Zeit aber, da sie von allen aufgenommen würden, erachtet man sie von höchster Autorität“.

Hier, so konstatierte der Professor für mittelalterliche Geschichte an der Universität Regensburg und Präsident der Monumenta Germaniae Fuhrmann vor dem 16. internationalen Historikerkongress in Stuttgart 1985, liege ein Unterschied zwischen dem Mittelalter und der heutigen Zeit. Im Mittelalter habe die formale und materielle Richtigkeit nicht interessiert. Man habe nur die inhaltlichen Differenzen zur amtlichen Lehrmeinung geprüft. „Daß die Konstantinische Schenkung wahrscheinlich im 8. Jahrhundert von römischen Geistlichen gefälscht worden ist, interessierte den mittelalterlichen Inquisitor nicht . . ." Im Fall des Kujau-Betruges dagegen seien „gleichsam in einem freien Spiel der Kräfte die angeblichen Tagebücher geprüft und schließlich für gefälscht erklärt" worden. Das sei tröstlich, meinte Fuhrmann, und er merkte die Frage an: „Wäre nicht eine Betrugseinheit zu erfinden: Ein „Kujau" ist diejenige falsifikatorische Potenz, die hinzunehmen man nicht mehr bereit ist, wenn „gute Arbeit" geleistet worden ist?"

C. Die Gesetze

1. Der Pentateuch – Gesetze, die Gott selbst gegeben hat

Der biblische Pentateuch (von gr. pénte = fünf und teuchos = Behälter für Buchrollen) enthält die Urgeschichte, die Vätergeschichte, den Auszug Israels aus Ägypten, die Landnahme und so umfangreiche Gesetzestexte, daß in der jüdischen Tradition nur vom ,,Gesetz" (Thora) die Rede ist. Das 2. Buch Mose, ,,Exodus" genannt, enthält den Dekalog und eine alte Rechtssammlung, das ,,Bundesbuch". Das fünfte Buch ,,Deuteronomium" (gr. zweites Gesetz) wiederholt und erklärt den Dekalog und andere Gesetze. In der jüdischen und christlichen Tradition wurde lange Zeit Moses als Verfasser aller fünf Bücher angesehen. Heute geht man davon aus, daß der Pentateuch auf einem langen Weg mündlicher und schriftlicher Überlieferung entstanden ist, und daß ihm verschiedene Quellen zugrundeliegen.

Exodus 20, 2–17 enthält die Zehn Gebote. Das erste fordert, Jahwe allein, das zweite, ihn bildlos zu verehren, das dritte verbietet den Mißbrauch des Namen Gottes, womit der gesamte Bereich des Kultus angesprochen ist, das vierte gebietet die Einhaltung des Sabbattages, das fünfte die Fürsorge für die Eltern, das sechste verbietet den Mord, das siebte den Ehebruch, das achte den Diebstahl, womit ursprünglich wohl der Menschendiebstahl gemeint war, das neunte falsches Zeugnis vor Gericht, das zehnte die Aneignung fremden Eigentums. ,,Und alles Volk sah den Donner und Blitz und den Ton der Posaune und den Berg rauchen. Da sie aber solches sahen, flohen sie und traten von ferne und sprachen zu Mose: Rede du mit uns, wir wollen gehorchen; und laß Gott nicht mit uns reden, wir möchten sonst sterben." (Ex. 20, 18 und 19).

Nach der Offenbarung des Dekalogs folgt nun als ergänzende Offenbarung das ,,Bundesbuch": ,,Moses machte sich hinzu in das Dunkel, darin Gott war", und der Herr nannte ihm die Rechtsvorschriften, die er dem Volk vorlegen sollte. Ihr archaischer Kern, Exodus 21, 12–22, 16, ist von unerbittlicher Härte.

Das Talionsprinzip beherrscht diesen alten Kodex:

„Wer einen Menschen schlägt, daß er stirbt, der soll des Todes sterben ... Wer Vater oder Mutter schlägt, der soll des Todes sterben. Wer einen Menschen stiehlt, es sei, daß er ihn verkauft oder daß man ihn bei ihm findet, der soll des Todes sterben. Wer Vater oder Mutter flucht, der soll des Todes sterben ... Auge um Auge, Zahn um Zahn, Hand um Hand, Fuß um Fuß, Brand um Brand, Wunde um Wunde, Beule um Beule ..."

Das Deuteronomium ist jüngeren Datums. Es wiederholt die meisten Vorschriften des Bundesbuches, versieht sie mit Zusätzen und Erläuterungen und verändert sie teilweise auch inhaltlich. Die Sprache ist wortreicher und lehrhafter. Man spürt, daß hier ein Reformanliegen zugrundeliegt. Tatsächlich ging es König Joschija im Jahre 622 v. Chr. darum, die Lehren der Propheten einzubeziehen und die Gesetze im staatlichen und im praktischen Leben zu verwirklichen. Jerusalem sollte als Zentralheiligtum durchgesetzt, die Gefahr der Abgötterei gebannt, der Zehnte für den Tempel gesichert werden. Aber es ging auch um rituelle Reinheit, um die Ehe und Familie und um Fürsorge für die Schwachen und Armen.

„Alle sieben Jahre sollst du ein Erlaßjahr halten. Also soll's aber zugehen mit dem Erlaßjahr: wenn einer seinem Nächsten etwas borgte, der soll's ihm erlassen und soll's nicht einmahnen von seinem Nächsten oder von seinem Bruder; denn es heißt das Erlaßjahr dem Herrn. Von einem Fremden magst du es einmahnen; aber dem, der dein Bruder ist, sollst du es erlassen" (Deut. 15, 1–3).

„Wenn sich dein Bruder, ein Hebräer oder eine Hebräerin, dir verkauft, so soll er dir sechs Jahre dienen; im siebenten Jahr sollst du ihn frei losgeben. Und wenn du ihn frei losgibst, sollst du ihn nicht leer von dir gehen lassen, sondern sollst ihm auflegen von deinen Schafen, von deiner Tenne, von deiner Kelter, daß du gebest von dem, was dir der Herr, dein Gott gesegnet hat" (Deut. 15, 12–14).

Ob alle diese Vorschriften befolgt wurden, ist freilich umstritten. Die meisten Gelehrten glauben, daß sie nur in der Theorie bestanden. Das Hauptziel der Reformer, die Bekämpfung der Götzenanbetung und die Zentralisierung des Gottesdienstes in Jerusalem, wurde jedoch erreicht.

Moses starb im Alter von 120 Jahren. „Und es stand hinfort

kein Prophet in Israel auf wie Mose, den der Herr erkannt hätte von Angesicht zu Angesicht, zu allerlei Zeichen und Wundern, dazu ihn der Herr sandte, daß er sie täte in Ägyptenland an Pharao und an allen seinen Knechten und an allem seinen Lande und zu aller dieser mächtigen Hand und den schrecklichen Taten, die Mose tat vor den Augen des ganzen Israels" (Deut. 34, 10–12).

2. Das Corpus Juris Civilis – die Erneuerung des Römischen Rechts

Flavius Petrus Sabbatius Justinianus, bekannt als Justinian I. und genannt der Große, 483–565, war der letzte römische Kaiser in Byzanz. Er vertrieb die Vandalen aus Afrika und die Goten aus Italien. Auch errichtete er aufs neue eine römische Provinz in Spanien. In Konstantinopel, dem heutigen Istanbul, errichtete er die Hagia Sophia.

Dieser Mann, der für kurze Zeit den Glanz des römischen Weltreiches erneuerte, wollte auch den alten Ruhm des Römischen Rechts erneuern. Er beauftragte seinen Quaestor sacri palatii (Justizminister) Tribonianus, die „Werke der alten Weisen zu sammeln", also die unübersehbare Zahl der Rechtsquellen zu sammeln, zu sichten und ein einheitliches Gesetzeswerk zu errichten.

Tribonian berief eine Kommission ein, der elf Anwälte und vier Rechtslehrer – Theophilus und Gratinus aus Konstantinopel sowie Dorotheus und Anatolius aus Beirut – angehörten. Die Kommission begann im Jahre 529 mit ihrer Arbeit. Sechs Jahre später, 535, war das Werk vollendet. Es erhielt den Namen Corpus Juris Civilis.

Das Corpus Juris Civilis besteht aus vier Teilen, den Institutionen, den Digesten oder Pandekten, dem Codex Justinianus und den Novellen.

Die Institutionen enthalten die allgemeinen Prinzipien des Römischen Rechts. Ein moderner Gesetzgeber würde sie „Allgemeiner Teil" nennen. Die Kommissionsmitglieder machten sich hier die Arbeit leicht. Sie verwendeten einfach eine Ausgabe der Institutionen des Gajus (um 160 n. Chr.), eines Buches, welches ausschließlich für Lehrzwecke geschrieben worden war. Es ist bemerkenswert, daß die klassischen römischen Juristen im übrigen keine ausgearbeitete Systematik vorgelegt hatten. Ihr Recht war Fallrecht gewesen. Nur für Lehrzwecke hatte es eine Systematisierung gegeben. Dabei hatte Gajus im Anschluß an klassisch-griechische Logiken und Definitionslehren den Stoff durch Festlegung leitender Begriffe und Unterscheidung von Arten und Unterarten (genera, species) begrifflich durchdrungen. Diese Institutionen bestehen aus vier Büchern, welche in Titel und (seit dem Mittelalter) in Paragraphen unterteilt sind.

Die Digesten oder Pandekten sind eine Sammlung von Auszügen aus den Werken von etwa vierzig juristischen Schriftstellern, vorwiegend aus der klassischen Zeit des Römischen Rechts (1. bis 3. Jahrhundert n. Chr.). Zur Sichtung der ungeheuren Materialmasse – etwa 2000 Bücher mit 3 Millionen Zeilen – bildete die Kommission drei Unterkommissionen. Eine befaßte sich mit dem jus civile, eine andere mit den Kommentaren zu den Edikten, der sog. Edikt-Masse, und die dritte mit dem Studium der kasuistischen Arbeiten insbesondere Papinians (daher die Papinianische Masse genannt).

Die 3 Millionen Zeilen wurden auf 150 000 Zeilen konzentriert und als 9142 Exzerpte in den Digesten festgehalten. Da diese aus verschiedenen Zeiten stammen und somit unterschiedliche Rechtszustände wiedergaben, wurden sie durch als solche nicht gekennzeichnete Änderungen – sog. Interpolationen – harmonisiert.

Etwa zwei Drittel der Digesten stammen aus den Werken der Klassiker Papinian, Paulus, Ulpian, Gajus und Modestinus. Die Digesten bestehen aus fünfzig Büchern, unterteilt in Titel und fortlaufend numerierte Auszüge (leges), die ihrerseits (seit dem Mittelalter) jeweils in einleitende Bemerkung (principium) und Paragraphen zerfallen.

Der dritte Teil des Corpus Juris, der Codex Justinianus, ist eine Sammlung von Gesetzen der Kaiser Hadrian bis Justinian. Ihm liegen ältere derartige Sammlungen zugrunde, nämlich die Codices Gregorianus, Hermogenianus und Theodosianus. Eine Erstfassung trat 529 in Kraft. Sie ist nicht mehr erhalten. Die endgültige Fassung (Codex repetitae praelectionis) stammt von 534. Sie ist ebenfalls interpoliert. Der Codex besteht aus 12 Büchern. Diese sind in Titel, chronologisch angeordnete Konstitutionen und Paragraphen eingeteilt.

Die nach Abschluß der Arbeiten im Jahre 535 noch ergangenen Gesetze wurden später als Novellen im vierten Teil des Corpus Juris zusammengefaßt. Es handelt sich um insgesamt 168 noch bekannte „neue“ Gesetze (novellae leges). Diese waren größtenteils in griechischer Sprache verfaßt. Eine amtliche Sammlung erfolgte zur Zeit Justinians freilich nicht mehr. Es gab nur private Sammlungen unterschiedlichen Umfangs, z. B. die Epitome Juliani. Im Mittelalter war eine andere Sammlung verbreitet, die man für amtlich hielt und darum „Authenticum“ nannte. In den heutigen Ausgaben des Corpus Juris befindet sich eine moderne Sammlung.

Justinian war entschlossen, der Rechtsunsicherheit und -zersplitterung ein Ende zu bereiten. Mit Grund sah er in den Kommentaren der Juristen hierfür eine wesentliche Ursache. Er verbot deshalb bei Strafe wegen Fälschung, sein Werk irgendwie zu kommentieren. Derartige Auslegungs- und Kommentierungsverbote gab es übrigens noch zur Zeit der Kodifikationsbewegung im 18. Jahrhundert. Selbst einem Feuerbach, dem Begründer des modernen, liberal-rechtsstaatlichen Gesetzespositivismus', widerfuhr noch ein solches Verbot, als er sein bayerisches Strafgesetzbuch von 1813 schuf. Natürlich fruchteten all diese Verbote nichts. Sie sind „Denkmäler gesetzgeberischer Naivität“ (Engisch).

Mit dem Inkrafttreten des Corpus Juris, insbesondere der Digesten, verloren die alten originalen Quellen ihre Bedeutung. Sie sind seitdem fast alle verschollen.

Das Corpus Juris war in lateinischer Sprache abgefaßt. Es fand daher in der griechischsprechenden Osthälfte des römischen Reiches nur schwer Eingang in die Praxis. Dort entstanden griechische Bearbeitungen. Deren wichtigste war die Basilika, die Kaiser Leon VI. (886–912) als Gesetz verkündete. Sie wird auch als Hexakontabiblos (= Buch in 60 Teilen) genannt. Darin findet sich auch öffentliches und kirchliches Recht. Dieses Werk gilt als bedeutendste gesetzgeberische Leistung des griechischen Mittelalters.

In der Westhälfte des römischen Reiches wurde das Corpus Juris 554 in Kraft gesetzt. Es wurde aber nur spärlich benutzt. Der anspruchsvollste Teil – die Digesten – wurde augenscheinlich überhaupt nicht angewendet. Nach Verlust der Westhälfte des Reiches geriet das Corpus Juris in Vergessenheit.

Gegen Ende des 11. Jahrhunderts wurde in Oberitalien der Text des Corpus Juris wiederentdeckt. Dies geschah an der ältesten Rechtsschule des Abendlandes, der Universität Bologna (gegr. 1119). Dort begründete Irnerius die sog. Glossatorenschule. Die älteren Glossatoren, die „Quatuor Doctores" Martinus, Bulgarus, Hugo und Jacobus studierten und erläuterten in „Glossen" den Text des Corpus Juris. Accursius faßte diese Arbeiten zu einem großen Sammelwerk, der Glossa Ordinaria, zusammen.

Die Postglossatoren oder Kommentatoren kamen im 13. Jahrhundert von der reinen Sammler- und Auslegungstätigkeit ab. Sie brachten neue Rechtsgedanken durch Anpassung des klassischen römischen Rechts an die aktuelle Gerichtspraxis ein, für welche sie Rechtsgutachten erstellten. Die bedeutendsten Vertreter dieser Schule waren Bartolus und Baldus.

Aus den west- und mitteleuropäischen Ländern kamen Studenten nach Bologna, um dort die neue Wissenschaft vom Römischen Recht zu studieren. Sie nahmen diese in ihre Heimatländer mit. So kam es im 15. und 16. Jahrhundert auch in Deutschland zu einer Rezeption des Römischen Rechts. Dieses wurde als Gewohnheitsrecht, freilich nur subsidiär zu lokalem und regionalem Recht, „Gemeines Recht". Die Reichskammergerichtsordnung von 1495 wies den Richter ausdrücklich an, nach diesen „des Reichs gemeinen Rechten" zu urteilen und einheimisches Recht nur anzuwenden, wenn es von den Parteien vorgetragen wurde.

Im 19. Jahrhundert kam es erneut zu einer wissenschaftlichen Bearbeitung des Römischen Rechts durch die Pandektenwissenschaft, deren Haupt Bernhard Windscheid war. Erst mit dem Inkrafttreten des Bürgerlichen Gesetzbuches am 1. 1. 1900 verlor das Corpus Juris seine Eigenschaft als unmittelbar geltendes Recht in Deutschland. Sein Geist lebt weiter. Windscheid hatte der ersten Kommission zum Entwurf des BGB angehört und dessen systematische Strukturen so geprägt, daß man auch die überarbeitete Endfassung des BGB noch mit einigem Recht als in Paragraphen gebrachtes Windscheid'sches Pandektenlehrbuch bezeichnet hat.

3. Der Sachsenspiegel – bedeutendstes Rechtsbuch des Mittelalters

Unter den deutschen Rechtsbüchern des Mittelalters – Deutschenspiegel, Schwabenspiegel, Frankenspiegel – ist der Sachsenspiegel das bedeutendste. Im Unterschied zu jenen ist auch der Verfasser bekannt. Es ist der ostsächsische Ritter Eike von Repgow aus Reppichau im Gau Serimunt bei Aken an der Elbe. Eike von Repgow wurde um 1180 geboren und starb nach 1233. Er war Ratgeber der Fürsten in Nieder- und Obersachsen, Thüringen und Brandenburg. Sehr wahrscheinlich ist er auch der Verfasser der Sächsischen Weltchronik. Diese wurde um 1230 in niederdeutscher Sprache verfaßt. Sie enthält eine Darstellung der Weltgeschichte und ist das erste deutsche Geschichtswerk in Prosa. Auch der Sachsenspiegel ist eines der bedeutendsten frühen Prosawerke in deutscher Sprache, eine wichtige Quelle nicht nur für den Juristen, sondern auch für den Sprachforscher und Kulturhistoriker.

Eike von Repgow hat möglicherweise die Domschule in Halberstadt besucht. Dort befand sich damals ein Brennpunkt geistiger, insbesondere auch juristischer Bildung. Als geschichtliche Persönlichkeit ist er aus sechs Urkunden der Jahre 1209 bis 1233 bezeugt. In ihnen wird seine Anwesenheit bei Rechtshandlungen erwähnt. Über seine Autorschaft äußert er sich in einer dem Sachsenspiegel vorangestellten Reimvorrede. „Der greve Hoyer ist genannt / daz an dutz ist gewant / Diz buch durch sine bete: / Ecke von Rypchow ez tete". Er hatte nämlich das Werk ursprünglich in Lateinisch verfaßt gehabt. Der Graf Hoyer war es gewesen, der den Anstoß zur Übersetzung aus dem Lateinischen ins Deutsche („dutz") gegeben hatte. „Ungerne her ses abir ane quam" – ungern er daran ging, „do en hatte her keine were" – doch konnte er sich nicht wehren. Und so wagte er sich an die Arbeit: „zu letzt her doch genante".

In der Reimvorrede erklärte Eike auch den Titel „spigel der sachsen / Sal diz buch sin genant, / wenne der sachsen recht ist her an bekant, / Alse an eime spigel de vrowen / (di) ire antlitz schowen."

Der Sachsenspiegel behandelt Privatrecht, Strafrecht, Verfahrensrecht und Staatsrecht. Nur selten schöpfte Eike aus schriftli-

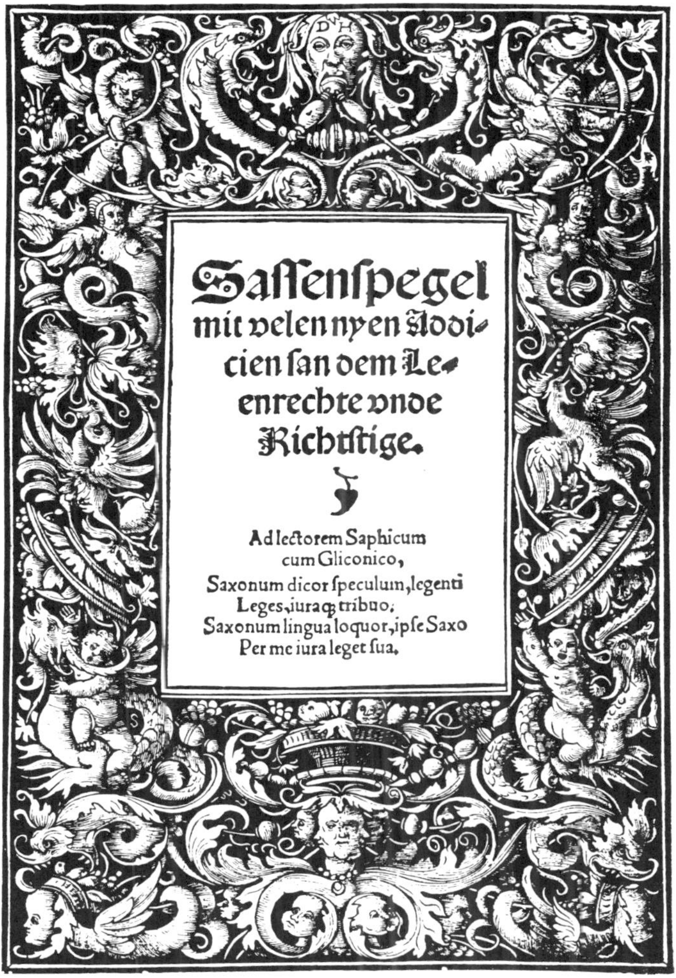

17 Der Sachsenspiegel; Titelblatt der 1516 in Augsburg gedruckten Ausgabe, gestochen von Daniel Hopfer.

chen Quellen. Er stützte sich vor allem auf seine praktische Erfahrung, die er sich als Lehnsmann und rechtskundiger Berater des Grafen Hoyer von Falkenstein, Stiftsvogt von Quedlinburg, erworben hatte. Nur einige Landfriedensgesetze und kirchliches Recht sind verarbeitet.

Der Beginn des 1. Buches (das Werk hat drei Bücher) zeugt von der tiefreligiösen Überzeugung des Verfassers. Der 1. Abschnitt trägt die Überschrift: „Wer von gotishalben beschermer des rechtes solle sin. Unde wie manich recht si.“ Dann beruft Eike sich auf die Zweischwerterlehre: „Zwei swert liz got in ertriche zu beschermene die kristenheit. Dem pabiste daz geistliche, deme koninge daz wertliche. Deme pabiste ist ouch gesatzt zu ritene zu bescheidener zit uf einem blanken pherde, unde der keiser sal im den stegereif halden, durch daz der satel nicht umme wanke . . .“

Der letzte Abschnitt des Dritten Buches behandelt den Fall: „Herberget ein man lute (Leute), daz einer den anderen zu tode slet.“

Der Sachsenspiegel war – wie alle Rechtsspiegel des Mittelalters – eine Privatarbeit. Später legte man ihm freilich Gesetzeskraft bei. Man führte ihn auf ein Privileg Karls des Großen zurück. Er wurde oft abgeschrieben (etwa 200 vollständige Handschriften sind überliefert), ins Mittel- und Oberdeutsche, Niederländische, Polnische und Tschechische übersetzt und ins Lateinische zurückübertragen. Mehrfach wurde das Werk glossiert (mit einem Kommentar versehen). Es diente als Grundlage mehrerer anderer Rechtsbücher.

In manchen Teilen Deutschlands fand das Werk als Quelle des gemeinen Sachsenrechts bis zum Inkrafttreten des BGB im Jahre 1900, gelegentlich sogar noch zwischen den beiden Weltkriegen Anwendung. Auch außerhalb Deutschlands, in Polen, Rußland und Ungarn wurde das Jus Saxonicum (Jus Teutonicum) befolgt.

4. Die Carolina – das bedeutendste Gesetz des Heiligen Römischen Reiches Deutscher Nation

Im Jahre 1532 wurde auf dem Reichstag zu Regensburg die „Constitutio criminalis Carolina“, die Peinliche Gerichtsordnung Kaiser Karls V. beschlossen. Das war eine Strafprozessordnung, in welche man mitten hinein ein Strafgesetzbuch eingeschaltet hatte. Die wesentlichen Vorarbeiten für dieses Gesetz waren von Johann Freiherr zu Schwarzenberg und Hohenlandsberg, geboren um 1465, gestorben 1528, geleistet worden. Dieser Ritter hatte als Hofmeister der Bamberger Bischöfe schon die Bambergische Halsgerichtsordnung von 1507 (Bambergensis) geschaffen, welches Werk deshalb auch die „Mutter“ der Carolina genannt wird. Schwarzenberg hat an den Entwürfen zur Carolina tätig mitgewirkt. Die Vollendung des Werkes hat er nicht mehr erlebt.

Für mehr als drei Jahrhunderte hat die Carolina das Strafverfahren in Deutschland bestimmt. Auf Grund dieses Gesetzgebungswerkes wurden Diebe gehängt, Mörder gerädert, Hexen verbrannt. Es ist umwittert von den Schauern des Inquisitionsprozesses und der Folterkammer. Unmenschliche Grausamkeiten und Aberglauben verbinden sich mit ihm. Aber es wird auch als die bedeutendste, ja, als die einzige bedeutende gesetzgeberische Leistung des Heiligen Römischen Reichs Deutscher Nationen gefeiert. Und es darf auch nicht übersehen werden, daß die Carolina ihrer Zeit als zu mild erschien. Aus dem Kreis der Reichsstände wurde der Vorwurf erhoben, die Carolina sei „zu nichts fürständiger als alle Übelthaten zu harzen und zu pflanzen“. Solcher Kritik verdankt die bekannte „Salvatorische Klausel“ ihr Leben. Diese besagte, daß die Carolina in den Landesstaaten nur subsidiär, d.h. nachrangig nach den Landesgesetzen galt. In der Vorrede des Kaisers findet sich diese Klausel am Schluß: „Doch wollen wir durch diese gnedige erinnerung Churfürsten Fürsten und Stenden, an jren alten wohlherbrachten rechtmessigen vnnd billichen Gebreuchen nichts benommen haben“.

In der erwähnten Vorrede gibt der Kaiser über seine Beweggründe nähere Auskunft: Da im Römischen Reich „die meynsten peinlich gericht mit personen, die vnsere Keyserliche recht nit gelert, erfarn, oder übung haben, besetzt werden, Vnd daß aus dem selben an viel orten offter mals wider recht vnd gute vernunfft gehandelt vnnd entweder die vnschuldigen gepeinigt vnd getödt, oder aber die schuldiger, durch unordentliche geuerliche vnd verlengerliche handlung den peinlichen klegern, vnd gemeynem nutz zu grossem nachtheyl gefristet, weggeschoben vnd erledigt werden, vnd das nach gelegenheyt Teutscher land in disen allen, altem langwirigem gebrauch vnnd herkommen nach, die peinlichen gericht an manchen orten, mit rechtverstendigen erfarn geübten personen nit besetzt werden mögen" haben wir „auß gnedigem geneygtem willen etlichen gelerten trefflichen erfaren personen beuolhen eyn begrieff wie vnd welcher gestalt inn peinlichen sachen, vnd rechtfertigungen dem rechten vnd billicheyt am gemeßten gehandelt werden mag, zumachen, inn eyn form zusammen zu ziehen."

Geschaffen wurde das Werk in einer Zeit, die der Reformen bedurfte und um Reformen bemüht war. Um 1500 gab es überall in Deutschland neue Erscheinungen eines zahlreich organisierten Berufsverbrechertums. Es entstand um diese Zeit das Rotwelsch, die aus zahlreichen Dialekten und Standessprachen, vor allem der „Feldsprach" der Landsknechte zusammengemischte Verbrechersprache. Die Obrigkeiten, vor allem der Städte, bekämpften dieses Verbrechertum durch ein grausames, vollkommen ungesetzliches Strafverfahren. Es entstand das Scherzwort von den Nürnbergern, die keinen hängen, sie hätten ihn denn zuvor. Der Gesetzlosigkeit der Verbrecher stand die gesetzlose Willkür der Obrigkeit gegenüber. Zugleich drang das Römische Recht aus Italien in Deutschland ein, ein Recht, welches den ungelehrten Schöffen unverständliches fremdes Recht war. Eine Reform war also dringend notwendig. Und sie geschah.

Das Römische Reich raffte sich noch ein letztes Mal auf. 1495 waren der Ewige Landfriede und das Reichskammergericht errichtet, 1500 die Reichsverfassung und das Reichsregiment verkündet worden. In dieser Reformbewegung hatte man 1498 auf dem Reichstag zu Freiburg auch den Beschluß gefaßt, „eine gemeine reformation und ordnung in dem reich fürzunehmen, wie man in criminalibus procedieren solle". Auf dem Reichstag in Worms 1521, dem Lutherreichstag, wurde das Werk in Angriff genommen. Schwarzenberg war anwesend. Er wirkte am ersten Entwurf zur Carolina mit. 1524 wurde dem Reichstag in Nürnberg ein zweiter Entwurf vorgelegt, 1529 in Speyer ein dritter und 1530 in Augsburg ein vierter Entwurf. Partikularistischer Widerstand wurde mit der Salvatorischen Klausel, welche die Wirkung der Carolina für lange Zeit beschränken sollte, überwunden. 1532 wurde das Gesetz dann auf dem Reichstag zu Regensburg beschlossen.

Die Carolina war wie gesagt, in erster Linie eine Strafprozeßordnung. Jede Strafprozeßordnung muß die Frage nach der Einleitung eines Strafverfahrens beantworten. Drei Möglichkeiten gab es. Der Prozeß konnte durch Privatanklage des Verletzten eingeleitet werden; auf diese Weise hatte im Mittelalter das Strafverfahren begonnen. Der Prozeß konnte durch den Richter von Amts wegen, ohne erhobene Anklage eingeleitet werden; dies ist das Wesen des Inquisitionsprozesses, wie er insbesondere in der Ketzerinquisition der Kirche in Erscheinung trat. Schließlich konnte man einen besonderen Ankläger bestellen – diesen Weg ist man in der Neuzeit mit der Institution der Staatsanwaltschaft gegangen.

Die Carolina ging, insoweit noch ganz mittelalterlich, von der Privatanklage des Verletzten aus. Vereinzelt sieht sie aber auch vor, daß der Übeltäter „durch die oberkeyt vonn ampts halben angenommen" wird. Aus solchen Ausnahmebestimmungen wurde bald die Regel. Die Carolina hat das Einschreiten von Amts wegen in der Gestalt des Inquisitionsprozesses für die Folgezeit maßgeblich gemacht. Die Privatanklage wurde dagegen mit Risiken belastet, welche diese Klageform verdrängen mußten. Der Privatankläger mußte dem Angeklagten Sicherheit für den Fall eines Freispruches leisten; war er dazu nicht in der Lage, mußte er sich gleich dem Angeklagten der Untersuchungshaft unterziehen. Es liegt auf der Hand, daß die Privatanklage bei solchen Belastungen aussterben und der Inquisitionsprozeß aufblühen würde. Die Lösung des staatlich bestellten Anklägers war zwar der Carolina nicht unbekannt, sollte sich aber nicht durchsetzen. Die heutige Staatsanwaltschaft entwickelte sich nicht aus dem „fürsprechen der von ampts wegen" klagt. Sie wurde vielmehr im 19. Jahrhundert nach französischem Vorbild eingeführt.

„Das bleibende Verdienst des Inquisionsprozesses ist die Erkenntnis, daß Verbrechenverfolgung Staatsaufgabe, nicht Privatangelegenheit des Verletzen ist, sein verhängnisvoller Fehler, daß er die staatliche Verbrechensverfolgung dem Richter übertrug, der dadurch Richter und Partei in einer Person wurde" (Gustav Radbruch). Der Beschuldigte wurde seinem Verfolger und Richter wehrlos preisgegeben, er wurde zum bloßen Objekt des Verfahrens.

Freilich, man sah diese Gefahr. Durch genaue Regelung des Beweisverfahrens sollten richterlicher Irrtum und richterliche Willkür bekämpft werden. Der Verdächtige sollte nur dann verurteilt werden können, wenn er entweder geständig oder durch zwei Augenzeugen seiner Tat überführt ist. „Item es ist auch zumerken, daß niemant auff eynicherley anzeygung, argkwons warzeichen, oder verdacht, entlich zu peinlicher straff soll verurtheylt werden, sondern alleyn peinlich mag man darauff fragen, so die anzeygung (als hernach funden wirdet) genugsam ist, dann soll jemant entlich zu peinlicher straff verurtheylt werden, das muß auß eygen bekennen, oder beweysung (wie an andern enden inn diser ordnung klerlich funden wirdt) beschehen, vnd nit auff vermutung oder anzeygung" (Art. 22).

Und: „Item so eyn missethat zum wenigsten mit zweyen oder dreyen glaubhafftigen guten zeugen, die von eynem waren wissen sagen, bewiesen wirdt, darauff soll, nach gestalt der verhandlung mit peinlichen rechten volnfarn vnd geurteylt werden" (Art. 67).

Zwei Augenzeugen waren freilich meistens nicht vorhanden. Ein Geständnis wurde freiwillig regelmäßig auch nicht abgelegt. Also blieb nur die Folter, die „Tortur", die „Marter", die „peinliche Frage". So kam es zu den unsagbaren Grausamkeiten, vor denen wir heute kopfschüttelnd stehen. Aber man darf nicht übersehen, daß die Carolina die Folter nicht eingeführt, sondern begrenzt hat. Bei der Schaffung des Gesetzgebungswerkes sah man es als die Aufgabe an zu verhüten, daß „das christliche Blut mit unmenschlicher Marter und Peinigung nicht also unschuldiglich vergossen" werde. Und man darf nicht übersehen, daß dahinter das Bemühen stand, die alten auf Glauben und Aberglauben begründeten Beweismittel, insbesondere den Reinigungseid mit Eideshelfern, durch vernunftgemäße Beweismittel – Zeugenaussagen, Geständnis – zu ersetzen. Die „allzu große Vorsicht der gesetzlichen Beweistheorie" führte freilich „zu der größten Unvorsichtigkeit, deren sich ein Strafprozeßgesetzgeber überhaupt schuldig machen kann" (Radbruch).

Aber nicht nur den gelehrten Richtern wurde mißtraut. Auch die rechtsungelehrten Schöffen oder Urteiler wurden immer wieder zu Verantwortungsbewußtsein ermahnt, da „zu grossen sachen als zwischen dem gemeynen nutz vnd der menschlichen blut zurichten grosser ernstlicher fleiß, gehört" (Art. 150 a. E.). Das Mißtrauen in die rechtsungelehrten Schöffen gab ständig Anlaß zu Mahnungen, rechtskundige Beratung, etwa das Gutachten eines Oberhofs oder einer Juristenfakultät einzuholen.

Das Gesetz endet in Art. 219 mit einer „Erklerung bei wem, vnd an welchen orten rath gesucht werden soll". Hieraus entwikkelte sich in der Folgezeit die Praxis der Aktenversendung. Es entstand ein schriftliches Verfahren, bei welchem dem Gericht nur noch die Aufgabe übrigblieb, zu verkünden, was unter gelehrten Perücken an fernen grünen Tischen für Recht befunden worden war. Die ungelehrten Schöffen wurden durch die gelehrten Richter verdrängt. Der Strafprozeß degenerierte zum reinen schriftlichen Aktenprozeß.

In die Strafprozeßordnung eingeschaltet war ein Strafgesetzbuch. Wenn wir es betrachten, müssen wir unsere Nerven „mit dreifachem Erz wappnen" (Radbruch). Verräter werden gevierteilt, Brandstifter, Münzfälscher, Hexen, Sodomiter, Kirchenräuber werden verbrannt, Mörder und Giftmischer werden gerädert, die Kindsmörderin wird lebendig begraben oder gepfählt, Totschläger, Räuber, Landzwinger, Landfriedensbrecher, Aufrührer, Notzüchter, Abtreiber werden enthauptet, Diebe werden gehängt. Auf dem Weg zur Richtstatt ist Strafverschärfung möglich durch Schleifen zur Richtstatt, durch Reißen mit glühenden Zangen. Für Frauen kann freilich an die Stelle anderer Todesstrafen das Ertränken treten – „darinnen Verzweiflung zu verhüten".

Neben der Todesstrafe stehen Leibesstrafen. Dem Meineidigen werden die Schwurfinger abgehauen, dem Kuppler die Ohren abgeschnitten, dem Einbrecher die Augen ausgestochen oder die Hand abgehauen. Zungen abschneiden, Staupenschlag, Pranger und Landesverweisung sind weitere Leibesstrafen. Es sollte lange dauern, bis dieses Strafensystem überwunden wurde. Die uns heute so unmenschlich grausam vorkommende Strafe des Räderns galt beispielsweise in Preußen bis 1851. Freilich wurde damals vor jeder Exekution dem Scharfrichter eine Kabinettsorder ausgehändigt, daß er den Delinquenten vor dem Anfang des Räderns heimlich zu erdrosseln habe.

Aber dieses Strafensystem entsprach der Zeit, einer Zeit, in welcher das Leben härter war als heute. Die Carolina war bemüht um Differenzierung entsprechend der Art und Schwere der Delikte. Dabei ist sie den folgenden Jahrhunderten „überlegen durch Kraft der Sprache und die Genauigkeit der Begriffsbildung, mit denen sie die Tatbestände der einzelnen Verbrechen bestimmt und begrenzt" (Radbruch). Auch Ansätze zu einem „Allgmeinen Teil" sind vorhanden. Ein Beispiel bietet die Versuchsbestimmung in Art. 178: „Item so sich jemandt eyner missethatt mit etlichen scheinlichen wercken, die zu volnbringung der missethatt dienstlich sein mögen, vnder steht, vnd doch an volnbringung der selben missethatt durch andere mittel, wider seinen willen verhindert würde, solcher böser will, darauß etlich werck, als ob steht volgen, ist peinlich zu straffen . . ." In ihrer Begrifflichkeit steht die Carolina hoch über den folgenden Jahrhunderten. Im Jahre 1814 urteilte der große Gesetzeskritiker Friedrich Carl von Savigny. „Ich kenne aus dem 18. Jahrhundert kein deutsches Gesetz, welches in Ernst und Kraft des Ausdrucks mit der Peinlichen Gerichtsordnung Karls V. verglichen werden könnte."

5. Das Common Law – unter der Herrschaft der „Rule of Law"

Als Common Law bezeichnete man ursprünglich das im ganzen englischen Königreich für alle Personen geltende Recht. Der Begriff sollte den Unterschied zu nur örtlich oder nur für bestimmte Personen (z. B. Kaufleute) geltendem Recht ausdrücken. Später wurde als Common Law das angelsächsische Recht im Unterschied zum Civil Law des Römischen Rechts bezeichnet. Im 13. Jahrhundert erstarrte das Common Law; um den Erfordernissen der Billigkeit und des Handels Rechnung zu tragen, wurde es durch die sog. Equity ergänzt (Equity = Billigkeit), d. h. durch Rechtsnormen, die durch die Courts of Equity entwickelt wurden. Es handelt sich dabei um Maximen, Zusätze und Glossen, die das Common Law ergänzten und korrigierten. Beispiele: „He who seeks equity must do equity"; „He who comes to equity must come with clean hands"; „Equity follows the law". Heute steht der Ausdruck Common Law für das von den Gerichten geschaffene Fallrecht im Unterschied zum Gesetzesrecht.

Als Fallrecht ist das angelsächsische Recht dem Römischen Recht vergleichbar. Hier wie dort betraf die Gesetzgebung lange Zeit nur Einzelpunkte. In der Zeit vom 12. bis 15. Jahrhundert spielten die „writs" eine große Rolle, schriftliche Befehle des Königs an den Vorsteher einer Grafschaft, den „Sheriff" oder einen anderen Berichtsherrn zur Ergreifung bestimmter Maßnahmen, z. B. zur Ladung vor dem Königsgericht. Jeder Kläger war gehalten, einen solchen writ bei der königlichen Kanzlei zu erwirken. Hierfür entwickelten sich Formulare und Register, die ähnliche Bedeutung erlangten wie die actiones und formulae im römischen Recht.

Gerichtsentscheidungen gestalteten das englische Recht. Im 13. Jahrhundert zeichnete der englische Richter Bracton in einem „Notebook" mehr als zweitausend Entscheidungen auf. Von ihm stammt auch eine berühmte Darstellung des englischen Rechts unter dem Titel „Tractatus de legibus et consuetudinibus Angliae". Darin formulierte er den Satz, daß der König sich niemendem beugen müsse als Gott und dem Recht. So entwickelte sich jene einzigartige Doktrin, die unter dem Namen „Vorrang des Rechts" oder „Herrschaft des Rechts" (rule of law) bekannt ist.

Schon früh hatten sich englische Monarchen dieser Herrschaft unterworfen. Wilhelm der Eroberer versprach, die Gesetze des guten Königs Eduard wiederherzustellen. Im Jahre 1215 rangen die Barone dem widerstrebenden König Johann ohne Land die Magna Charta ab. In ihrem 39. Kapitel enthielt sie die berühmte Vorschrift: „Kein freier Mann soll verhaftet und gefangengesetzt oder enteignet oder verbannt oder in anderer Weise an Leib oder Gut verletzt werden, noch darf man ihn überfallen oder ihn vorführen lassen, außer auf Grund eines nach den Gesetzen des Landes ergangenen Urteils seiner Pairs."

Seit dem 14. Jahrhundert wurden Gerichtsentscheidungen in Yearbooks veröffentlicht, seit dem 16. Jahrhundert in Law Reports. Sir Edward Coke (1552–1634) schrieb: „Our book cases are the best proof what the law is; argumentum ab auctoritate est fortissimum in lege." Dieser Mann galt als persönlich korrupt, heuchlerisch, grausam und rachsüchtig, aber er klammerte sich immer verzweifelt „an den Rocksaum der einzigen Frau . . ., der er in seiner Art treu blieb: der *Lady of the Common Law*" (William Seagle).

Coke sprach vom Common Law als „Perfektion der Vernunft". Diese Meinung vertrat er auch vor seinem König Jakob I. In einem Rechtsstreit erklärte er diesem, nach dem Rechte Englands könne der König persönlich nicht über jeden Fall zu Gericht sitzen. Vielmehr müßten alle Fälle nach dem Recht und den Bräuchen des Königreichs entschieden werden. Der König argumentierte dagegen mit Cokes Wort von der „Perfektion der Vernunft" und sagte: „Ich dachte aber, das Recht gründe sich auf Vernunft; und ich sowohl wie andere Menschen besitzen Vernunft in gleichem Maße wie die Richter." Darauf antwortete Coke: „Majestät, es ist wahr, daß Gott Eure Majestät mit hervorragendem Wissen und großen natürlichen Gaben beliehen hat;

aber Eure Majestät mögen mir gestatten, mit aller Ehrerbietung zu sagen, daß Eure Majestät die Gesetze dieses englischen Königreiches nicht studiert haben; Prozesse aber, die das Leben, das Erbe, das Eigentum oder sonstige Güter eines Untertanen Eurer Majestät betreffen, können nicht durch natürliche Vernunft allein, sondern nur von einer künstlerischen Vernunft und Beurteilung des Rechts entschieden werden; denn dieses Recht ist eine Kunst, die ein langes Studium und eine lange Erfahrung erfordert, bevor ein Mensch genügend Wissenschaft darin erlangt."

Coke spielte eine bedeutende Rolle beim Entwurf der Petition of Rights von 1628. In ihr und in der Bill of Rights, mit der die glorreiche Revolution von 1688 abgeschlossen wurde, waren die bürgerlichen Rechte und Freiheiten niedergelegt – freie Meinungsäußerung und freie Presse, freie Religionsausübung, Versammlungsrecht, Petitionsrecht, strafprozessuale Rechte.

Besondere Berühmtheit erlangte die „Habeaskorpusakte" von 1679 (nach den lateinischen Anfangsworten alter Haftbefehle habeas corpus = du habest den Körper). Sie verbot willkürliche Verhaftungen durch die Vorschrift, daß ein Verhafteter sofort einem Richter vorzuführen war, der über die Rechtmäßigkeit der Verhaftung zu befinden hatte. Für Verstöße gegen diese Akte waren schwere Strafen angedroht. Übrigens wurde dieses Gesetz im Parlament nur durch einen Scherz angenommen. Ein Stimmenzähler, der die Ja-Stimmen zählte, gab einem besonders dikken Oberhausmitglied im Scherz zehn Stimmen. Als er sah, daß dies nicht bemerkt wurde, zählte er die Stimmen auf dieser Grundlage zusammen – und das Gesetz war angenommen.

Durch die glorreiche Revolution wurde die Stellung des Parlaments so gestärkt, daß man das berümte Bonmot prägte, das englische Parlament könne alles tun, außer einen Mann in eine Frau verwandeln. Der König mußte auf jede Einmischung in das Recht des Landes verzichten. Dessen Handhabung oblag allein den Common-Law-Gerichten. Nur das Parlament konnte durch Gesetzesänderungen (amendments) das bestehende Recht abändern. Von dieser Möglichkeit macht es seit dem 19. Jahrhundert zunehmend Gebrauch.

Im 18. Jahrhundert trat eine Bindung der Gerichte an die precedents ein, in denen die Regeln (rules) für neue Fälle gesucht wurden. Das Precedent wurde formale Rechtsquelle; der Richter war und ist daran gebunden (stare decisis). Wenn sich in den

Precedents keine Regel finden läßt, urteilt der Richter aufgrund der Regel, die er selbst als gerecht und zweckmäßig ansieht. In der Auswahl der Authorities ist er dabei frei. Englische Gerichte haben sich z. B. auf die Bibel berufen, etwa auf den Satz „Niemand kann zwei Herren dienen".

Das Common Law wurde von vielen Ländern übernommen. An erster Stelle stehen hier die USA. Die herrschende Doktrin des dortigen legal realism vertritt die Theorie, das Recht werde unmittelbar aus dem Einzelfall geschöpft. Erst nachträglich gehe der Richter auf die Suche nach Präzedenzfällen und Argumenten zur Absicherung und Abstützung des so gefundenen Ergebnisses. Immer geht er also vom Fall aus, in einem Denkprozess, den Edward Levi als „reasoning from case to case" bezeichnet hat.

6. Die Kodifikationsbewegung – das Ende des Naturrechts

Im 18. Jahrhundert fand die jahrtausendealte Naturrechtsbewegung ihr Ende. Die Suche nach dem richtigen Recht wurde für beendet erklärt. Das Ziel schien erreicht. Im festen Glauben an die Allmacht der menschlichen Vernunft ging man daran, das scheinbar erkannte Naturrecht in umfassenden Gesetzbüchern aufzuschreiben. Jeremy Bentham gab diesem Glauben Ausdruck: „Bürger", sagt der Gesetzgeber, „was ist Dein Stand und Dein Beruf? Bist Du ein Vater?, so schlage das Kapitel „Über die Vaterschaft" auf. Bist Du ein Landwirt?, so ziehe das Kapitel „Über die Landwirte" zu Rate."

„In der Tat ist es überraschend", schrieb Welzel, „feststellen zu müssen, daß eine jahrtausendealte Geistesmacht, die die edelsten Kräfte in ihren Bann geschlagen hatte, so ruhmlos dahinsank . . ." Ausgezogen mit dem Anspruch, ein für alle Völker und Zeiten geltendes Recht zu schaffen, war das Naturrecht „zu einem österreichischen, preußischen, französischen Gesetzbuch geworden."

Die Reihe der hervorragenden Kodifikationen eröffnet der bayerische Codex Maximilianeus Bavaricus civilis des Wiguläus Xaverius Aloysius von Kreittmayr aus dem Jahre 1756, der erst im Jahre 1900 durch das BGB abgelöst wurde. Freilich ging es darin noch nicht um aufklärerische Reform. Vielmehr sollte das Recht für die Untertanen überschaubarer gemacht werden. Zugleich sollten die Richter stärker an den gesetzgeberischen Willen des Landesherrn – Kurfürst Max III. Joseph, des Letzten aus der bayerischen Linie der Wittelsbacher – gebunden werden. Dabei vertraute Kreittmayr durchaus auf die richterliche Auslegung. Die Richter sollten nicht geregelte Fälle selbst entscheiden, freilich erst dann dem Kurfürsten darüber berichten, damit dieser für die Zukunft gesetzgeberisch für Abhilfe sorgen könne.

Ganz anders dachte in diesem Punkt Friedrich der Große. Er wünschte sich ein Gesetzbuch, welches auf der Grundlage der reinen Vernunft geschaffen werden sollte. Es sollte einfach und klar sein und kurze Vorschriften enthalten. Der ganze Advokatenstand sollte durch das neue Gesetzbuch überflüssig werden. Zu diesem Zweck sah er vor, daß die Richter eine Kommission in Berlin konsultieren sollten, wenn sie – was eigentlich unmöglich war – auf ein Rechtsproblem stießen, das im Gesetz nicht geregelt war. Diese Kommission wurde auch tatsächlich konsultiert – ein einziges Mal, dann machten sich die Richter wieder an das gewohnte Geschäft der Auslegung und Interpretation des Gesetzes.

Friedrichs Gesetzbuch – das „Allgemeine Landrecht für die königlich preußischen Staaten" (ALR) – trat erst im Jahre 1794 in Kraft; zu dieser Zeit war der König schon acht Jahre tot. Der erste Entwurf stammte von Samuel von Cocceji, dem preußischen Justizminister, einem gefeierten Naturrechtslehrer. Cocceji starb 1755. Sein Nachfolger wurde Karl Gottlieb Svarez. 1784 wurde der von ihm stammende Entwurf des Kodex vorgelegt. Svarez hatte erstmals mit einer Forderung ernst gemacht, welche Jeremy Bentham so formuliert hatte: „Es genügt nicht, daß ein Gesetzbuch gut redigiert ist; es muß auch erschöpfend sein ... Die oberste Regel ist: eine erschöpfende Darstellung des Rechts ... Unter all den Gesetzbüchern, die die Gesetzgeber als vollständig und erschöpfend ansahen, ist bisher nicht eines, das diese Bedingung erfüllt." Nur durch eine vollständige Kodifikation schien Bentham das oberste Ziel der Gesetzgebung erreichbar – „das größtmögliche Glück der größtmöglichen Zahl".

Nun also lag der Entwurf vor. Er enthielt mehr als sechzehntausend Vorschriften. Eine Vorschrift bestimmte, daß eine gesunde Mutter ihr Kind stillen müsse, und zwar so lange, wie ihr Ehemann es bestimmte. Eine andere Vorschrift verbot Müttern und Ammen, Kinder unter zwei Jahren nachts mit sich ins Bett zu nehmen oder es zu dulden, daß solche Kinder mit anderen Personen zusammen in einem Bett schliefen. In solch detaillierten

Normen erblickte man damals durch die Vernunft erhelltes Naturrecht. Friedrich der Große war freilich erschrocken. Er notierte an den Rand des Entwurfs: „Es ist aber sehr Dicke und Gesetze müssen kurz und nicht Weitläufig seindt."

Das ALR enthielt Privatrecht neben Strafrecht und anderem öffentlichen Recht. Obwohl es in vielen Bestimmungen den Geist des bürokratischen Preußen atmet, ist es doch das erste moderne Gesetzbuch. Es trat an die Stelle des gemeinen Rechts und blieb in Preußen bis zum Jahre 1900 in Kraft.

„Das Gesetzbuch jedoch, das die Ära der modernen Kodifikationen wirklich eröffnete, ist der französische Code Civil" (William Seagle). Er ging auf einen Beschluß der gesetzgebenden Versammlung aus dem Jahre 1790 zurück und wurde im Jahre 1804 verkündet. Er ist, mit zahlreichen Änderungen, noch heute in Kraft.

Schließlich beschloß das österreichische Allgemeine Bürgerliche Gesetzbuch von 1811 den Reigen der vier großen Kodifikationen. Es war vom Code beeinflußt, ohne ihn aber sklavisch nachzuahmen. Sein § 7 bestimmte: „Bleibt der Rechtsfall noch zweifelhaft, so muß solcher . . . nach den natürlichen Rechtsgrundsätzen entschieden werden." Das Gesetz wurde in weiten Teilen Südosteuropas übernommen.

Die Kodifikationsbewegung entsprang dem „Wunsch der Völker, auf neuen Wegen in das Heiligtum der Juristen einzudringen," schrieb William Seagle. Aber sie brachte „ein fatales Dilemma mit sich." Sie gab den Juristen Gelegenheit zur Interpretation. „Wahrscheinlich ist es leichter, einen Gesetzestext zu verdrehen, als eine Präzedenzentscheidung; denn diese ist an einen ganz konkreten Tatbestand geknüpft." Und so sind wir durch die Kodizes „sogar schlimmer daran, da wir nicht nur Richter haben, sondern eine noch nie dagewesene Fülle von Anwälten, Professoren und juristischen Schriftstellern. Wenn es das einzige Ziel gewesen wäre, die Juristen loszuwerden, dann wäre es besser gewesen, die Kodizes nicht zu schreiben."

7. Der Code Napoléon – das Gesetzbuch der Franzosen

Napoleon hat seinem Land nicht weniger als fünf Gesetzbücher geschenkt: den Code Civil (1804), den Code de procédure civile (1806), den Code de commerce (1807), den Code d'instruction criminelle (1808) und den Code pénal (1810). Von diesen Kodifikationen ist die erste, der Code Civil, so sehr mit seinem Namen verbunden, daß man ihn auch Code Napoléon nennt.

Der Boden für den Code wurde im 18. Jahrhundert bereitet. Es war dies das Zeitalter der Kodifikationen, in welchem man glaubte, das Naturrecht systematisieren und in Gesetzbüchern aufschreiben zu können. Hinzu kam, daß Frankreich seiner lokalen Gewohnheitsrechte überdrüssig geworden war. Schon die Generalstaaten hatten für ein einheitliches nationales Recht plädiert. Ein Gesetzbuch hielt man zugleich für ein gutes Mittel, um den Richtern, besonders den Richtern der parlements, denen man mißtraute, die Hände zu binden. Durch die Erklärung der Menschen- und Bürgerrechte in der Französischen Revolution waren die Grundgedanken des contrat sociale proklamiert worden. So war die Zeit reif geworden für ein nationales Gesetzbuch.

Am 5. Oktober 1790 beschloß die gesetzgebende Versammlung, einen Code vorzubereiten. Am 25. Juni 1793 setzte der Konvent eine Kommission unter dem Vorsitz von Jean Jacques Régis de Cambacérès ein. Sie sollte binnen Monatsfrist einen Entwurf vorlegen. Dieser Auftrag wurde erstaunlicherweise fast buchstäblich ausgeführt. Am 9. August 1793 legte Cambacérès den Entwurf eines Zivilgesetzbuches mit etwa 700 Artikeln vor. Er wurde im Konvent vom 22. August bis zum 28. Oktober 1793 diskutiert und dann als zu umfangreich und zu wenig revolutionär zurückgewiesen.

Man muß sich die Zeit vorstellen. In Frankreich herrschte Revolution. An den Grenzen führte man Krieg. Das Parlament aber befaßte sich mit so friedlichen Themen wie dem Schuldrecht, dem Erbrecht, dem Eigentum an angeschwemmtem Land und dem Recht der unehelichen Kinder.

Am 9. November 1794 legte Cambacérès einen zweiten Entwurf vor, der nur noch aus 297 Artikeln bestand und bezeichnete ihn als ,,das Gesetzbuch der Natur, geheiligt durch die Vernunft und garantiert durch die Freiheit". Er wurde in Teilen diskutiert.

CODE CIVIL

DES

FRANÇAIS.

ÉDITION ORIGINALE ET SEULE OFFICIELLE.

À PARIS,

DE L'IMPRIMERIE DE LA RÉPUBLIQUE.

AN XII. 1804.

18 Titelblatt des Code Civil, 1804.

Am 14. Juni 1796 folgte ein dritter und am 21. Dezember 1797 ein vierter Entwurf, die beide jedoch nicht weiter behandelt wurden.

Im Jahre 1800 nahm der Erste Konsul, Napoléon, die Gesetzgebungsarbeiten wieder auf. Er setzte am 12. August eine Kommission ein. Ihr gehörten vier Mitglieder an: Tronchet, Portalis, Bigot de Préameneu und Maleville. Tronchet war Präsident des

Kassationshofes. Er hatte Ludwig XVI. verteidigt und galt als ,,Nestor der Aristokratie". Portalis war Regierungskommissar beim Prisengericht. Er hatte während der Revolution im Gefängnis gesessen und wurde der ,,Philosoph" der Kommission genannt. Bigot de Préameneu und Maleville waren Richter am Kassationshof. Cambacérès gehörte der Kommission nicht an. Er war als Zweiter Konsul zu höheren Ehren gelangt.

Nach vier Monaten legte die Kommission einen ersten Entwurf vor. Er wurde im Staatsrat unter Napoléons Vorsitz beraten und überarbeitet. Napoléon, damals 32 Jahre alt, nahm diese Aufgabe sehr ernst. Er studierte juristische Literatur und bereitete sich sorgfältig auf die Sitzungen vor. Später soll er im Exil über diese Tätigkeit gesagt haben: ,,Mein Ruhm liegt nicht in meinen Siegen. Waterloo wird das Andenken an die gewonnenen Schlachten auslöschen. Aber nichts kann meinen Code Civil zerstören; dieser wird ewig leben."

Napoléon nahm besonders Einfluß auf die Vorschriften über die Scheidung aufgrund gegenseitiger Vereinbarung. Später profitierte er von den so geschaffenen Möglichkeiten. Er ließ sich von Josephine, die keine Kinder gebar, scheiden und heiratete Marie-Luise. ,,Es ist", bemerkte William Seagle dazu, ,,in der Tat ein großer Vorteil, Gesetzgeber zu sein."

Der erste Kommissionsentwurf wurde erheblich verändert, und es mußten von Napoléon erhebliche Widerstände überwunden werden – was ihm freilich nicht allzu schwer fiel – ehe der ,,Code civil des Français" am 21. März 1804 verkündet wurde. In den folgenden Jahren folgten dann die weiteren napoleonischen Gesetzbücher.

Bei der Verkündung hatte der Code Civil 2281 Artikel, die in vier Teilen (Einleitung, Personenrecht, Sachenrecht, Erb-, Schuld-, Ehegüter-, Pfand- und Hypothekenrecht) angeordnet waren. Seine Grundgedanken waren Gleichheit vor dem Gesetz, Anerkennung der Freiheit des Individuums und des Eigentums sowie Trennung von Staat und Kirche durch Einführung der obligatorischen Zivilehe. Eine berüchtigte, erst 1912 abgeschaffte Vorschrift bestimmte: ,,La recherche de la paternité est interdite". Eine andere, 1868 geänderte Vorschrift regelte die Beweislast bei einem Rechtsstreit über die Höhe oder Fälligkeit von Arbeitslöhnen dahin, daß der formlosen Versicherung des Arbeitgebers Glauben zu schenken sei. Aber im wesentlichen drückte das Gesetzbuch doch die Errungenschaften der Französischen Revolution aus.

Die Quellen des Code Civil waren Römisches Recht und Gewohnheitsrecht. Der Einfluß des Römischen Rechts war besonders im Sachen- und Schuldrecht groß, während in den übrigen Teilen das Gewohnheitsrecht dominierte. Das Gesetz erhob den Anspruch, eine vollständige und erschöpfende Darstellung des Zivilrechts zu sein. Artikel 4 bestimmte: „Ein Richter, der sich weigert, eine Entscheidung zu fällen unter dem Vorwand, daß das Gesetz keine oder keine eindeutige oder genügende Vorschrift für den fraglichen Fall enthalte, ist wegen Rechtsbeugung strafbar."

Die einfache und klare Sprache des Code wurde und wird besonders gelobt. So soll Stendhal jeden Tag vor Beginn seiner schriftstellerischen Arbeit ein Kapitel im Code gelesen haben – „pour prendre le ton".

Der Code übte großen Einfluß auf andere Länder aus. Napoléon brachte ihn auf seinen Feldzügen mit nach Deutschland, und er blieb dort teilweise auch nach seiner Niederlage in Geltung, so im Königreich Westfalen und im Großherzogtum Baden. Eine Reihe von Ländern übernahm ihn inhaltlich – Belgien, Luxemburg, die Niederlande, Spanien, Portugal, Rumänien, Italien, Griechenland. Fast der ganze südamerikanische Kontinent schloß sich dem Code an, so daß man ihn geradezu das „Gesetzbuch der lateinischen Rassen" genannt hat. Aber auch der amerikanische Bundesstaat Louisiana, dessen Rechtssystem französisch war, übernahm den Code und sogar das unter englischer Herrschaft stehende Ägypten folgte.

Ein Scherzwort besagte: „Seit der Verkündung seines Code betreibt Frankreich einen umfangreichen Exporthandel im Recht." Amos schrieb im Jahre 1930: „Eine der ersten Handlungen der tüchtigen Männer, die kürzlich eine neue Dynastie in Persien gründeten, war das zu tun, was so viele Cromwells vor ihnen getan hatten, nämlich nach Paris zu telegrafieren, um sich den Code Napoléon, eine Kiste Kommentare und eine Kommission französischer Juristen zu besorgen. Man kann die Prognose wagen, daß noch vor Ende des Monats ein französischer Kreuzer aus Marseille ausläuft, um die Mission und den Code dorthin zu bringen."

Mit etlichen Änderungen, auch durch intensive Rechtsfortbildung durch die Gerichte, gilt der Code Civil noch heute in

Frankreich. Den ersten Kommentar schrieb Maleville, der damit die Tradition der „Referentenkommentare" eröffnete. Übrigens wird berichtet, daß Napoléon angesichts dieses Kommentars ausgerufen habe: „Mein Code ist verloren." Etwa ein Siebentel der Artikel des Code wurden geändert; die meisten Änderungen betrafen das Familienrecht, ein Rechtsgebiet, das immer besonders konservativ gehandhabt zu werden pflegt und auf dem die Verfasser des Code weniger radikal vorgegangen waren als auf den übrigen Gebieten.

Nahezu zwei Jahrhunderte ist der Code jetzt in Kraft. Er hat die gewaltigsten Umwälzungen überdauert und sich über zwei industrielle Revolutionen hinweg bewährt. Von den Franzosen wurde er lange Zeit mit fast abergläubischer Ehrfurcht behandelt – als heiliges Fundament ihrer Verfassung, welches in Frankreichs heroischer Zeit entstanden war.

8. Vom Beruf unserer Zeit für Gesetzgebung und Rechtswissenschaft – eine deutsche Antwort auf den Code Napoléon

„Von zwey Meinungen über die Einrichtung des bürgerlichen Rechts, die mir bekannt geworden sind, geht die eine auf Herstellung des alten Zustands, die zweyte auf Annahme eines gemeinschaftlichen Gesetzbuches für die Deutschen Staaten."

Mit diesen Worten beginnt Friedrich Carl von Savigny seine berühmte Schrift „Vom Beruf unserer Zeit für Gesetzgebung und Rechtswissenschaft" aus dem Jahre 1814. Damals war eine Debatte darüber entbrannt, was nach dem Sieg über Napoléon in den Befreiungskriegen rechtspolitisch geschehen sollte. „Der alte Zustand" – das waren die partikulären Rechtsordnungen. Und die andere Meinung – das war der von Thibaut und anderen unterbreitete Vorschlag, ein nationales Gesetzbuch, eine Kodifikation für das befreite Deutschland zu schaffen. Vorbild hierfür war der französische Code Civil, der während Napoléons Herrschaft auch in Teilen Deutschlands gegolten hatte.

Savigny wandte sich sofort der letztgenannten Meinung zu. „Zur Erläuterung dieser zweyten Meinung sind gleich hier einige Bemerkungen nöthig, indem sie in einem doppelten historischen Zusammenhang betrachtet werden muß.

Erstens nämlich steht sie in Verbindung mit vielen ähnlichen Vorschlägen und Versuchen seit der Mitte des achtzehnten Jahrhunderts. In dieser Zeit hatte sich durch ganz Europa ein völlig unerleuchteter Bildungstrieb geregt... Auch im bürgerlichen Recht war er thätig. Man verlangte neue Gesetzbücher, die durch ihre Vollständigkeit der Rechtspflege eine mechanische Sicherheit gewähren sollten, indem der Richter, alles eigenen Urtheils überhoben, blos auf die buchstäbliche Anwendung beschränkt wäre; zugleich sollten sie sich aller historischen Eigenthümlichkeit enthalten und in reiner Abstraktion für alle Völker und Zeiten gleiche Brauchbarkeit haben . . .

Zweytens stehen jene Vorschläge in Verbindung mit einer allgemeinen Ansicht von der Entstehung alles positiven Rechts, die von jeher bey der großen Mehrzahl der deutschen Juristen herrschend war. Nach ihr entsteht im normalen Zustand alles Recht aus Gesetzen, d.h. ausdrücklichen Vorschriften der höchsten Staatsgewalt. Die Rechtswissenschaft hat lediglich den Inhalt der Gesetze zum Gegenstand. Demnach ist die Gesetzgebung selbst, so wie die Rechtswissenschaft, von ganz zufälligem, wechselndem Inhalt, und es ist sehr möglich, daß das Recht von morgen dem von heute gar nicht ähnlich sieht. Ein vollständiges Gesetzbuch ist demnach das höchste Bedürfnis, und nur bey einem lückenhaften Zustand desselben kann man in die traurige Nothwendigkeit kommen, sich mit Gewohnheitsrecht als einer schwankenden Ergänzung behelfen zu müssen. Diese Ansicht ist viel älter als die oben dargestellte, beide haben sich auf manchen Punkten feindlich berührt, weit öfter aber sehr gut vertragen. Als Vermittlung diente häufig die Überzeugung, daß es ein praktisches Naturrecht oder Vernunftrecht gebe, eine ideale Gesetzgebung für alle Zeiten und alle Fälle gültig, die wir nur zu entdecken brauchten, um das positive Recht für immer zu vollenden."

Dieses Zeitalter eines „völlig unerleuchteten Bildungstriebes" litt nach Savigny vor allem am Fehlen der historischen Dimension. „Sinn und Gefühl für die Größe und Eigenthümlichkeit anderer Zeiten, sowie für die naturgemäße Entwicklung der Völker und Verfassungen, also alles was die Geschichte heilsam und fruchtbar machen muß, war verloren; an die Stelle getreten war eine gränzenlose Erwartung von der gegenwärtigen Zeit, die man keineswegs zu etwas geringerem berufen glaubte, als zur wirklichen Darstellung einer absoluten Vollkommenheit."

Eine Rechtswissenschaft aufgrund solcher Gesetzbücher – der Kodifikationen des 18. Jahrhunderts oder des vorgeschlagenen neuen Gesetzbuches – erschien Savigny unmöglich. ,,Wir werden entweder gar keine juristische Literatur haben, oder (was wahrscheinlicher ist) eine so flache, fabrikmäßige, unerträgliche, wie sie uns unter der Herrschaft des Code zu überschütten angefangen hatte, und wir werden dann alle Nachtheile eines cultivierten, verwickelten, auf literarisches Bedürfnis gebauten Zustandes empfinden, ohne durch die eigenthümlichen Vortheile desselben entschädigt zu werden. Ja, um alles mit Einem Worte zu sagen, es könnte leicht kommen, daß der Zustand des bürgerlichen Rechts bey uns schlechter würde, als er in Frankreich ist; denn das Streben nach wissenschaftlicher Begründung gehört nicht zu den nationalen Bedürfnissen der Franzosen, wohl aber zu den unsrigen, und ein so tief wurzelndes Bedürfniß läßt sich nicht ungestraft hintansetzen.“

Auch der Rechtsprechung drohe Gefahr. ,,Die Rechtspflege wird scheinbar durch das Gesetzbuch, in der That durch etwas anderes, was außer dem Gesetzbuch liegt, als der wahrhaft regierenden Rechtsquelle, beherrscht werden.“ Von diesem anderen aber lenke verderblich das Gesetzbuch ,,die geistigen Kräfte der Nation“ ab.

Es gab nur einen Ausweg: Man mußte das neue Gesetzbuch vermeiden und zur Beseitigung der Mängel des damaligen Rechtszustandes die ,,Grundlage eines sicheren Rechts, sicher gegen Eingriffe der Willkühr und ungerechter Gesinnung“ durch das Mittel ,,einer organisch fortschreitenden Rechtswissenschaft“ finden.

Gottlob hatten sich die Zeiten gebessert, war dieses Ziel zu erreichen. ,,Vergleichen wir mit diesen vergangenen Zuständen die gegenwärtige Zeit, so dürfen wir uns freuen. Geschichtlicher Sinn ist überall erwacht, und neben diesem hat jener bodenlose Hochmuth keinen Raum . . .“

Jetzt, im Jahre 1814, erkenne man, daß alles Recht Gewohnheitsrecht sei, welches erst durch Sitte und Volksglaube, dann durch Jurisprudenz erzeugt werde. Die Regeln des Privatrechts gehörten zu den ,,Gegenständen des Volksglaubens . . . Allein jene geistigen Functionen bedürfen eines körperlichen Daseyns, um festgehalten zu werden. Ein solcher Körper ist für die Sprache ihre stete, ununterbrochene Übung, für die Verfassung sind es die sichtbaren öffentlichen Gewalten . . ." Und für das bürgerliche Recht ,,sind es ausgesprochene Grundsätze, durch Schrift und mündliche Rede mitgetheilt. Diese Art der Festhaltung aber setzt eine bedeutende Abstraction voraus, und ist darum in jener jugendlichen Zeit nicht möglich. Dagegen finden wir hier überall symbolische Handlungen, wo Rechtsverhältnisse entstehen oder untergehen sollen."

Hat Savigny damit das nationale Gesetzbuch verhindert? Dieser Vorwurf ist ihm gemacht worden. Aber wer so urteilt, übersieht, daß die politische Wirklichkeit des Jahres 1814 eine solche Kodifikation überhaupt nicht zugelassen hätte. Indem Savigny für die Erneuerung der Jurisprudenz durch Rechtswissenschaft plädierte, tat er das einzig mögliche – und begründete den hohen Rang der deutschen Rechtsdogmatik im 19. Jahrhundert.

In einer fernen Zukunft freilich, so meinte Savigny vage, sei ein Gesetzbuch vielleicht denkbar. Er könne sich einen ,,Zustand klarer, anschaulicher Besonnenheit" vorstellen, der sich ,,mit der Höhe wissenschaftlicher Ausbildung" vereine. Dann könne ein solches Gesetzbuch geschaffen werden. Aber er schränkte sofort ein: ,,Daß dieser Zustand jemals eintreten werde, sage ich nicht."

Und selbst wenn er eintrete, sei es doch so, daß eine Epoche fortgeschrittener Rechtswissenschaft, die allein ein taugliches Gesetzbuch schaffen könne, eines solchen überhaupt nicht bedürfe. Sie solle es nur aus Hilfsbereitschaft gegen spätere Generationen schaffen, es ,,nur veranstalten können für eine folgende schlechtere Zeit, gleichsam Wintervorräthe sammelnd. Zu einer solchen Vorsorge für Kinder und Enkel ist selten ein Zeitalter aufgelegt."

Es dauerte dann noch fast ein Jahrhundert, bis mit dem Bürgerlichen Gesetzbuch am 1. Januar 1900 das nationale deutsche Gesetzbuch in Kraft trat. Ob es die ,,Vorsorge für Kinder und Enkel" war, von der Savigny gesprochen hatte? Wie dem auch sei – indem Savigny ,,die Frage der Kodifikation und Gesetzgebung wissenschaftlich betrachtet" hat, ist er ,,. . . der erste gewesen, der den Versuch einer kritischen vergleichenden Analyse grundverschiedener Anschauungen in diesem Bereich geleistet hat – somit auch hier eine Portalfigur der modernen Rechtsgeschichte" (Sten Gagnér).

9. Das Bürgerliche Gesetzbuch – „da war's, als wenn der Star vom Auge fiel"

Als Anton Friedrich Justus Thibaut im Jahre 1814 seine Flugschrift „Über die Notwendigkeit eines allgemeinen bürgerlichen Rechts für Deutschland" veröffentlichte, war er hinsichtlich der Zeitspanne, welche das Vorhaben eines bürgerlichen Gesetzbuches in Anspruch nehmen würde, optimistisch. Das Beispiel des französischen Code Civil vor Augen, rechnete er mit zwei bis vier Jahren. Als dann aber die politischen Verhältnisse es erlaubten, das Bürgerliche Gesetzbuch (BGB) in Angriff zu nehmen, sollten bis zur Vollendung des Werkes nicht weniger als 22 Jahre vergehen.

Im Jahre 1871 war das Deutsche Reich gegründet worden. Damit war die Grundlage für eine nationale Gesetzgebung geschaffen. 1873 wurde der Reichstag ermächtigt, ein Zivilgesetzbuch zu schaffen. 1874 wurde mit den Vorarbeiten begonnen. 1896 war das Werk vollendet. Am 1. Januar 1900 trat das BGB in Kraft. Wie der fast ein Jahrhundert früher geschaffene Code Civil war das BGB in einer Epoche ruhiger Entwicklung entstanden, ehe die Probleme der Industrialisierung die Situation komplizierter machten. Man hat mit einigem Recht gesagt, daß das BGB im letzten möglichen Augenblick in die Welt gesetzt wurde. Nur zehn Jahre später wäre seine Verwirklichung kaum noch möglich gewesen.

Die erste vorbereitende Kommission von elf Juristen nahm im Jahre 1874 ihre Tätigkeit auf. Ihr gehörte Bernhard Windscheid an, der im selben Jahr in Leipzig einen Lehrstuhl für Römisches Recht übernommen hatte und dessen Lehrbuch des Pandektenrechts Wissenschaft und Praxis seiner Zeit beherrschte. Dreizehn Jahre tagte die Kommission hinter verschlossenen Türen, dann legte sie 1887 den ersten Entwurf eines BGB vor. Dieser Entwurf war so stark von Windscheid und seinem Pandektenlehrbuch geprägt, daß man auch die spätere – stark abgeänderte – Endfassung des BGB noch als ein in Gesetzesparagraphen gebrachtes Windscheidsches Pandektenlehrbuch bezeichnet hat.

Dem Entwurf wurden fünf dicke Bände mit Anmerkungen und Begründungen beigefügt. Insgesamt füllten sie mehr als viertausend eng bedruckte Seiten.

Sofort erhob sich heftige Kritik. Die Germanisten, namentlich Otto von Gierke, fanden, daß das Deutsche Recht nicht genügend berücksichtigt sei, die Romanisten rügten zu geringe Anwendung römischrechtlicher Gedanken. Der „Rechtssozialist" und Theoretiker eines „volkstümlichen Arbeiterstaates" Anton Menger meldete vom Standpunkt des Sozialismus' aus Forderungen der besitzlosen Klasse an. Andere kritisierten, daß die erste Kommission nur aus Juristen zusammengesetzt gewesen war. Auch die Sprache des Entwurfs wurde als geschraubt und unverständlich gerügt.

So wurde im Jahre 1890 eine neue Kommission mit Gottlieb Planck als Generalreferenten eingesetzt. Ihr gehörten auch Laien – Landwirte und ein Bankier – an. Sie tagte öffentlich und legte im Jahre 1895 einen zweiten Entwurf vor, der stärker deutschrechtlich als sein Vorgänger ausgerichtet war. Sprachlich war er freilich immer noch abstrakter und umständlicher als der Code Civil. Er ist weitgehend mit der endgültigen Fassung identisch.

Das BGB enthält fünf Bücher – Allgemeiner Teil, Schuldrecht, Sachenrecht, Familienrecht und Erbrecht. Der Allgemeine Teil enthält die grundsätzlichen, für alle privatrechtlichen Rechtsverhältnisse geltenden Regeln (z. B. über Rechts- und Geschäftsfähigkeit, Willenserklärungen, Verträge, Stellvertretung usw.). Das Recht der Schuldverhältnisse regelt die Rechtsbeziehungen zwischen Gläubigern und Schuldnern; es enthält einen allgemeinen Teil und besondere Vorschriften für einzelne Schuldverhältnisse (z. B. Kauf, Miete, Darlehen usw.). Das Sachenrecht handelt von den Rechten an Sachen (z. B. Eigentum und Besitz). Das Familienrecht regelt die persönlichen und vermögensrechtlichen Beziehungen zwischen Ehegatten, Eltern, Kindern und Verwandten sowie das Vormundschafts- und Pflegschaftsrecht. Das Erbrecht schließlich regelt den Vermögensübergang im Todesfalle.

Die Beratung im Reichstag war nicht sehr eingehend, was verwundert, wenn man bedenkt, um welch grundlegendes Gesetzeswerk es sich handelte. Lediglich ein Punkt – die Haftung für Wildschäden im (inzwischen aufgehobenen) § 835 BGB – löste eine Debatte aus, in der sich nicht weniger als dreißig Abgeordnete zu Wort meldeten. Es ging darum, eine Ausnahme von dieser Haftung für Hasen zu machen, so daß der Jagdberechtigte dem Grundbesitzer insoweit nicht für Wildschaden aufkommen mußte. Die Befürworter dieses weltbewegenden Anliegens waren erfolgreich. Die Hasen wurden aus § 835 BGB gestrichen. Lediglich Wildschweine, Rot-, Elch-, Dam- und Rehwild sowie Fasane blieben im Gesetz stehen. Daraufhin stimmten die Reichstagsabgeordneten dem Gesetz mit 222 gegen 48 Stimmen zu.

Am 18. August 1896 wurde das Gesetz durch den Kaiser vollzogen. Zusammen mit einem Einführungsgesetz und einer Neufassung des Handelsgesetzbuches trat es am 1. Januar 1900 in Kraft.

Der Dichter Ernst von Wildenbruch feierte die neue Paragraphenflut mit einem Gedicht: „. . .Da war's, als wenn der Star vom Auge fiel, / vor allen Augen plötzlich stand das Ziel, / Sehnsucht, die in Vereinzelten gebrannt, / Als Sehnsucht aller wurde sie erkannt; / Es heischte neu geborenes Geschlecht / Mit ihm geborenes eig'nes Recht, / Vollendet war es und das Werk ist da. / Beglückte Stunde, die es werden sah! / Nun wandelt durch das deutsche Vaterland / Gerechtigkeit im heimischen Gewand. / Sie spricht, und jedem Ohre klingt's vertraut, / Denn in der Muttersprache tönt ihr Laut, / Aus ihres Volkes tiefstem Seelenschatz, / Schöpft sie ihr Wort, Wahrspruch und Rechtes Satz."

Ursprünglich spiegelt das BGB die geistigen, sozialen und politischen Verhältnisse des 19. Jahrhunderts wider. Es war vom Leitbild des liberalen Unternehmertums geprägt. Die besitzlosen Klassen wurden stark vernachlässigt. Elemente des sozialen Ausgleichs waren nur vereinzelt anzutreffen. Sie vermochten später freilich über die Generalklauseln, insbesondere die von Treu und Glauben (§ 242 BGB) durch die Rechtspraxis einzudringen. Wie beim Code Civil waren Eigentum und Kontrakt die Grundlagen des Gesetzbuches. Eigentum wurde als das Recht definiert, „mit der Sache nach Belieben zu verfahren und andere von jeder Einwirkung aus(zu)schließen" (so heute noch § 903 BGB). Diese klassische Eigentumsbestimmung war schon 1900 angesichts des damaligen Standes des öffentlichen Rechtes eine „Absurdität" (Seagle).

Konservative, patriarchalische und autoritäre Züge prägten das BGB besonders im Familienrecht. Seine positivistische Grundhaltung führte zu dem Bestreben, möglichst jeden Lebenssachverhalt zu regeln. Dabei ging man nicht den Weg der Kasuistik, sondern bemühte sich um begriffliche Abstraktionen, die zu einem hohen gesetzestechnischen Niveau führten. Der Preis dafür lag in der fehlenden Anschaulichkeit und Volkstümlichkeit. Das

BGB wurde niemals wirklich populär. Es wurde „Präzisionsinstrument für die Hand des entsprechend vorgebildeten Juristen" (Isele).

Als solches hat es vielen Ländern als Vorbild gedient. Insbesondere beeinflußte es das Schweizerische Zivilgesetzbuch, welches 1912 in Kraft trat, in Technik und Sprache jedoch viel einfacher und schlichter als das BGB ist. Dieses wurde wiederum 1926 in die Türkei eingeführt. Vom BGB wurden ferner die Zivilgesetzbücher Japans und Brasiliens beeinflußt.

Die ursprüngliche Absicht, das gesamte Privatrecht (außer dem Handelsrecht) in einem Gesetzbuch zusammenzufassen, wurde nicht verwirklicht. Weite Rechtsgebiete blieben in eigenen Gesetzen und im Landesrecht geregelt. Im NS-Unrechtsstaat begann man damit, das BGB in einzelne Gesetzesblöcke aufzulösen, um es schließlich durch ein einheitliches Volksgesetzbuch zu ersetzen. Hierzu kam es nicht mehr. Die neuere Rechtsentwicklung geht dahin, Sondergesetze abzubauen und das BGB durch laufende Abänderungen fortzuentwickeln.

10. Das Grundgesetz – „Die Würde des Menschen ist unantastbar"

Nach der bedingungslosen Kapitulation des NS-Unrechtsstaates am 8. Mai 1945 beschlossen die vier Besatzungsmächte auf der Potsdamer Konferenz im August 1945, den neuen deutschen Staat von unten nach oben aufzubauen. Nie wieder sollte ein zentraler Machtstaat entstehen, der die Freiheit seiner Bürger mißachtete und seinen Nachbarn eine Gefahr war.

Im Dezember 1947 kam eine Londoner Konferenz der vier Großmächte Großbritannien, Frankreich, Sowjetunion und Vereinigte Staaten über das Schicksal Deutschlands zu keinem Ergebnis. Daraufhin fand eine Sechsmächtebesprechung zwischen Belgien, Großbritannien, Frankreich, Luxemburg, Niederlande und den Vereinigten Staaten statt. Sie führte dazu, daß den elf Ministerpräsidenten der drei westlichen Besatzungszonen am 1. 7. 1948 die sog. Frankfurter Dokumente übergeben wurden. Diese betrafen die künftige Staatsform der drei Westzonen. Dokument I hatte zum Ziel, eine verfassunggebende Nationalversammlung spätestens für den 1. 9. 1948 einzuberufen.

19 Unterzeichnung des Grundgesetzes durch den Präsidenten des Parlamentarischen Rates, Dr. Konrad Adenauer, am 23. Mai 1949.

In Erfüllung dieses Auftrages bestellte die Ministerpräsidentenkonferenz am 25. 7. 1948 einen Sachverständigenausschuß. Er tagte vom 10. bis 23. 8. 1948 in Herrenchiemsee und entwarf einen vollkommenen Text für das „Grundgesetz" eines aus den elf Ländern zu bildenden Bundesstaates. Obwohl dieser Ausschuß nur begutachtend tätig war, wurde er später Verfassungskonvent genannt.

Der Verfassungskonvent war sorgfältig darauf bedacht, „politische“ Entscheidungen zu vermeiden. Für wichtige Abschnitte ihres Entwurfs arbeiteten seine Mitglieder alternative Lösungen jeweils mit ihren Konsequenzen aus. Durch ein Nebeneinander in der Druckordnung suchten sie auch für das Auge des Lesers „synoptische“ Gleichberechtigung ihrer Vorschläge herzustellen. Alle politischen Entscheidungen sollten dem Parlamentarischen Rat vorbehalten bleiben.

Dieser tagte vom 1. 9. 1948 bis 8. 5. 1949 in Bonn. Ihm gehörten 65 Ländervertreter an, die von den Landtagen der elf Länder gewählt worden waren. Sie gruppierten sich nach ihrer jeweiligen Parteizugehörigkeit zu Fraktionen. Präsident war Konrad Adenauer (CDU), der später erster Bundeskanzler der Bundesrepublik Deutschland werden sollte. Die wesentliche gesetzesformende Arbeit wurde durch den Hauptausschuß geleistet, dessen Vorsitzender Carlo Schmid (SPD) war. Ergebnis der Beratungen war das Grundgesetz.

Am 8. 5. 1949 fand die Schlußabstimmung statt. Das Grundgesetz wurde mit 53 gegen 12 Stimmen angenommen. Vier Tage später, am 12. 5. 1949, erteilten die Besatzungsmächte mit Vorbehalten zu einigen Artikeln ihre Genehmigung. Anschließend mußte in den einzelnen Landtagen über das Grundgesetz abgestimmt werden. Zehn Länder nahmen das Grundgesetz an. Das elfte, Bayern, lehnte es mit 101 gegen 64 Stimmen bei 9 Enthaltungen ab. Gleichzeitig bejahte jedoch der bayerische Landtag die Zugehörigkeit Bayerns zur Bundesrepublik mit 97 gegen 6 Stimmen bei 70 Enthaltungen. Die Besatzungsmächte hatten zur Annahme des Grundgesetzes eine Zustimmung von wenigstens zwei Dritteln der Länder vorgeschrieben gehabt. Somit war das Grundgesetz angenommen.

Am 23. Mai 1949 wurde das Grundgesetz im ersten Heft des neu herausgegebenen Bundesgesetzblattes verkündet. Am darauffolgenden Tag trat es in Kraft. Am 14. 8. 1949 wurde der erste Bundestag nach seinen Vorschriften gewählt. Nach dem Zusammentritt wurden der erste Bundeskanzler (Adenauer) und der erste Bundespräsident (Theodor Heuß, FDP) gewählt. Am 20. 9. 1949 war die Bildung der maßgeblichen Bundesorgane abgeschlossen. Ab diesem Tag besteht die Bundesrepublik Deutschland.

Während die Väter der beiden vorangegangenen deutschen Verfassungen – der Reichsverfassung von 1871 und der Weimarer

Verfassung von 1919 – keine besonders komplizierte staatsrechtliche Lage zu bewältigen hatten, mußte der Parlamentarische Rat mit den Schwierigkeiten eines totalen Zusammenbruches und einer geteilten Nation fertig werden. Er tat dies, indem er die Bezeichnung „Grundgesetz" statt „Verfassung" wählte, so zum Ausdruck bringend, daß nur ein Provisorium geschaffen werden sollte. Auch schickte er dem Grundgesetz einen Vorspruch voraus. In dieser „Präambel" ist die Absicht ausgedrückt, „dem staatlichen Leben für eine Übergangszeit eine neue Ordnung zu geben". Weiter ist dort gesagt, daß man auch für jene Deutschen gehandelt habe, „denen mitzuwirken versagt war". Schließlich heißt es dort: „Das gesamte Deutsche Volk bleibt aufgefordert, in freier Selbstbestimmung die Einheit und Freiheit Deutschlands zu vollenden."

Diese Präambel hat nach der Rechtsprechung des Bundesverfassungsgerichts unmittelbare rechtliche Bedeutung. Alle politischen Staatsorgane sind von Rechts wegen verpflichtet, die Einheit Deutschlands mit allen Mitteln anzustreben und alles zu unterlassen, was die Wiedervereinigung rechtlich hindert oder tatsächlich unmöglich macht.

Der neue Staat wurde als Vollstaat durch einen staatsgründenden Akt des deutschen Volkes (in seinen Ländern) geschaffen. Er ist also kein Bündnisstaat, der durch Bundesvertrag der Länder entstanden ist. Ob er als Fortsetzung des alten Deutschen Reiches anzusehen ist, oder ob dieses 1945 untergegangen ist, ist umstritten; überwiegend neigt man der ersteren Auffassung zu.

Will man das Grundgesetz in aller Kürze kennzeichnen, so kann man die Attribute föderalistisch und liberal verwenden. Das Grundgesetz ist föderalistisch, weil es die Stärke des Bundes durch starke Länder gewährleisten will, und es ist liberal, weil es das Individuum vor dem Staat sichern will. Zu diesem Zweck enthält es an der Spitze einen Katalog von Grundrechten, deren erstes mit den Worten beginnt: „Die Würde des Menschen ist unantastbar. Sie zu achten und zu schützen ist Verpflichtung aller staatlichen Gewalt."

Der Gedanke, daß dem Menschen Rechte zustünden, die der Staat nicht antasten dürfe, fand erstmals in Nordamerika, in der Bill of Rights des Staates Virginia und der amerikanischen Unabhängigkeitserklärung von 1776 rechtliche Gestalt. Man nannte

Bundesgesetzblatt

1949 | Ausgegeben in Bonn am 23. Mai 1949 | Nr. 1

Inhalt: Grundgesetz für die Bundesrepublik Deutschland vom 23. Mai 1949 .... Seite 1

Grundgesetz für die Bundesrepublik Deutschland vom 23. Mai 1949.

Der Parlamentarische Rat hat am 23. Mai 1949 in Bonn am Rhein in öffentlicher Sitzung festgestellt, daß das am 8. Mai des Jahres 1949 vom Parlamentarischen Rat beschlossene Grundgesetz für die Bundesrepublik Deutschland in der Woche vom 16. — 22. Mai 1949 durch die Volksvertretungen von mehr als Zweidritteln der beteiligten deutschen Länder angenommen worden ist.

Auf Grund dieser Feststellung hat der Parlamentarische Rat, vertreten durch seine Präsidenten, das Grundgesetz ausgefertigt und verkündet.

Das Grundgesetz wird hiermit gemäß Artikel 145 Absatz 3 im Bundesgesetzblatt veröffentlicht:

Präambel

Im Bewußtsein seiner Verantwortung vor Gott und den Menschen,

von dem Willen beseelt, seine nationale und staatliche Einheit zu wahren und als gleichberechtigtes Glied in einem vereinten Europa dem Frieden der Welt zu dienen, hat das Deutsche Volk

in den Ländern Baden, Bayern, Bremen, Hamburg, Hessen, Niedersachsen, Nordrhein-Westfalen, Rheinland-Pfalz, Schleswig-Holstein, Württemberg-Baden und Württemberg-Hohenzollern,

um dem staatlichen Leben für eine Übergangszeit eine neue Ordnung zu geben,

kraft seiner verfassungsgebenden Gewalt dieses Grundgesetz der Bundesrepublik Deutschland beschlossen.

Es hat auch für jene Deutschen gehandelt, denen mitzuwirken versagt war.

Das gesamte Deutsche Volk bleibt aufgefordert, in freier Selbstbestimmung die Einheit und Freiheit Deutschlands zu vollenden.

I. Die Grundrechte

Artikel 1

(1) Die Würde des Menschen ist unantastbar. Sie zu achten und zu schützen ist Verpflichtung aller staatlichen Gewalt.

(2) Das Deutsche Volk bekennt sich darum zu unverletzlichen und unveräußerlichen Menschenrechten als Grundlage jeder menschlichen Gemeinschaft, des Friedens und der Gerechtigkeit in der Welt.

(3) Die nachfolgenden Grundrechte binden Gesetzgebung, Verwaltung und Rechtsprechung als unmittelbar geltendes Recht.

Artikel 2

(1) Jeder hat das Recht auf die freie Entfaltung seiner Persönlichkeit, soweit er nicht die Rechte anderer verletzt und nicht gegen die verfassungsmäßige Ordnung oder das Sittengesetz verstößt.

(2) Jeder hat das Recht auf Leben und körperliche Unversehrtheit. Die Freiheit der Person ist unverletzlich. In diese Rechte darf nur auf Grund eines Gesetzes eingegriffen werden.

Artikel 3

(1) Alle Menschen sind vor dem Gesetz gleich.

(2) Männer und Frauen sind gleichberechtigt.

(3) Niemand darf wegen seines Geschlechtes, seiner Abstammung, seiner Rasse, seiner Sprache, seiner Heimat und Herkunft, seines Glaubens, seiner religiösen oder politischen Anschauungen benachteiligt oder bevorzugt werden.

Artikel 4

(1) Die Freiheit des Glaubens, des Gewissens und die Freiheit des religiösen und weltanschaulichen Bekenntnisses sind unverletzlich.

(2) Die ungestörte Religionsausübung wird gewährleistet.

(3) Niemand darf gegen sein Gewissen zum Kriegsdienst mit der Waffe gezwungen werden. Das Nähere regelt ein Bundesgesetz.

Artikel 5

(1) Jeder hat das Recht, seine Meinung in Wort, Schrift und Bild frei zu äußern und zu verbreiten und sich aus allgemein zugänglichen Quellen un-

20 Die erste Ausgabe des Bundesgesetzblattes vom 23. Mai 1949 mit dem Text des Grundgesetzes für die Bundesrepublik Deutschland.

damals die Freiheit im allgemeinen und im besonderen die Gewissensfreiheit, die Kultusfreiheit, das Privateigentum und das Recht auf Widerstand. In der Französischen Revolution sprach man von „Menschen- und Bürgerrechten" und betonte, daß diese den staatlichen Gesetzen übergeordnet seien. Sie wurden in den neuen

Verfassungen verankert und in die Hände der Volksvertretungen gelegt. Diese wachten über die Einhaltung der Grundrechte gegenüber der Exekutive.

Im 20. Jahrhundert zeigte es sich jedoch, daß die Volksvertretungen ihrerseits Grundrechtsverletzungen begehen konnten. Der NS-Unrechtsstaat lieferte hierzu mit seinen formell legalen Führerbefehlen und Unrechtsgesetzen eine schauerliche Fülle von Belegen. Deshalb nahm man die Grundrechte aus der Hand der Volksvertretung und erklärte sie – wenigstens in ihrem Kern, ihrem „Wesensgehalt" – für unantastbar. Art. 19 Abs. 2 GG bestimmt: „In keinem Fall darf ein Grundrecht in seinem Wesensgehalt angetastet werden." Und Art. 79 Abs. 3 GG schreibt vor: „Eine Änderung dieses Grundgesetzes, durch welche die Gliederung des Bundes in Länder, die grundsätzliche Mitwirkung der Länder bei der Gesetzgebung oder die in den Artikeln 1 und 20 niedergelegten Grundsätze berührt werden, ist unzulässig."

Eine neue, „dritte" Gewalt wacht über die Einhaltung des Grundgesetzes, das Bundesverfassungsgericht. Es wacht auch über die Einhaltung und Auslegung der Grundrechte. Jedermann, der sich durch die staatliche Gewalt in seinen Grundrechten verletzt fühlt, kann Verfassungsbeschwerde bei diesem Gericht erheben.

In der Weimarer Zeit hat das Reichsgericht die Grundrechte der Verfassung einmal als „Heiligtum des deutschen Volkes" bezeichnet. Ein „kühnes, wohl allzu hoch gegriffenes Wort", merkt Theodor Maunz dazu an, „aber es war doch ein Wort, das zu denken gab . . ." Bei so hoher Bewertung hätten nicht beliebige Wünsche und Interessen zu „Grundrechten" erklärt werden können, sondern nur solche Rechte, die „zum Ethos des freiheitlichen Staates gehörten und die sich im überstaatlichen Bereich verankern ließen. Als Heiligtum durften und mußten sie dann aber auch gegen jedermann verteidigt werden, nötigenfalls selbst gegen einen ehrfurchtslosen Mehrheitswillen des Volkes oder der Volksvertreter. Damit ist das Kernproblem aller Grundrechte von Verfassungen gestellt. Es liegt am Ende in dem richtigen Verhältnis der staatlichen Gesetzgebung zu den ewigen Menschenrechten. Es betrifft die Entscheidung, ob das staatliche Recht den Menschenrechten vorgehen soll oder ob und in welchen Fällen die Menschenrechte stärker sein sollen als das staatliche Rechtsgefüge."

D. Die Klassiker des Rechtsdenkens

1. Platon – das Gerechte gefällt Gott, weil es gerecht ist

Sokrates (469–399) war der Vollender und Überwinder der griechischen Sophistik. Vollender war er durch seinen Übergang vom kosmologischen zum anthropologischen Denken und seine Kritik der überlieferten Ordnung, die ihn den Gedanken an eine „sittliche Weltvernunft" verwerfen ließ. Überwinder der Sophistik war er, indem er sich gegen den „zersetzenden" Subjektivismus und Relativismus der Sophisten wandte und um eine neue, den Menschen verpflichtende Ordnung bemüht war. Dabei suchte er in zwei Richtungen: Nach innen durch Vertiefung der mit der Sophistik aufgebrochenen Subjektivität; auf diesem Wege entdeckte er die Seele des Menschen; nach außen durch die Suche nach material-ethischen Gehalten; hier fand er den Begriff und die Definition.

Sein Schüler Platon (427–347), der Gründer der „Akademie", setzte die letztgenannte Linie des sokratischen Denkens fort. Sokrates war bei der Suche nach einer objektiven Wahrheitssphäre kein Erfolg beschieden gewesen. Unentwegt hatte er in „sokratischen" Gesprächen den Versuch unternommen, eine „Definition" des Guten, Gerechten, Tapferen, Frommen usw. zu gewinnen. Aber all sein Mühen hatte ergebnislos geendet. Platon stieß erneut auf eine objektive Wahrheitssphäre vor. Darüber wurde er der Schöpfer der Ideenlehre.

Ideen, so lehrte Platon, sind die in jeder Erfahrung sich gleichbleibenden „apriorischen" Inhalte. Als Voraussetzungen des Wandels sind sie selbst allem Wandel entzogen, das „Wahrhaft-Seiende". Sie unterscheiden sich von den wandelbaren Dingen der Sinnenwelt, die nicht wahrhaft sind, sondern nur zu sein scheinen. Sie sind die Urbilder des Seins. Ihnen gegenüber sind die wirklichen Einzeldinge nur insoweit, als sie an den Ideen teilhaben oder diese nachahmen. Ideen sind Gegenstände eines vollkommenen und unfehlbaren Wissens. Demgegenüber sind die wandelbaren Dinge in der Sinnenwelt nur Objekte der unsicheren, fehlsamen Meinung.

Platon liebte es, seine Gedanken in Gleichnissen auszudrücken. In einem seiner bekanntesten Gleichnisse beschreibt er eine Höhle. In der Höhle befinden sich gefesselte Menschen. Sie blicken zur Wand. In ihrem Rücken befindet sich ein unsichtbares Feuer. Es projeziert die Schatten von Gegenständen, welche sich außerhalb der Höhle befinden, auf die Höhlenwand. Nun, so lehrt er, gebe es verschiedene Wissensstufen. Auf der untersten Wissensstufe glaubten die Menschen, die Bilder, welche sie an der Wand sehen, seien die Realität. Auf einer höheren Wissensstufe werde ein Mensch sich befreien und erkennen, daß es sich um Illusionen handele. Auf der höchsten Wissensstufe werde der befreite Mensch die Höhle verlassen und die draußen befindliche Wirklichkeit erkennen.

Wie das Gleichnis zeigt, setzte Platon auf Bildung. Dabei vertrat er sehr elitäre Bildungsauffassungen. Er meinte, nur die kleine Elite der am höchsten gebildeten Menschen sei zur Regentschaft, ja, zur Diktatur berufen. Damit setzte er sich bewußt von der üblichen Praxis seiner Zeit ab, welche die Bildung lediglich als vorübergehende und unbedeutende Beschäftigung der Jugend ansah. Platon meinte, die geistige Elite dürfe sich nicht mit dem Erwerb von Einzelkenntnissen begnügen. Vielmehr müsse diese ihr Denken auf die „Ideen" ausrichten. Sie müsse das Vertrauen auf die täuschende Sinneswahrnehmung und auf die bloße Meinung der Masse überwinden.

Es ist daher nur konsequent, daß Platon eine extrem autoritäre Staatstheorie entwickelte. Er interpretierte den Staat als Großindividuum, dessen Mitglieder analog zu den von ihm gesehenen Seelenfunktionen in drei Klassen zu gliedern seien, denen jeweils eine spezifische Arbeit und Tugend zuzuordnen sei. Der kleine Herrscherstand sei im Besitze der Vernunft. Dem Kriegerstand sei die Verwaltung des Mutes, dem Erwerbsstand die der sinnlichen Begierden zugeordnet. Allein die kleine Schar höchstqualifizierter Menschen habe ein wirkliches Wissen darüber, was für den Staat gut sei. Die übrigen Bürger seien ihm gegenüber zu absolutem Gehorsam verpflichtet. Bei ihnen sei der edelste Seelenteil, die Vernunft „von Natur so schwach, daß er über das Tier in ihnen nicht zu herrschen vermag ... Damit Sie nun ebenfalls unter der gleichen Herrschaft der Vernunft stehen wie der Beste, müssen sie Sklaven der Besten sein ... Nicht weil wir glaubten, der Untertan müßte zu seinem eigenen Schaden beherrscht wer-

21 Platon, 427–347 v. Chr., Marmorbüste, Original: Uffizien, Florenz.

den, sondern weil es für jedermann besser ist, sich vom Göttlichen und Vernünftigen beherrschen zu lassen, am liebsten so, daß es seiner Seele als eigener Besitz angehört – wo nicht, dann so, daß es von außen her als sein Gebieter auftritt."

Die Ideenschau gewährt also den ihrer Mächtigen eine absolut gewisse und sichere Erkenntnis der Urbilder des Seins. Sie gibt diesen ein unfehlbares Wissen um das Gute und Gerechte an sich. Natürlich drang man in Platon, er möge doch das Wesen des Guten enthüllen. Aber er wich aus. Er wolle das eigentliche Wesen des Guten für diesmal auf sich beruhen lassen und sich damit begnügen, seinen Mitunterrednern einen Sprößling des Guten und sein volles Ebenbild zu zeigen. Was die Sonne im Reich des Sichtbaren sei, das sei die Idee des Guten im Reiche der Ideen. „Was den Dingen, die erkannt werden, Wahrheit verleiht und den Erkennenden die Kraft zum Erkennen gibt, das ist die Idee des Guten.“ Diese steht noch höher als das Sein der Ideen. Sie überragt es an Würde und Kraft. Sie sei überhaupt kein Gegenstand einer Sacherkenntnis, der sich in Worte fassen ließe. Vielmehr gehe sie der Seele nach langer Arbeit, wenn man sich in sie hineingelebt habe, wie ein Feuerfunken auf und nähre sich dann selbst.

Platons Rechtslehre hat große Bedeutung gewonnen. Gerechtigkeit war für ihn die Kardinaltugend, die alle Stände umgreift und ihre Tugenden koordiniert. Seine Ideenlehre bildet bis auf den heutigen Tag das theoretische Rückgrat jeder ideellen Auffassung vom Recht. Ideen sind sogar Gott vorgegeben. Platon formulierte folgende Frage: „Ist das Gerechte darum gerecht, weil es Gott wohlgefällt, oder gefällt es Gott, weil es gerecht ist?“ Und er beantwortete die Frage eindeutig im letzteren Sinne: „Das Gerechte gefällt Gott, weil es gerecht ist, aber es ist nicht darum gerecht, weil es Gott gefällt.“

2. Aristoteles – der Zweck des Menschen ist der Staat

Aristoteles (384–322), nach seinem Geburtsort auch der „Stagirit“ genannt, war 20 Jahre Schüler Platons gewesen. In seiner Lehre erreichte das antike Naturrechtsdenken den Höhepunkt. Platon hatte die Ideen von der Wirklichkeit scharf getrennt. Aristoteles ging demgegenüber von einer Einheit von Idee und Wirklichkeit aus. Natürlich übersah er darüber nicht die Existenz des Wertwidrigen in der Welt. Er löste diesen Widerspruch mit einer Methode, die seitdem für alle diejenigen zum Vorbild geworden ist, die Idee und Wirklichkeit, Sollen und Sein für identisch erklären: Er projizierte die Auflösung des Widerspruchs in die Zukunft. Noch heute findet man diese Lösung etwa bei den Marxisten. Das heutige Wertwidrige wird durch Verheißung einer besseren Zukunft gerechtfertigt. Natürlich war Aristoteles weit vom Marxismus entfernt. Er entwickelte eine ,,teleologische Metaphysik" – ,,die originelleste Schöpfung des Aristoteles" (Welzel). Ideen sind danach den Gegenständen nicht transzendent, sondern immanent. Sie sind die ideellen Gestaltungsprinzipien oder formenden Wesenheiten des Stoffes. Jeder Gegenstand ist eine untrennbare Einheit von Stoff und Form. Ein Stoff, Materie existiert niemals ohne Form. Aber die Form, die ideelle Wesenheit des Stoffes, ist diesem nicht sogleich und ihrer endgültigen Gestalt immanent. Vielmehr steckt sie zunächst im Gegenstand der Möglichkeit nach. Sie wird dann im realen Entwicklungsprozeß zur vollen Wirklichkeit gebracht, wird aktualisiert. Die Materie ist Substanz der Möglichkeit nach, die Form ist Substanz der Wirklichkeit nach. Das Wesen ist der Übergang von der Möglichkeit zur Wirklichkeit der Form. Darum ist die Form das Ziel und der Zweck des Werdeprozesses. Um des Zieles willen geschieht alles Werden. Der Zweck ist letzten Endes darum auch die Wirkursache des Werdens. Alles Geschehen ist teleologisch orientiert.

Das ganze Weltgeschehen ist ein großer, vom Zweck her bestimmter, vom Zweck bewegter, gesteuerter Prozeß. Die Welt ist eine Stufenfolge von Formen. Auf der untersten Stufe steht die unbelebte Materie. Auf den folgenden Stufen stehen die Pflanze, das Tier und der Mensch. Durch eine immer stärker werdende Befreiung der Form von der Materie wird schließlich die höchste materielose Form, Gott, erreicht. Gott ist seinem Wesen nach reine Form, reine Vernunft, Denken des Denkens, bewegungsloser Beweger des Alls.

Jeder Gegenstand hat seinen eigenen spezifischen Zweck, seine eigene ,,Entelechie" (sich im Stoff verwirklichende Form), und der Zweckzusammenhang des Alls verbindet alle.

Aristoteles schrieb: ,,Die Natur ist der Zweck eines jeden Gegenstandes. Die Beschaffenheit, die er beim Abschluß seines Werdeprozesses aufweist, nennen wir seine Natur, mag es sich um einen Menschen, ein Pferd oder ein Haus handeln. Auch sind Zweck und Ziel das Beste."

Der Zweck des Menschen war für ihn der Staat. Er beschrieb den Menschen als staatenbildendes Wesen und formulierte: ,,Wer

22 Aristoteles, 384–322 v. Chr., Marmorbüste, Original: Vatikanisches Museum, Rom.

nicht in Gemeinschaft leben kann oder ihrer nicht bedarf, ist... entweder ein Tier oder ein Gott." Den Staatengründer bezeichnete er deshalb als den „Urheber der größten Güter". Seine Lehren fielen auf fruchtbaren Boden. Er war Erzieher Alexander des Großen, des Mannes, der das größte Weltreich der Geschichte begründen sollte.

Die teleologische Metaphysik des Aristoteles ist die Basis seiner Naturrechtslehre. Das Naturrecht ist durch seine Allgmeingültigkeit gekennzeichnet. Es steht im Gegensatz zum gesetzlichen Recht. In der Nikomachischen Ethik (nach Nikomachos, dem Sohn des Aristoteles, der dieses Werk nach seinem Tod herausgab) findet sich die berühmte Definition des Naturrechts: „Das für politische Gemeinschaften geltende Recht zerfällt in das natürliche und das gesetzliche. Natürlich ist jenes, das überall die gleiche Kraft besitzt, unabhängig davon, ob es anerkannt ist oder nicht. Gesetzlich ist jenes, dessen Inhalt ursprünglich so oder anders sein kann und erst durch positive Festsetzung so bestimmt wird."

Das Naturrecht ist ein Recht der Polis, und das hat seinen Grund. Die Polis, der Staat ist bei Aristoteles das Ziel aller Menschen und Gliedgemeinschaften. Nur der Staat ist autark. Der Mensch ist ein staatsbildendes, ein politisches Wesen, ein „Zoon politikon". Dabei weiß Aristoteles, daß es auch schlechthin ungerechte Gesetze geben kann. Sokrates war noch im Glauben an die Gesetzesgerechtigkeit in den Tod gegangen. Aristoteles forderte dagegen, daß „gesetzliches Unrecht" durch die Billigkeit korrigiert werden müßte.

Von Aristoteles stammt auch die erste Gerechtigkeitslehre. Sie findet sich im fünften Buch der Nikomachischen Ethik. Mit ihr muß sich heute noch jeder auseinandersetzen, der über Gerechtigkeit nachdenkt. Aristoteles versteht die Gerechtigkeit objektiv, als Leitprinzip des Rechts (und nicht subjektiv als Tugend). Kern der Gerechtigkeit ist für ihn die Gleichheit. Gleichheit versteht er nicht formal (Auge um Auge, Zahn um Zahn . . .). Vielmehr „hat Aristoteles die Gleichheit richtig als eine proportionale, geometrische, analogische erkannt" (Arthur Kaufmann). „Das Gleiche", lehrt Aristoteles, „ist eine Mitte zwischen dem Zuviel und dem Zuwenig . . . Da aber das Gleiche ein Mittleres ist, so ist auch das Recht ein Mittleres . . . Das Recht ist demnach etwas Proportionales . . . Denn das Proportionale ist die Mitte, und das Gerechte ist das Proportionale."

Die formale Gleichheit hat freilich auch im System des Aristoteles ihren Platz. Sie ist die ausgleichende Gerechtigkeit (justitia commutativa), welche die Ausgleichung im Verkehr z. B. bei der Bemessung von Schadensersatz oder der Berechnung eines Kaufpreises bestimmt. Die proportionale Gerechtigkeit (justitia distributiva) dagegen ist die austeilende Gerechtigkeit. Sie bestimmt die Austeilung der Güter proportional dem Werte der Person, z. B. wenn es um die Verteilung der Ehrenstellen im Staat geht.

Aber nun, so stellt Aristoteles fest, entsteht die große „Aporie der Staatsphilosophie": Die Menschen sind einander in einigen Beziehungen gleich, in anderen Beziehungen einander ungleich. Wovon soll man ausgehen? Von der Gleichheit oder der Ungleichheit? Soll man die Teilnahme des einzelnen am Staatsleben nach der formalen oder nach der proportionalen Gleichheit bestimmen? Hierüber streitet man bis auf den heutigen Tag. Aristoteles wollte Bildung und Tüchtigkeit zum Bezugsgegenstand nehmen. „Aber schon Platon hatte erkannt, daß dieses Maß letztlich allein bei Gott liege" (Welzel).

3. Thomas von Aquin – das Gesetz der göttlichen Weltregierung

Im Heiligsprechungsprozeß des Thomas von Aquin (1225–1274) sagte der Abt von Fossa Nuova unter Eid aus, bei der Beisetzung habe die Klostergemeinde nicht die Totenmesse gefeiert, sondern die Messe *Os justi* zu Ehren eines Bekennerheiligen, deren Eingangsgesang mit den Worten beginnt: „Der Mund des Gerechten sinnet Weisheit, und seine Zunge redet Gerechtigkeit, und das Gesetz Gottes ist in seinem Herzen."

Dreierlei Wissen, lehrte Thomas, sei dem Menschen nötig zu seinem Heil: die Kenntnis dessen, was er glauben, die Kenntnis dessen, um was er beten, und die Kenntnis dessen, was er tun müsse; das erste Wissen werde im Glaubensbekenntnis gelehrt, das zweite im Gebet des Herrn, das dritte in den Geboten.

Was die Gebote angeht, führte Thomas das Naturrecht auf den Gipfel der Hochscholastik. Aus adeliger Familie stammend, schloß Thomas sich in seiner Jugend dem Bettelorden der Dominikaner an und wurde nach Paris berufen, wo er seinem Lehrer und Freund Albertus Magnus begegnete. Beide veränderten das geistige Gesicht des Abendlandes.

Gegen die überlieferte philosophisch-theologische Lehrrichtung stellte Thomas sich auf die Seite des Heiden Aristoteles. Dazu gehörte Kühnheit. Aber wenn es um die Wahrheit ging, die Thomas in der Lehre des Aristoteles fand, schloß er keinen Kom-

23 Thomas von Aquin, 1225–1274 mit zwei Schülern. Holzschnitt.

promiß. Sein unbefangener Wahrheitsmut ließ ihn in seinem Kommentar zum Buch Hiob die Frage aufwerfen, ob nicht die freimütige Rede des Hiob mit Gott die Ehrfurcht verletze. Und er gab die Antwort: Die Wahrheit verändert sich nicht wegen der hohen Würde dessen, zu dem sie gesprochen wird. Wer die Wahrheit sagt, kann nicht besiegt werden, mit wem er auch streitet.

In Aristoteles hatte der griechische Intellektualismus seinen Triumph gefeiert. Die teleologische Metaphysik des Aristoteles hatte das Weltgeschehen als einen vom Zweck her bestimmten und bewegten Prozeß gedeutet. Thomas übernahm diese Lehre und verband den darin liegenden Begriffsrealismus mit der christlichen Theologie. Durch das Weltgesetz (lex aeterna) hat Gott die Welt gemäß den in göttlichem Intellekt liegenden Ideen geschaffen. Nach diesem Gesetz regiert er die Welt.

Wert und Wirklichkeit sind nicht getrennt. Sollen und Sein sind eins. In dem berühmten scholastischen Axiom „Bonum et ens convertuntur" drückte Thomas diese Einheit aus. Das Wertwidrige existiert zwar, aber es kann und muß überwunden werden. In allen Gegenständen und Vorgängen steckt eine naturhafte Hinneigung zum Wertvollen, zum Guten. Diese ist den Dingen durch die lex aeterna eingeprägt.

Durch seinen Intellekt ist der Mensch dazu befähigt, das „Gute" zu erkennen. Darin unterscheidet er sich von den vernunftlosen Geschöpfen, die nur durch ein unbewußt-immanentes Bewegungsprinzip an der lex aeterna teilhaben. Dem Menschen sind zwar auch diese „inclinationes naturales" eigen, aber darüberhinaus hat er die Möglichkeit einer intellektuellen Teilhabe am Weltgesetz. Thomas spricht hier von der lex naturalis. Sie ist der Teil der lex aeterna, der für den Menschen gilt, und sie kann von der Vernunft erkannt werden. Sie ist Gesetz im strengen Sinne, während die lex aeterna nur im übertragenen Sinne (per similitudinem) als lex bezeichnet werden kann (hier zeichnet sich der Unterschied zwischen Menschengesetz und Naturgesetz ab).

Da alle Dinge naturhaft zum Guten hinneigen, lautet der oberste Naturrechtssatz: „Tue das Gute, meide das Böse". Er ist identisch mit der Aufforderung: „Handle vernunftgemäß". Dieser Naturrechtssatz ist natürlich noch sehr allgemein. Er muß mit Inhalt ausgefüllt werden. Thomas geht hier zwei Wege. Einmal greift er im Anschluß an Aristoteles auf die „Natur" des Menschen zurück, zum anderen stützt er sich als christlicher Denker auf den Dekalog.

„Alles, wonach der Mensch eine natürliche Neigung hat, begreift die Vernunft naturgemäß als gut und das Gegenteil als schlecht. Nach der Ordnung der natürlichen Neigungen richtet sich die Ordnung der natürlichen Vorschriften."

So hat der Mensch wie alle Lebewesen den Trieb zur Selbsterhaltung. Daraus leitet Thomas das Tötungsverbot ab. Der Mensch hat Geschlechts- und Fortpflanzungstrieb. Daraus folgert er das Gebot der Ehe und Kindererziehung. Der Mensch neigt als Vernunftwesen zur Wahrheitserkenntnis und zum Gemeinschaftsleben. Daraus entnimmt Thomas das Gebot zur Wahrheitssuche und zur Freundschaft („homo homini amicus et familiaris") sowie das Verbot, anderen zu schaden („neminem laede").

Aber auch diese Naturrechtsvorschriften sind noch zu allgemein. Sie müssen weiter konkretisiert werden. So vollendet Thomas die Dreistufenfolge des Gesetzes „lex aeterna" und „lex naturalis" durch die „lex humana". In den Menschengesetzen werden die Naturgesetze spezialisiert. Hierzu stehen zwei Vorgehensweisen zur Verfügung: Schlußfolgerung und nähere Bestimmung.

Durch einfache Schlußfolgerung (per modum conclusionis) lassen sich konkrete Gesetze finden. So folgen aus dem Grundsatz „neminem laede" z.B. die meisten Straftatbestände. Und durch nähere Bestimmung (per modum determinationis) lassen sich Naturrechtsnormen von der Art „Verbrechen müssen bestraft werden" konkretisieren, indem man in der lex humana die Art und Anwendung der Strafen im einzelnen festlegt.

Während lex aeterna und lex naturalis ewig und allen Dingen gelten, gilt die lex humana nur zeitlich und nicht notwendig für alle Menschen – natura autem hominis est mutabilis. Da der menschliche Intellekt die Wahrheit nicht immer vollkommen und adäquat erfassen kann, gibt es auch die Möglichkeit, daß ein menschliches Gesetz vom natürlichen Gesetz abweicht. Ein solcherart „ungerechtes Gesetz ist gar kein Gesetz", schreibt Thomas, und er fügt hinzu, wegen dieser Abweichung sei es eine „corruptio legis", eine Zerstörung des Gesetzes.

Thomas unterschied zwischen der in der Vernunft angelegten Fähigkeit zur Erkenntnis des Guten (synderesis) und dem Vermögen zur Vermittlung des so Erkannten auf den Einzelfall (conscientia). Während dort, bezüglich der principia communissima, ein Irrtum unmöglich sei, könnten hier sehr wohl Irrtümer vorkommen.

Diese Unterscheidung hatte Konsequenzen für seine Lehre vom irrenden Gewissen. Er trennte zwischen dem unüberwindlichen Irrtum (error invincibilis) und dem überwindlichen Irrtum (error vincibilis). Jener entschuldigt ganz, ja, er verpflichtet sogar im Gewissen, während bei diesem nach der Vermeidbarkeit zu fragen ist; vermeidbar ist er bei absichtlich herbeigeführter Unkenntnis (ignorantia affectata) und bei grob nachlässig verschuldeter Unkenntnis (ignorantia crassa). Heute finden wir diese Unterscheidung im § 17 des Strafgesetzbuches wieder. Diese Vorschrift enthält „thomistisches Gedankengut" (Arthur Kaufmann).

Die Kritik am System des Thomas setzte schon im Mittelalter ein. Sie zielte auf seinen Intellektualismus. Sie wurde von Denkern geäußert, die wie Thomas einem Bettelorden angehörten, den Franziskanern, nämlich von Wilhelm von Ockham und Johannes Duns Scotus. Sie setzte dem Intellektualismus einen ebenfalls bis in die Antike zurückreichenden Gedanken gegenüber, den Voluntarismus. Und sie entsprang ebenfalls tiefer Religiosität.

Der These des Thomas, Gott habe die Welt geschaffen, um ewige Vernunftformen in die Wirklichkeit umzusetzen, wurde die entgegengesetzte These gegenübergestellt, Gott habe die Welt geschaffen, um Menschen zu haben, die ihn lieben können. Die Liebe aber ist keine Sache der Vernunft, sondern ein Akt des Willens. Es gibt nur eine einzige Norm, welche analytisch aus dem Begriff Gottes als des unendlich liebenswerten Wesens folgt, nämlich das Gebot, Gott über alles zu lieben. Sogar diese Norm könnte vom allmächtigen Gott aufgehoben werden. Über Gott steht kein Gesetz. Antike Gedanken des Paulus werden wieder aufgegriffen: „Wer vermag seinem Willen zu widerstehen?" (Röm. 9, 20). Und: „O Mensch, wer bist du, daß du mit Gott rechtest. Sagt etwa das Werk zum Meister: warum hast du mich so gemacht?"

Der Begriffsrealismus, den Platon und Aristoteles gelehrt hatten, und den das Mittelalter gelebt hatte, wurde auf diese Weise durch den sog. Nominalismus des Thomas abgelöst. Damit wurde die Neuzeit eingeleitet, eine Epoche, in der wir heute noch leben.

4. Hobbes – homo homini lupus

Im 17. Jahrhundert setzte der Nominalismus zu seinem Siegeszug an. Was bei den antiken Sophisten ein in Paradoxien endendes Spiel mit Sprache und Rhetorik gewesen war, was im Universalienstreit des Mittelalters bei den Franziskanern Ockham und Duns Scotus eine aus dem Glauben an die Liebe Gottes geborene

Erwiderung auf den Begriffsrealismus eines Thomas von Aquin gewesen war, wurde nun zum alle Wissenschaften beherrschenden Programm. René Descartes (1596–1650), der ,,Vater der neuzeitlichen Philosophie", verordnete den Wissenschaften ihre bis heute gültige Aufgabe: clara et distincta perceptio, die Gewinnung klarer und deutlicher Erkenntnisse. Auch für die Rechtswissenschaft galt dieses Programm. Der erste Rechtsdenker, den man in diesem Sinne als echten Nominalisten bezeichnen kann, ist Thomas Hobbes (1588–1679).

Die alten Vorstellungen vom Logos, von ansichseienden Ideen, von der lex aeterna, von vorgegebenen Wahrheiten, von der Bindung an die Theologie, von einer transzendenten Weltdeutung, von Metaphysik und Ontologie galten nichts mehr. Statt dessen setzte man auf ,,praktische" Philosophie, welche die Menschen zu ,,domini et possessores naturae" machen sollte. Die Neugier des Wissenwollens (Thomas von Aquin: ,,desiderium sciendi") wurde durch die Machtgier des Beherrschenwollens (Francis Bacon: ,,knowledge is power") abgelöst. Die Welt wurde säkularisiert und wurde immanent gedeutet. Kausales Denken setzte ein. Es gründete auf Beobachtung und Erfahrung. Der ,,Empirismus" (John Locke, David Hume) blühte auf. Alles Vertrauen wurde in den zergliedernden, analytischen, auf das Vermögen der Begriffe ausgerichteten *Verstand* gesetzt statt auf die nach Ideen suchende Vernunft. ,,Das Zeitalter der Vernunft", bemerkt Arthur Kaufmann, ,,war ein Zeitalter des Verstandes: Rationalismus".

In dieser geistigen Umwelt richtete *Hobbes* sein Augenmerk auf den empirischen Menschen und entwickelte den ,,Idealfall einer existenziellen Naturrechtslehre" (*Welzel*). Der empirische Mensch stellte sich ihm, dem Zeitgenossen der Glaubens- und Bürgerkriege, dem Verteidiger Karls I., der erleben mußte, wie Cromwell seinen Klienten hinrichten ließ, dem Juristen, der um sein eigenes Leben fürchten mußte, nicht sehr erfreulich dar. Er sah im Menschen einen Egoisten, ein asoziales Wesen, einen Wolf (homo homini lupus), der von Natur aus ständig im Krieg mit allen anderen Menschen liegt (bellum omnium contra omnes). Jeder hat darum vor dem anderen Angst. Begriffe wie ,,gerecht" und ,,ungerecht" haben in diesem Naturzustand keinen Platz. Naturzustand des Menschen ist vielmehr dessen schrankenlose Freiheit. Jeder Mensch besitzt ,,ein Recht auf alles, die anderen Menschen selbst nicht ausgenommen".

Nun aber setzte Hobbes seinen an Descartes geschulten Verstand ein. Hobbes hatte im Jahre 1649 nach der Verurteilung und Hinrichtung Karls I. aus England nach Frankreich fliehen müssen. Er hatte in Paris die „Meditationen" von Descartes noch im Manuskript kennengelernt. Und er hatte dort ein Programm zur Entwicklung eines rationalistischen Naturrechts „more geometrico" entworfen, welches die Meinungsstreitigkeiten der bisherigen „dogmatischen Wissenschaft" überwinden sollte.

Bisher hätten, so meinte er, unter denjenigen, welche über Gerechtigkeit und den Staat geschrieben haben, jeder sich selber und einer dem anderen widersprochen. Das zu ändern „gibt es keinen anderen Weg als diesen: erstens muß man Prinzipien zu Fundamenten nehmen, die der Egoismus sich arglos gefallen läßt und nicht von vornherein zu zerstören trachtet; ferner gilt es dann, auf diesem Fundament Sätze in betreff der Einzelfälle – welche bislang in die Luft gebaut wurden – nunmehr in das Gesetz der Natur hineinzubauen, bis das Ganze als eine uneinnehmbare Festung sich darstellt."

Da die Menschen im Naturzustand durch den Trieb zur Selbsterhaltung und durch Machtgier bestimmt seien, hätten sie den Widerstreit zwischen Todesfurcht und Lebensübermut, der zum dauernden Krieg zwischen ihnen führen müsse, durch einen Akt der „Vernunft" beendet. Dieser befehle jedem Menschen, „zu seinem eigenen Besten den Frieden zu suchen".

Daraus leitete Hobbes das erste natürliche Gesetz ab: „Jedermann hat sich um Frieden zu bemühen, solange dazu Hoffnung besteht; kann er ihn nicht herstellen, so darf er sich alle Hilfsmittel und Vorteile des Krieges beschaffen und sie benützen."

Hieraus folge ein zweites natürliches Gesetz: „Jedermann soll freiwillig, wenn andere ebenfalls dazu bereit sind, auf sein Recht auf alles verzichten, soweit er dies um des Friedens und der Selbstverteidigung willen für notwendig hält, und er soll sich mit soviel Freiheit gegenüber anderen zufriedengeben, wie er anderen gegen sich selbst einräumen würde."

Das Recht entstammt also nach Hobbes der Angst. Verwirklicht wird es durch den Staat, der die zerstörerischen Kräfte des Menschen niederhält und dadurch legitimiert wird („auctoritas, non veritas facit legem"). Dadurch, daß das positive Recht des Staates Rechtssicherheit gewährleistet, ist es auch inhaltlich gerechtfertigt. Im hohen Alter bekannte Hobbes, der Zweck seiner

24 Thomas Hobbes, 1588–1679, Porträt von J. M. Wright, 1669. Original: King's College Cambridge.

Arbeit sei es gewesen, nachzuweisen, daß die Verletzung der positiven Gesetze unter keinem Vorwand entschuldigt werden könne.

Die „herrschende Gewalt" kann also ohne Rücksicht auf ewige, vorgegebene Wahrheiten frei über Recht und Unrecht bestimmen. Was sie auch tue, müsse straflos sein. Freilich hätten die Machthaber Pflichten gegenüber ihren Untertanen – „salus populi suprema lex". Und: „Hierunter muß nicht die bloße Erhaltung des Lebens der Untertanen verstanden werden, sondern ihre Wohlfahrt und ihr Bestes im allgemeinen. Also ist dies das allgemeine Gesetz für die Herrscher: daß sie nach ihrer äußeren Möglichkeit bestrebt sein sollen, das Beste des Volkes zu fördern."

Aber Hobbes sah auch, daß die Machthaber diesem Ideal nicht immer entsprechen. Er nahm den Einwand vorweg, daß seine Staatstheorie die Untertanen zu wehrlosen Objekten der Herrschenden machte. „Mancher mag hier einwerfen, daß die Lage der Untertanen sehr bedauernswert sei, weil sie von der Willkür und den Launen der Machthaber abhängen. So klagt man, ... ohne zu bedenken, daß bei jeder Einrichtung unter Menschen Nachteile niemals ganz zu vermeiden sind und daß selbst die größten Unannehmlichkeiten bei jeder Staatsverfassung kaum fühlbar sind im Vergleich zu dem Elend und den Schrecken eines Bürgerkrieges oder eines Naturzustandes ohne Gesetz und ohne Zwangsgewalt, welche die Hände der Menschen von Raub und Rache zurückhalten könnten."

Mit seinem 1651 erschienenen Hauptwerk „Leviathan" wurde Hobbes zum Vorläufer der modernen rechtspositivistischen Staatstheorie. Das hebräische Wort „Leviathan" (gewundenes Tier) bezeichnet den Chaosdrachen der Urzeit. Im Alten Testament (Hesekiel 29, 3) wird dieser Ausdruck bildhaft für den ägyptischen Pharao verwendet („Pharao, du König von Ägypten, du großer Drache (Leviathan), der du in dem Strom liegst ..."). Ob Hobbes diesen Ausdruck ernsthaft oder ironisch verwendet hat, ist nicht ganz klar. Jedenfalls steht er bei ihm für den Staat als einer aus der Furcht geborenen Zwangsanstalt zur Niederhaltung der zerstörerischen Kräfte des Menschen.

Einziger Zweck des Staates ist der Schutz aller gegen alle. Daraus leitet sich die Gehorsamspflicht gegenüber dem Staat ab. Die Wechselbeziehung zwischen Schutz („protection") und Gehorsam („obedience") ist die Grundlage des Naturrechtssystems von Hobbes. Und sie zieht der Gehorsamspflicht auch die Grenze: „Die Gehorsamspflicht gegenüber dem Staat dauert nur so lange und keinen Augenblick länger, als er die Kraft hat, die Bürger zu schützen."

Natürlich erheben sich hier Fragen. Wie, wenn der Staat sich unmittelbar und zerstörerisch gegen den Einzelnen wendet? Wir Heutigen wissen, daß dies möglich ist. So drängt sich bei der Betrachtung dieses großartigen Versuches, ,,das Ideelle in die Wirklichkeit des positiven Rechts hinabzuzwingen“ (Welzel) unausweichlich die Frage nach den inhaltlichen Prinzipien einer Rechtsordnung auf. Hobbes ist ihr nicht ausgewichen. ,,To the care of the Sovereign belongeth the making of Good Laws“, schreibt er und fragt sofort: ,,But what is a Good Law? By a Good Law, I mean not a Just Law: for no Law can be Unjust... A Good Law is that, which is Needfull, for the Good of the People . . .“

Aber worin dieses ,,Good of the People“ besteht, hat Hobbes nicht gesagt. So ist er letztlich gescheitert, ,,weil er das Ideelle zu gering nahm“ (Welzel).

5. Grotius – pacta sunt servanda

Der ,,Vater des Völkerrechts“, Hugo Grotius (1583–1645) gilt auch als Begründer des neuzeitlichen, des rational einsichtigen, des ,,vernünftigen“ Naturrechts. Mit ihm beginnt die dritte und letzte Naturrechtsepoche.

Der ,,Vater des Völkerrechts“: Aus Delfter Patrizierfamilie stammend, mit 16 Jahren nach Studium in Leiden und Orléans (1594–1599) als Anwalt in Den Haag zugelassen, war der Niederländer Grotius für die Vereinigte Ostindische Kompanie tätig. Zu jener Zeit erhob Spanien einen Monopolanspruch auf die außereuropäische Schiffahrt. 1609 veröffentlichte Grotius seine Abhandlung ,,Mare liberum“ (Über die Freiheit der Meere). Sie war Teil eines umfangreichen Werkes ,,De jure praedae commentarius“ (Über das Kriegsbeuterecht). Die Abhandlung über die Freiheit der Meere spielte in den niederländisch-spanischen Waffenstillstandsverhandlungen eine bedeutende Rolle. Mit ihr wurde Grotius zum Initiator des modernen Völkerrechts.

Der Begründer des Naturrechts: Schon mit der Abhandlung von 1609 erwies sich Grotius auch als Begründer des neuzeitlichen Naturrechts. Er festigte diesen seinen Rang mit seinem 1625 erschienenen Hauptwerk ,,De jure belli ac pacis libri tres“ (Drei Bücher über das Recht des Krieges und des Friedens). Zu jener

25 Hugo Grotius, 1583–1645, Kupferstich-Porträt von J. Munckhuysen nach einem Gemälde von M. Miereveld, 1632.

Zeit lebte er in Paris im Exil, wohin er nach Verwicklung in politische Wirren in seiner Heimat, die zu seiner Verhaftung und Verurteilung zu lebenslanger Haft geführt hatten, hatte fliehen können.

Wie sein Zeitgenosse Hobbes standen Grotius die Wirren der Religionskriege des 17. Jahrhunderts vor Augen. Aber während jener auf den Staat als Zwangsanstalt zur Zähmung der menschlichen Wölfe setzte, baute Grotius unmittelbar auf die Vernunft des Menschen. Aus der Vernunft wollte er das Recht gewinnen, „das allen Menschen so gemein ist, daß es keine Unterschiede der Religion zuläßt".

Als Humanist mit gründlicher klassischer Bildung griff Grotius dabei auf antikes Gedankengut zurück. In Anlehnung an eine von der Stoa entwickelte Unterscheidung trennte er zwischen den ersten naturgemäßen Dingen und der Vernunftnatur des Menschen. Jene seien angeboren; zu ihnen gehörten der Selbsterhaltungs- und der Geselligkeitstrieb („appetitus societatis"); sie fänden sich bis zu einem gewissen Grade auch bei den Tieren. Diese liege in der Fähigkeit, die ersten naturgemäßen Dinge in der Vernunft zu reflektieren und dem rechten Vernunfturteil zu folgen; sie finde sich nur beim Menschen, und sie sei viel wichtiger als jene.

Bei den Problemen des Naturrechts müsse man zuerst danach fragen, was mit den ersten naturgemäßen Dingen übereinstimme. Dort dürfe man aber nicht stehenbleiben, sondern müsse zur Vernunft übergehen. So folge aus dem „appetitus societatis" die Sorge für die Gemeinschaft, die mit der Vernunft übereinstimme. Diese sei die Quelle des Naturrechts, das er als „Vorschrift der rechten Vernunft" definiert, „die einer jeglichen Handlung anzeigt, daß ihr aus der Übereinstimmung oder dem Widerspruch mit der vernünftigen Natur selbst eine moralische Schlechtigkeit oder moralische Notwendigkeit innewohne und daß eine solche Handlung darum von Gott als dem Urheber der Natur verboten bzw. geboten ist."

Die menschliche Gemeinschaft wurde also auf die Vernunft, auf das „dictamen rectae rationis" gegründet. Nun musste Grotius diesen Gedanken mit konkreten Inhalten ausfüllen. Als ein praktisch tätiger Jurist, der konkreten Einfluß auf das Rechtsleben seiner Zeit nehmen wollte, tat Grotius das. Zwei Wege boten sich ihm an. Der eine bestand darin, logisch schlußfolgernd aus der empirischen Natur des Menschen ein System der „natürlichen" Rechte und Pflichten des Menschen abzuleiten. Der andere bestand darin, sich auf Sätze zu berufen, welche allen Menschen unmittelbar einleuchteten und diese als Naturrecht zu bezeichnen. Grotius beschritt beide Wege.

Durch logische Deduktion leitete er aus dem „appetitus societatis" den Satz „pacta sunt servanda" (Verträge sind zu halten) ab. Hieraus leitete er weitere Sätze ab: daß man sich fremden Gutes enthalten müsse; daß man einen verursachten Schaden ersetzen müsse; daß man anderen Menschen keine Gewalt antun dürfe; daß man für Verbrechen Wiedervergeltung durch Strafe erleiden müsse, und vieles andere mehr.

Grotius meinte, daß diese Methode zu völlig sicheren Ergebnissen führe. Aus der Übereinstimmung mit der rationalen und sozialen Natur des Menschen lasse sich eine gewisse naturrechtliche Beweisführung gewinnen. Aber Grotius sah auch, daß diese „subtile“, „primäre“, „apriorische“ naturrechtliche Beweisführung die Menschen überforderte. Deshalb beschritt er auch den zweiten genannten Weg, der nach seiner Auffassung zwar geringere Sicherheit bot, aber „volkstümlicher“ („popularior“) sei. Er wandte auch eine „sekundäre“, „aposteriorische“ Beweisführung an und mühte sich, das Naturrecht aus der gemeinsamen Rechtsüberzeugung aller Völker – oder wenigstens aller gesitteten Völker – abzuleiten.

Hier drückte sich der welterfahrene, im Seehandel praktisch tätige Völkerrechtler aus. Zugleich knüpfte der Humanist Grotius auch hier an eine antike Tradition an. Schon Cicero hatte die Auffassung vertreten, daß den Menschen die sittlichen Grundideen als kleine Begriffe (parvae notitiae) angeboren seien, so daß sie gleichsam das „natürliche Licht“ (lumen naturae) des Menschen bildeten. Da dies bei allen Menschen so sei, müsse die Übereinstimmung aller über die sittlichen Begriffe die „Stimme der Natur“ (vox naturae) und damit die Stimme der Wahrheit sein.

Auch Grotius erkannte in der Übereinstimmung aller („consensus omnium“) die Stimme der Natur. Damit eröffnete er einen äußerst ergiebigen Zugang zu inhaltlichen Sätzen, die er als Naturrecht ausgeben konnte. Bestrebt, konkrete Naturrechtssätze zu liefern, nach denen die Konflikte in und zwischen den Staaten entschieden werden konnten, entwickelte er ein umfassendes System, bei dem er sich vor allem den „mittleren Prinzipien“ des Naturrechts zuwandte. Ihnen fügte er eine erdrückende Fülle geschichtlicher Belege an. Auch darin lag ein Novum gegenüber der überlieferten scholastischen Methode.

Das letzte Fundament seines Naturrechtssystems sah Grotius bei aller vernunftrechtlichen Anstrengung in Gottes Schöpfung. In einer nach seinem Tode erschienen Schrift heißt es: „Nicht weil die Wesenheiten Wesenheiten sind, sind sie von Gott vorgeschrieben, sondern weil sie Gott vorgeschrieben hat, deshalb sind sie Wesenheiten, d. h. ewig und unveränderlich, das übrige ist Akzidenz, d. h. zeitbedingt, veränderlich und willkürlich. Warum aber Gott das eine durch sein Gesetz fest bestimmt, das andere frei gelassen hat, das zu ergründen übersteigt menschliche Anstrengung.“

6. Pufendorf – das Naturrecht wird systematisch

Samuel Pufendorf (1632–1694) war Inhaber des ersten deutschen Lehrstuhls für Naturrecht und Völkerrecht in Heidelberg. Sein „ungewöhnlich starker Systemwille" wirkt in der „starken Systemtendenz der deutschen Rechtswissenschaft noch heute nach". „Ein klarer Kopf, ohne eigentliche geniale Begabung, aber aufgeschlossen und vorurteilslos, unerschrocken und streitbar, hat er in unerschütterlichem Vertrauen auf die Macht der Vernunft ... nicht nur den Weg der Naturrechtslehre für ein Jahrhundert bestimmt, sondern auch maßgeblich den Grund für die politischen Ideen des 18. Jahrhunderts, für die Freiheits- und Menschenrechte gelegt" (Welzel).

Es war die Zeit des neuzeitlich-rationalistischen Naturrechts, welches durch die Vernunft more geometrico erkannt und systematisch dargestellt werden sollte. Thomas Hobbes hatte einen existenziellen Naturrechtsentwurf vorgelegt, Hugo Grotius eine ideelle Naturrechtslehre konzipiert. Pufendorf baute auf beiden auf. Hobbes hatte den Geist des Menschen den kausalen Naturprozessen eingegliedert, ihn mechanisiert und naturalisiert. Grotius hatte umgekehrt die Natur mit Hilfe der Appetitus-Lehre den teleologischen Kategorien des Geistes unterworfen. Pufendorf begründete nun eine Theorie von der Wesensart der geistigen („moralischen") Welt in ihrem Unterschied zur physischen Welt. Dieser Lehre widmete er das erste Buch seines Werkes „De Iure Naturae et Gentium libri octo" (1672).

Neben den entia physica, den Gegenständen der physischen Natur, stünden die entia moralia, die Gegenstände der geistigen Welt. Gott wolle nicht, daß die Menschen ein Leben wie die Tiere – sine cultura, sine more führten. Gott habe weitere modi vorgesehen, die das Leben des Menschen kultivierten und ihm Ordnung und Schönheit (insignis decor et ordo) verleihen sollten. Der besondere Endzweck der entia moralia bestehe deshalb nicht, „wie der der entia physica, in der Vollendung dieses Universums ... , sondern speziell in der Vervollkommnung des menschlichen Lebens, soweit es vor dem Leben der Tiere einer bestimmten Würde und Ordnung fähig war, damit selbst noch in der flüchtigsten Erscheinung, wenn sie nur eine Regung des menschlichen Geistes ist, eine ebenmäßige Harmonie gefunden werden kann."

26 Samuel Freiherr von Pufendorf, 1632–1694, Kupferstich im Oval von J. v. Sandrart.

Die entia moralia setzten, führte Pufendorf weiter aus, die menschliche Willensfreiheit voraus. Im Unterschied zur Natur sei der menschliche Geist dem Kausalgesetz nicht unterworfen. Verstand und Wille könnten die Kausalität überwinden und sich an eine Norm, ein Gesetz binden. Diese verleihe dem Willen eine Erkenntnisart (quasi sensus), nach der er Gut und Böse bestimmen könne. Die physischen Elemente einer Handlung seien wertindifferent, weder gut noch böse. Zwischen der Tötungshandlung eines Mörders, eines Henkers, eines Soldaten oder eines in Notwehr Tötenden sei von daher kein Unterschied. Wertdifferenz erhielten sie aber durch die entia moralia, durch die sinnhaften Seinsweisen einer Handlung.

Anders als die physische Welt sei die moralische auch nicht gleichförmig. Das physische Geschehen verlaufe nach immer gleichen Regeln (uniformis agendi modus). Das gelte auch für Tiere. Wer eines kenne, kenne alle. Die freie Handlung könne sich dagegen nach den verschiedensten Richtungen wenden. Unter Menschen gelte der Satz: Wieviele Köpfe, soviel Sinne und Ziele.

Drei Begriffspaare kennzeichnen also bei Pufendorf den Unterschied zwischen der physischen und moralischen Welt: Kausalität – Freiheit, Wertindifferenz – Werthaftigkeit, Einförmigkeit – Vielgestaltigkeit. Mit dieser Lehre bereitete Pufendorf dem modernen, weltlichen Naturrecht den Boden – in heftiger Auseinandersetzung mit der noch immer, übrigens auch im Protestantismus noch herrschenden Scholastik. Christian Thomasius schrieb ein halbes Jahrhundert später: ,,Wenn ich zur selben Zeit, da Herr von Pufendorf zu schreiben anfing, meine Institutiones verfertigt hätte, ich glaube gänzlich, man würde mich nicht anders als den ärgsten Ketzer traktieret haben, so gar war damals die gelehrte Welt in den Praejudiciis der alten Lehren ersoffen."

Pufendorfs profanes Naturrechtssystem fand seinen Anfang in Beobachtungen des Menschen. Er leitete daraus wenige Grundprinzipien ab und errichtete aus ihnen sein System.

Hervorstechendste Eigenschaft des Menschen sei die Hilflosigkeit (imbecillitas) des auf sich allein gestellten Menschen. Pufendorf benutzte zur Verdeutlichung dieses Punktes die Fiktion eines in ein menschenleeres Land verschlagenen Menschen Aus der imbecillitas folge als oberstes regulatives Naturrechtsprinzip die Notwendigkeit, mit anderen Menschen gesellig zu leben (socialitas). Sie sei ein regulatives Prinzip der Lebensführung, der rechtliche Ausschnitt aus der humanitas. ,,Selbst wenn man vom anderen Menschen weder etwas Gutes noch etwas Böses zu erwarten hätte, so will ihn doch die Natur als Verwandten und Unseresgleichen behandelt wissen. Dieser Grund allein genügt, selbst wenn alle anderen fehlen, daß das Menschengeschlecht eine friedliche Gemeinschaft bilden soll."

Aus der socialitas leitete Pfendorf in acht Büchern die allgemeinen Grundsätze des Zivil-, Straf-, Staats- und Völkerrechts ab. Vom einzelnen Menschen, seinen Eigenschaften und Fähigkeiten, seinen Rechten und Pflichten ausgehend, stieg er über die engeren Gemeinschaften der Familie, Ehe, Hausgemeinschaft zum Staat und zur Völkergemeinschaft empor. Diese „sachgeleitete Systematik" hat die Kodifikationen des 18. Jahrhunderts, insbesondere das preußische Allgemeine Landrecht, und darüberhinaus die „starke Systemtendenz der deutschen Rechtswissenschaft" bis heute beeinflußt (Welzel).

Bedeutsamer noch als das System sind die materialen Prinzipien des Pufendorfschen Naturrechts. Am Vorabend der Aufklärung legte er den Grund für die Ideen der Freiheit und Gleichheit aller Menschen. Den Menschen definierte er als sittlich freies Wesen. Die Würde der menschlichen Natur (dignitas naturae humanae) verlange eine sittlich gebundene Freiheit. Ohne diese seien Ordnung, Wert und Schönheit im menschlichen Leben nicht möglich. „In ipso quippe hominis vocabulo iudicatur inesse aliqua dignatio." Aus der Menschenwürde folge die Gleichheit aller Menschen, und zwar nicht als Gleichheit in der Stärke, wie bei Hobbes, sondern als Gleichheit im Recht. „Die auf der sittlichen Freiheit gegründete Idee der Menschenwürde steht im Mittelpunkt des naturrechtlichen System Pufendorfs" (Welzel).

Pufendorfs Ideen gelangten nach Amerika und fanden dort in John Wise (1652–1725) einen begeisterten Anhänger und Verkünder. In seinem Werk „A Vindication of the Government of New-England Churches" (Boston 1717) schrieb er: „I shall principally take Baron Pufendorf for my chief guide and spokesman." Wise, der „Vater der amerikanischen Demokratie" vermittelte so Pufendorfs Gedankengut den Männern der amerikanischen Unabhängigkeitsbewegung. Aber auch unmittelbar wirkte Pufendorf auf diese ein. James Otis, Samuel Adams und John Adams kannten und lasen ihn.

Freilich war zu dieser Zeit in Nordamerika der Einfluß von John Locke stärker. Locke propagierte das Eigentumsrecht als wichtigstes Freiheitsrecht, und auf diese Lehre ließ sich der Kampf mit England um das Besteuerungsrecht natürlich besser stützen als auf Pufendorf. „Aber die tiefere Rechtfertigung der Freiheitsrechte aus den Ideen der sittlichen Freiheit und der Menschenwürde mußte man schon ... aus Pufendorf schöpfen. In

Amerika ist dieser Zusammenhang niemals ganz vergessen worden. Es ist tief beklagenswert, daß im Heimatland Pufendorfs auch diese seine Leistung verschollen ist" (Welzel).

7. Kant – Handle so, daß die Maxime deines Willens jederzeit zugleich als Prinzip einer allgemeinen Gesetzgebung dienen könnte

Im 18. Jahrhundert wurde der Naturrechtsgedanke wissenschaftlich widerlegt. Vollbracht hat diese Leistung Immanuel Kant (1724–1804). In seinen Kritiken, vor allem in seiner „Kritik der reinen Vernunft", hat er „die schärfsten Waffen gegen das Vernunftrecht geschmiedet" (Arthur Kaufmann).

Alle neuzeitlichen Naturrechtsdenker huldigten einem unkritischen Glauben an die Allmacht der Vernunft. Sie waren davon überzeugt, das Naturrecht erkennen und systematisch darstellen zu können. Aus wenigen apriorischen Obersätzen, z. B. dem Satz „pacta sunt servanda" sollten in einem rein deduktiven Verfahren alle weiteren Rechtssätze abgeleitet werden können. Auf die historische Wirklichkeit, auf die sozialen Bedingtheiten nahm man dabei keine Rücksicht. Man suchte ja nach dem universalen, allen Zeiten und Völkern in gleicher Weise geltenden Recht.

Die Frage, ob die menschliche Vernunft imstande war, die Wirklichkeit angemessen zu erkennen, bejahte man kurzschlüssig. Die Empiristen vertraten eine Abbildtheorie, wonach die Wirklichkeit sich im menschlichen Erkenntnisvermögen quasi abgebildet habe. Die Rationalisten vertraten dagegen eine Zwei-Uhren-Theorie, der letztlich religiöse Überzeugungen zugrunde lagen. Wirklichkeit und menschliches Denken entsprachen einander nach dieser Lehre wie zwei vollkommen gleich gehende Uhren, und der Gleichklang rühre von Gott her, der beide Uhren eingestellt hatte.

Auch Kant begann in dieser Tradition. In seiner ersten Lebensepoche war er ein rühmenswerter Aufklärer, der einen in wesentlichen Beziehungen rationalistischen Naturrechtsstandpunkt vertrat. Noch in seinem Spätwerk „Metaphysik der Sitten", deren erster Teil eine Rechtsphilosophie enthält, findet sich vielfach dieser Standpunkt. Aber dann kam seine berühmte „kopernikanische Wende" vom vorkritischen zum kritischen Kant, die ihn zu seinen großen Vernunftkritiken führte (Kritik der reinen Vernunft 1781, Kritik der praktischen Vernunft 1788, Kritik der Urteilskraft 1790).

Er gab hierüber in der Vorrede zur 2. Auflage der reinen Vernunft Auskunft: ,,Bisher nahm man an, alle unsere Erkenntnis müsse sich nach den Gegenständen richten; aber alle Versuche, über sie a priori etwas durch Begriffe auszumachen, wodurch unsere Erkenntnis erweitert würde, gingen unter dieser Voraussetzung zunichte. Man versuche daher einmal, ob wir nicht in den Aufgaben der Metaphysik damit besser fortkommen, daß wir annehmen, die Gegenstände müssen sich nach unserer Erkenntnis richten, welches so schon besser mit der verlangten Möglichkeit einer Erkenntnis derselben a priori zusammenstimmt, die über Gegenstände, ehe sie uns gegeben werden, etwas festsetzen soll."

Und er fuhr fort: ,,Es ist hiermit eben so als mit den ersten Gedanken des Kopernikus bewandt, der, nachdem es mit der Erklärung der Himmelsbewegungen nicht gut fort wollte, wenn er annahm, das ganze Sternenheer drehe sich um den Zuschauer, versuchte, ob es nicht besser gehen wollte, wenn er den Zuschauer sich drehen und dagegen die Sterne in Ruhe ließ."

Kants zentrale Frage lautete: ,,Wie ist Metaphysik als Wissenschaft möglich?" Dabei bedeutete Metaphysik im wesentlichen Nicht-Naturwissenschaften. Und er führte im Anschluß an den Vergleich mit Kopernikus aus: ,,In der Metaphysik kann man nun, was die Anschauung der Gegenstände betrifft, es auf ähnliche Weise versuchen. Wenn die Anschauung sich nach der Beschaffenheit der Gegenstände richten müßte, so sehe ich nicht ein, wie man a priori etwas von ihr wissen könne; richtet sich aber der Gegenstand (als Objekt der Sinne) nach der Beschaffenheit unseres Anschauungsvermögens, so kann ich mir diese Möglichkeit ganz wohl vorstellen."

Hier beginnt die neuzeitliche Erkenntnistheorie. Die Vernunft wurde kritisiert. Ihre Leistungsfähigkeit wurde in Frage gestellt. Der Erkenntnistheorie wurde die Aufgabe zugewiesen, als ,,Grenzpolizei" den Menschen vor Grenzüberschreitungen zu bewahren. Kant unterschied mit Bedacht die Begriffe ,,Verstand" und ,,Vernunft". Der Verstand betrifft die ratio und meint das Vermögen der Begriffe. Die Vernunft dagegen betrifft den Intellekt und meint das Vermögen der Ideen. Der Verstand erkennt die Dinge nicht, wie sie ,,an sich" sind, wie sie ,,wirklich" sind,

27 Immanuel Kant, 1724–1804, Lithographie nach einer Zeichnung von Döbler.

sondern nur, wie sie ihm vermittels der Sinnlichkeit „erscheinen“. Gegeben sind ihm nur die „Phainomena“ der Gegenstände, Sinnes- und Erfahrungsgegenstände, nicht dagegen die „Noumena“, die „Dinge an sich“. Zu ihnen ist ein Vordringen nicht möglich. „Folglich ist uns keine Erkenntnis möglich als von Gegenständen möglicher Erfahrung.“

„Man muß sich“, schreibt Arthur Kaufmann, „klarmachen, was Kant bewiesen bzw. widerlegt hat und wie weit seine Argumentation reicht. Er hat bewiesen, daß es nicht möglich ist, den Inhalt einer Metaphysik – eines Naturrechts – ohne Empirie einfach nur aus formalen apriorischen Prinzipien herzuleiten, und daß daher eine inhaltliche Metaphysik niemals allgemeingültig und mathematisch exakt sein kann. Der Anspruch eines für alle Menschen und alle Zeiten gleichen Naturrechts, dessen Inhalt eindeutig erkennbar ist, wurde damit zurückgewiesen. Hinter diese Erkenntnis Kants gibt es keinen Weg zurück."

Kant leugnete nicht die Existenz einer intelligiblen Welt. Der Mensch ist nicht nur als homo phainomenon Teil der Sinnenwelt. Er ist vielmehr als homo noumenon auch Glied dieser intelligiblen Welt. Und als vernunftbegabtes Wesen ist dem Menschen ein Ausgreifen in diese Welt möglich. Freilich nicht durch den Verstand, nicht durch die Erfahrung. Empirisch gibt es Ideen nicht. Insbesondere läßt sich das Gute nicht nachweisen. Kein Fall ist nachweisbar, wo rein sittliche Triebfedern das Handeln des Menschen bestimmten. Aber als vernunftbegabtes Wesen ist der Mensch sittlich autonom. Sein Wille ist Gesetzgeber. Die aus der Vernunft stammende Idee der Freiheit macht den Menschen zu einem Glied der intelligiblen Welt. Die sittliche Autonomie des Einzelnen ist das „Grundgesetz der moralischen Welt".

„Es ist überall nichts in der Welt, ja überhaupt auch außerhalb derselben zu denken, was ohne Einschränkung für gut könnte gehalten werden als allein ein guter Wille." Und so findet Kant zu seinem berühmten kategorischen Imperativ: „Handle so, daß die Maxime deines Willens jederzeit zugleich als Prinzip einer allgemeinen Gesetzgebung dienen könnte." Seine Definition des Rechts stimmt damit überein: „Das Recht ist der Inbegriff der Bedingungen, unter denen die Willkür des einen mit der Willkür des anderen nach einem allgemeinen Gesetz der Freiheit zusammenvereinigt werden kann."

„Die Kritik hat diesen – zunächst besonders aussichtsreich erscheinenden – Versuch, des materialethisch Richtigen unmittelbar habhaft zu werden, längst zurückgewiesen. Jeder besondere Willensinhalt ist fähig, ins Allgemeine erhoben zu werden, falls man nur die Konsequenzen auf sich nimmt" (Welzel).

Wenn auch die Ausführung kantischer Gedanken kritisiert wird – manches andere, etwa Kants Gerechtigkeitslehre oder Kants Straftheorie wäre hier noch zu nennen –, so wird doch Kants säkulare Bedeutung nicht bezweifelt. Er leitete ein neues

Zeitalter der Philosophie ein, das durch Vernunftkritik gekennzeichnet war. Im zwanzigsten Jahrhundert entwickelte sich daraus die Sprachkritik, die gegenwärtig – im Zeichen der Computer – in ein noch namenloses Zeitalter (der Kybernetik?) zu münden scheint.

Übrigens löste der große Philosoph im Recht eine ganz unphilosophische Wirkung aus. Seine Zweiweltenlehre, seine von ihm zwar nirgendwo begründete, aber unentwegt vorausgesetzte strikte Trennung der Welt des „Sollens" von der Welt des „Seins" führte geradewegs zum Rechtspositivismus des 19. Jahrhunderts. Dieser hatte mit Philosophie nichts mehr im Sinn. Im Gefolge Kants verschwand die Rechtsphilosophie für nahezu ein Jahrhundert. Ihren Platz nahm die Allgemeine Rechtslehre ein, eine Disziplin, welche Gustav Radbruch treffend als „Euthanasie der Rechtsphilosophie" bezeichnet hat.

8. Hegel – die Verkörperung der Vernunft ist der Staat

In Georg Friedrich Wilhelm Hegel (1770–1831) hat der Deutsche Idealismus – und mit ihm das idealistische Naturrecht – seinen Höhepunkt erfahren. Es war der dritte Höhepunkt nach den idealistischen Naturrechtslehren der Antike (Aristoteles) und des Hochmittelalters (Thomas von Aquin). Und es war – vorläufig – die letzte große idealistische Anstrengung. Nach Hegel ermattete die Rechtsphilosophie, die für Jahrtausende mit dem Naturrecht fast identisch gewesen war. Die deutschen Juristen entschieden sich im 19. Jahrhundert für Kant und nicht für Hegel – mit der Folge, daß der aphilosophische Gesetzespositivismus für lange Zeit herrschend wurde.

Während Kant eine dualistische Philosophie entwickelt hatte, eine „Zweiweltentheorie", in der Sollen und Sein, Ideales und Reales, Bewußtsein und Sein, Geist und Natur, Subjekt und Objekt streng unterschieden und geschieden sind, legte Hegel eine Identitätsphilosophie vor, in der es nur eine Welt gab: die Welt des Geistes.

Hegel, der Tübinger Stiftler, hatte Theologie studiert. Sein Denken kreiste schon in der Studienzeit um das Problem der Aufhebung der „Trennung", zunächst der Trennung Mensch – Gott, dann der Trennungen Mensch – Natur, Mensch – Geschichte, Mensch – Mensch. Die „Entzweiung" sah er als „Quell des Bedürfnisses der Philosophie." Einziges „Interesse der Vernunft" sei die Aufhebung der „festgewordenen Gegensätze". Seine spätere Dialektik von Widerspruch und Identität, seine Versöhnung des „Allgemeinen" mit dem „Besonderen" hat hier ihre Ursache.

Mit seiner Philosophie knüpfte Hegel an eine Tradition an, die Platon mit seiner Ideenlehre begründet hatte. Aber für Platon war die Idee eine übergeschichtliche Gestalt, mit der er nach Hegel den Besonderheiten der historischen Zeit nicht gerecht werden konnte. Hegel schrieb: „Platon in seinem Staat stellt die substantielle Sittlichkeit in ihrer idealen Schönheit und Wahrheit dar, er vermag aber mit dem Prinzip der selbständigen Besonderheit, das in seiner Zeit in die griechische Sittlichkeit hereingebrochen war, nicht anders fertig zu werden, als daß er ihm seinen nur substantiellen Staat entgegenstellt... Dieser Mangel ist es, der auch die große substantielle Wahrheit seines Staates verkennen und denselben gewöhnlich für eine Träumerei des abstrakten Gedankens, für das, was man oft gar ein Ideal zu nennen pflegt, ansehen macht."

In der empirischen Welt gibt es Werden, Wandel und Vergehen. Warum ist das so in einer Welt, die doch Ausfluß der Ideen sein soll? Platon gab auf diese Frage keine Antwort. Hegel gab sie. „Das Geniale an Hegels Konzeption ist, daß er das Gesetz der Entwicklung als in der Idee selbst angelegt, als dem Geist entstammend verstand" (Arthur Kaufmann). Hegel unternahm „den großartigen Versuch, zeitlose Begrifflichkeit und geschichtlichen Wandel zusammenzuschmelzen" (Welzel). Das dynamische Strukturgesetz des Geistigen stellte für Hegel die Dialektik mit ihrem Schrittmaß von Thesis, Antithesis und Synthesis dar.

Die historische Rechtsschule hatte die Natur des Menschen aus seiner Geschichte bestimmt. Savigny hatte das Recht als Produkt des Volksgeistes angesehen. Recht war für ihn nicht das Produkt eines seinen Vernunfteinsichten folgenden Gesetzgebers gewesen. Recht entstand für ihn vielmehr „organisch", als Gewohnheitsrecht, nach einem „Gesetz innerer Notwendigkeit". Aber von welcher Art dieses Gesetz war, das hatte Savigny nicht aufgezeigt. Den Versuch dazu unternahm Hegel.

In der Geschichte gibt es, so lehrte Hegel, kein dunkles Walten, kein Regiment des Zufalls. Den historischen Relativismus lehnte

28 Georg Wilhelm Friedrich Hegel, 1770–1831, Gemälde von Jakob Schlesinger.

er entschieden ab. Vielmehr vollzog sich für ihn die Geschichte mit logischer Notwendigkeit nach dem Gesetz der Vernunft. „Der einzige Gedanke“, schrieb er, „den die Philosophie mitbringt, ist der einfache Gedanke der Vernunft, daß die Vernunft die Welt beherrsche, daß es also auch in der Weltgeschichte vernünftig zugegangen sei."

Die Vernunft sah er im Staat verkörpert, der für ihn der erhabenste Begriff, die vollkommenste Wirklichkeit, die „Wirklichkeit der sittlichen Idee" und damit auch der höchste Rechtswert war. Staat und Vernunft, Staat und Recht sind eins. Hegel wollte eine Einheit stiften zwischen objektiver Bindung und subjektiver Freiheit, zwischen Allgemeinheit und Besonderheit. „Die konkrete Freiheit... besteht darin, daß die persönliche Einzelnheit und deren besondere Interessen sowohl ihre vollständige Entwicklung und Anerkennung ihres Rechtes für sich haben, als sie durch sich selbst in das Interesse des Allgemeinen teils übergehen, teils mit Wissen und Wollen dasselbe, und zwar als ihren eigenen substantiellen Geist, anerkennen und für dasselbe als ihren Endzweck tätig sind."

Hegel definierte das Recht so: „Dies, daß ein Dasein überhaupt, Dasein des freien Willens ist, ist das Recht. – Es ist somit überhaupt die Freiheit als Idee." Und er schrieb: „Worauf es ankommt, ist, daß sich das Gesetz der Vernunft und der besonderen Freiheit durchdringen und mein besonderer Zweck identisch mit dem Allgemeinen werden, sonst steht der Staat in der Luft." Und: „Nur dadurch, daß beide Momente in ihrer Stärke bestehen, ist der Staat als ein gegliederter und wahrhaft organisierter anzusehen."

So ist, merkte Welzel an „Hegels Rechtsphilosophie geronnene Geschichtsphilosophie, wie seine Geschichtsphilosophie (im Hinblick auf den Staat) zeitlich entfaltete Rechtsphilosophie ist."

In der Vorrede zu Hegels „Grundlinien der Philosophie des Rechts" findet sich der berühmte Satz. „Was vernünftig ist, das ist wirklich; und was wirklich ist, das ist vernünftig." Damit ist eine imponierende Gedankenkette aufgespannt: Das Vernünftige ist notwendig – das Vernünftige ist notwendig wirklich – der Staat ist das an und für sich Vernünftige. Das Wertwidrige ist demgegenüber eine „faule Existenz, die nicht den emphatischen Namen eines Wirklichen verdient."

In der Konsequenz dieses Gedankens liegt eine autoritäre Staatstheorie, mit der Hegel sich ebenfalls in eine bis zu Platon zurückreichende Tradition einfügte. Hegel schrieb: „Der Staat ist die göttliche Idee, wie sie auf Erden vorhanden ist. Er ist so der näher bestimmte Gegenstand der Weltgeschichte überhaupt, worin die Freiheit ihre Objektivität erhält und in dem Genusse dieser Objektivität lebt. Denn das Gesetz ist die Objektivität des Geistes und der Wille in seiner Wahrheit; und nur der Wille, der dem Gesetz gehorcht, ist frei, denn er gehorcht sich selbst und ist bei sich selbst und frei. Indem der Staat, das Vaterland, eine Gemeinsamkeit des Daseins ausmacht, indem sich der subjektive Wille des Menschen den Gesetzen unterwirft, verschwindet der Gegensatz von Freiheit und Notwendigkeit. Notwendig ist das Vernünftige als das Substantielle und frei sind wir, indem wir das Gesetz anerkennen und ihm als der Substanz unseres eigenen Wesens folgen: der objektive und der subjektive Wille sind dann ausgesöhnt und ein und dasselbe ungetrübte Ganze."

Große Worte, zweifellos, aber für das individuelle Gewissen bleibt dabei kein Platz mehr übrig. „Der Staat kann ... das Gewissen in seiner eigentümlichen Form, d. i. als subjektives Wissen, nicht anerkennen", merkte Welzel an und fügte hinzu, trotz verbaler Anerkennung des Gewissens habe Hegel „in Wahrheit die Vernichtung des Gewissens" gefordert. Aber auch der Ausgangspunkt dieser autoritären Staatsphilosophie findet heute wenig Beifall. Daß „Hegels Prämissen nicht stimmen", schreibt Arthur Kaufmann, „haben spätestens wir Heutigen leidvoll erfahren. Der Staat ist keineswegs „a priori die Wirklichkeit der sittlichen Idee" ... Hegel hat, indem er alles auf ein Prinzip, auf die Idee, den objektiven Geist zurückführen wollte, in weitem Maße die Wirklichkeit verfehlt."

9. Marx – Der Staat stirbt ab

Karl Marx (1818–1883), der Begründer des wissenschaftlichen Sozialismus, fand, daß Hegel die Dinge auf den Kopf gestellt habe. Sie müßten umgedreht und wieder auf die Beine gestellt werden. Man dürfe nicht von „Ideen" ausgehen und die Wirklichkeit als von diesen abhängig sehen. Man dürfe nicht das „Vernünftige" für „wirklich" erklären. Man dürfe nicht den Staat als „verkörperte Vernunft" ansehen. Vielmehr müsse man von den „wirklich tätigen Menschen" ausgehen, daraus die „ideologischen Reflexe und das Echo dieses Lebensprozesses darstellen" und das Ideelle als „Summe von Produktivkräften, Kapitalien und sozialen Verkehrsformen, die jedes Individuum und jede Generation als etwas Gegebenes vorfindet", ansehen. Man müsse das Bewußtsein der Menschen als etwas begreifen, was „von vornherein schon ein gesellschaftliches Produkt (ist) und (es) bleibt ..., solange Menschen existieren". Man müsse von der Gesellschaft, nicht vom Staat ausgehen.

Marx schrieb: „In der gesellschaftlichen Produktion des Lebens gehen die Menschen bestimmte, notwendige, von ihrem Willen unabhängige Verhältnisse ein, Produktionsverhältnisse, die einer bestimmten Entwicklungsstufe ihrer materiellen Produktivkräfte entsprechen. Die Gesamtheit dieser Produktionsverhältnisse bildet die ökonomische Struktur der Gesellschaft, die reale Basis, worauf sich ein juristischer und politischer Überbau erhebt und welcher bestimmte gesellschaftliche Bewußtseinsformen entsprechen. Die Produktionsweise des materiellen Lebens bedingt den sozialen, politischen und geistigen Lebensprozeß überhaupt."

Und er fügt den vielzitierten Satz an: „Es ist nicht das Bewußtsein der Menschen, das ihr Sein, sondern umgekehrt ihr gesellschaftliches Sein, das ihr Bewußtsein bestimmt."

Das Ideelle war für Marx nichts anderes als das im menschlichen Kopf umgesetzte Materielle. Damit verlieren alle ideellen Gehalte, verlieren „Moral, Religion, Metaphysik" jeden „Schein der Selbständigkeit". Es sind bloße „Ideologien", gesellschaftlich bedingte Verhaltensorientierungen und Verhaltensanweisungen, und zwar solche der jeweils herrschenden Klasse, „notwendige Sublimate" des „materiellen, empirisch konstatierbaren und an materielle Voraussetzungen geknüpften Lebensprozesses".

Das gilt nach Marx insbesondere für Recht und Moral. Beide seien nur die „ideell ausgedrückten Existenzbedingungen der herrschenden Klasse ..., die von ihren Ideologen mit mehr oder weniger Bewußtsein theoretisch verselbständigt werden ... und den Individuen der beherrschten Klasse als Lebensnorm entgegengehalten werden".

Ändere sich die ökonomische Grundlage, „wälzt sich der ganze ungeheure Überbau langsamer oder rascher um". Nun sei, wie Marx gemeinsam mit Friedrich Engels im Kommunistischen Manifest geschrieben hat, „die Geschichte aller bisherigen Gesellschaft ... die Geschichte von Klassenkämpfen". An deren Beginn

29 Karl Heinrich Marx, 1818–1883, Lichtdruck um 1870 nach einer Fotographie.

habe die Arbeitsteilung gestanden. Von diesem Sündenfall in der Geschichte rühre das Privateigentum, die Ausbeutung, die Klassentrennung und der Klassenkampf her.

Wirkliche Teilung werde sie in dem Augenblick, in dem eine Teilung in Kopf- und Handarbeit eintritt. ,,Von diesem Augenblick an kann sich das Bewußtsein wirklich einbilden, etwas anderes als das Bewußtsein der bestehenden Praxis zu sein, *wirklich* etwas vorzustellen, ohne etwas Wirkliches vorzustellen", sich von der Welt zu emanzipieren und ,,reine" Theorie, Theologie, Philosophie, Moral usw. zu produzieren. Aber: diese ,,ideologischen Superstrukturen" seien ,,Gespenster", seien ,,bloß der idealistische geistliche Ausdruck" für die ,,sehr empirischen Fesseln und Schranken, innerhalb deren sich die Produktionsweise des Lebens und die damit zusammenhängende Verkehrsform bewegt."

Das ideologische Bewußtsein ist für Marx nur eine ,,zeitlich begrenzte Deformation der Wesenskräfte des Menschen". Solange die Arbeitsteilung anhalte, ergreife diese Deformation alle Menschen. Die ,,besitzende Klasse und die Klasse der Proletarier stellen dieselbe menschliche Selbstentfremdung dar."

Mit der Überwindung der Arbeitsteilung und dem Ende des Klassenkampfes werde sich das ändern. Dabei vollziehe sich der Klassenkampf nicht zufällig. Der Hegelschüler Marx griff vielmehr das Gesetz der hegelischen Dialektik auf. ,,Die Geschichte aller bisherigen Gesellschaft ist die Geschichte von Klassenkämpfen" und deren Verlauf sei ,,dialektisch".

Ursprünglich habe die Bourgeoisie gegen die sie ausbeutende feudale Gesellschaft gekämpft; sie sei mit geschichtlicher Notwendigkeit als Siegerin aus diesem Kampf hervorgegangen und sei jetzt herrschend. Aber sie beute ihrerseits das Proletariat aus; daraus entwickele sich ein neuer Klassenkampf, aus dem mit Notwendigkeit das Proletariat als Sieger hervorgehen werde. Als Synthesis dieses dialektischen Prozesses entstehe ,,zwangsläufig die Diktatur des Proletariats und mit ihr die klassenlose Gesellschaft.

Der Staat werde dann entbehrlich. ,,Das Eingreifen der Staatsgewalt wird auf einem Gebiet nach dem anderen überflüssig und schläft dann von selbst ein. An die Stelle der Regierung über Personen tritt die Verwaltung von Sachen und Leitung von Produktionsprozessen. Der Staat wird nicht abgeschafft, *er stirbt ab*" (Engels).

Marx machte Ernst mit der Utopie von einer nicht arbeitsteiligen Gesellschaft. Sein ,,realer Humanismus" wird deutlich, wenn er die kommunistische Gesellschaft beschreibt, in der es z.B.

„keine Maler (gibt), sondern höchstens Menschen, die unter anderem auch malen", eine wahre Gemeinschaft, „wo Jeder nicht einen ausschließlichen Kreis der Tätigkeit hat, sondern sich in jedem beliebigen Zweige ausbilden kann", wo „die Gesellschaft die allgemeine Produktion regelt und mir eben dadurch möglich macht, heute dies, morgen jenes zu tun, morgens zu jagen, nachmittags zu fischen, abends Viehzucht zu treiben, nach dem Essen zu kritisieren, wie ich gerade Lust habe, ohne je Jäger, Fischer, Hirt oder Kritiker zu werden".

War bei Hegel der Staat die vollkommenste Wirklichkeit, hat der Staat bei Marx überhaupt keinen Stellenwert mehr. An seine Stelle tritt die kommunistische Gemeinschaft. In ihr wird das „Lumpenproletariat" nicht mehr wie eine „Ware" behandelt, das sich „stückweise verkaufen muß". Den Weg zu dieser „menschlichen Gemeinschaft", diesem „Reich der Freiheit", in dem die „sachlichen Forderungen des Naturrechts endlich erfüllt sein werden", weist der „kategorische Imperativ, alle Verhältnisse umzuwerfen, in denen der Mensch ein erniedrigtes, ein geknechtetes, ein verlassenes, ein verächtliches Wesen ist."

„Das Reich der Freiheit", schrieb Marx am Ende des Kapitals, „beginnt in der Tat erst da, wo das Arbeiten, das durch Not und äußere Zweckmäßigkeit bestimmt ist, aufhört; es liegt also der Natur der Sache nach jenseits der Sphäre der eigentlichen materiellen Produktion. Wie der Wilde mit der Natur ringen muß, um seine Bedürfnisse zu befriedigen, so muß es der Zivilisierte ... Die Freiheit in diesem Gebiet kann nur darin bestehen, daß der vergesellschaftete Mensch, die assoziierten Produzenten, diesen ihren Stoffwechsel mit der Natur rationell regeln ... ihn mit dem geringsten Kraftaufwand und unter den ihrer menschlichen Natur würdigsten und adäquatesten Bedingungen vollziehen. *Aber es bleibt dies immer ein Reich der Notwendigkeit*. Jenseits desselben beginnt die menschliche Kraftentwicklung, die sich als Selbstzweck gibt, das wahre Reich der Freiheit, das aber nur auf jenem Reich der Notwendigkeit als einer Basis aufblühen kann. Die Verkürzung des Arbeitstages ist die Grundbedingung."

Indes: „Die Rechnung ist nicht aufgegangen", schreibt Arthur Kaufmann. „So wie *Hegels* idealistische Philosophie die Wirklichkeit verfehlt hat, so hat *Marx* materialistische Philosophie das Ideelle verfehlt ... (Es) konnte nicht ausbleiben, daß man dies auch im materialistischen Lager früher oder später zugeben mußte."

10. Bloch – Naturrecht und menschliche Würde

Ernst Bloch (1885–1977) ist der Denker, der die „konkrete Utopie" des jungen Marx am reinsten hat bewahren wollen. Grundmotiv seines Werkes ist das Aufsuchen der Utopien und Hoffnungen des Menschen. Diese sind in den bewußten und unbewußten Alltagsvorstellungen der Menschen ebenso vorhanden wie in den Objektivationen von Kunst, Technik, Wissenschaft, Religion und Philosophie. Aber sie sind verborgen. Zwar, so schrieb Bloch in seinem Hauptwerk „Das Prinzip Hoffnung", erfülle das „Noch-Nicht-Bewußte, Noch-Nicht-Gewordene... den Sinn aller Menschen und den Horizont allen Seins. Aber noch niemals ist es von der Philosophie als Begriff durchdrungen worden."

Dieses Noch-Nicht-Seiende ist nach Bloch als reale Möglichkeit und Tendenz dem je Gegenwärtigen schon immanent. Bloch will es in der philosophischen Reflexion herausarbeiten. Das Instrument, das er dazu verwendet, ist die materialistische Dialektik. Sein Anliegen ist es, „an die Hoffnung, als eine Weltstelle, die bewohnt ist wie das beste Kulturland und unerforscht wie die Antarktis, Philosophie zu bringen".

In seinem Buch „Naturrecht und menschliche Würde" (1961) arbeitete Bloch die Geschichte des Naturrechtsdenkens seit der Stoa auf, eine Geschichte, die weithin mit der Geschichte der Rechtsphilosophie identisch ist. Da ihm der Sozialismus die Praxis der konkreten Utopie ist, will er das „sozialistische Erbe" an den Inhalten und Ideen des alten Naturrechts aufweisen.

Bloch schrieb: „Als letzthin freies wurde stets ein Leben jenseits der Arbeit gemeint. Was aber damit erstrebt war, erschien nur als *Traum* an den geschichtlichen Rändern. Rückwärts im Zeitalter, das deshalb ein Goldenes genannt wird, vorwärts im Reich der Freiheit. Das Recht auf ein solches Leben klingt daher zweifellos utopisch, so wurde auch Naturrechtliches insgesamt als sozusagen Freischwebendes zuweilen eine Rechtsutopie genannt."

Aber Bloch konstatierte auch „wesentliche *Unterschiede* und nicht nur Verwandtschaften zwischen Naturrecht, besonders dem klassisch-rationalen, und Sozialutopien."

Der erste Unterschied bestehe schon zeitlich: „Die naturrechtliche *Blüte* fällt ins siebzehnte und achtzehnte Jahrhundert, die sozialutopische ins frühe neunzehnte, in die Welt der industriellen Revolution.“

Ein zweiter wichtiger Unterschied bestehe *methodisch*: „Die Sozialutopien gehen mit Erzählung voran, mit Ausmalung, mit romanhaft nicht nur eingekleidetem Entwurf einer besseren Zukunfsgesellschaft. Die Naturrechtslehren dagegen arbeiteten, selbst bei Rousseau, mit Ableitungen aus einem Prinzip, eiferten um die Strenge einer demonstrativen Wissenschaft.“

Der dritte, wichtigste Unterschied betreffe die *gegenständliche* Intention: „Die Sozialutopien gehen überwiegend auf *Glück*, mindestens auf Abschaffung der Not und der Zustände, die diese erhalten oder produzieren. Die Naturrechtstheorien gehen... überwiegend auf *Würde*, auf Menschenrechte, auf juristische Garantien der menschlichen Sicherheit oder Freiheit, als Kategorien des humanen Stolzes. Demgemäß richtet sich die Sozialutopie vor allem auf Abschaffung des menschlichen *Elends*, das Naturrecht vor allem auf Abschaffung der menschlichen *Erniedrigung*.“

Bloch verdeutlichte diesen letzteren Punkt: „Die Sozialutopie will wegräumen, was der *Eudämonie aller*, das Naturrecht, was der *Autonomie* und ihrer *Eunomie* im Wege steht. So ist das humanistische Timbre in Sozialutopien und Naturrechtslehren weitgehend different; das Sinnfälligste der hier einschlägigen Unterschiede betreffend, kann gesagt werden: beim einen geben die Phäaken, beim anderen Brutus ein Modell.“

„Und doch“, fuhr Bloch fort, „reißt das die beiden Traumarten von einem besseren gesellschaftlichen Leben nie ganz auseinander. Sie verschränken sich, Glückslehren meinen keinen Garten für unmündige Tiere, Würdelehren keine Kostverächter, auch noch mit der rauhen Haut einer Säule. Darum: unübersehbar erscheinen nun, wirken die Ähnlichkeiten wie methodischen Verwandtschaften, welche in der Tat doch auch – von *Rechtsutopien* zu sprechen erlauben. Sie bestehen in der *Überholung* der Gegebenheit, in dem Glauben, daß Vorhandenes weggeschoben werden müsse, um einen besseren Status freizulegen.“

So gingen „die bunten Staatsbilder und die harten Rechtskonstruktionen in einem Entwurf des Besserwissenwollens durchaus auch zusammen.“ Sozialutopien und Naturrecht gehörten „zur edlen Macht der Antizipation eines Besseren, als es das bisher

30 Ernst Bloch, 1885–1977, Foto aus dem Jahre 1967.

Gewordene ist, – hier aus bunterem, dort aus härterem Versuchsstoff ihres Humanum, aus dem Reich der Hoffnung aber beide. Das naturrechtliche Anliegen war und ist das *Aufrechte als Recht*, so daß es an den *Personen* geehrt, in ihrem *Kollektiv* gesichert werde. Und wenn die Person nur eine wäre, um die Würde der

Menschheit in ihr zu ehren, so ist auch diese tragend umfassende Würde Quintessenz am Naturrecht genug."

Daher müsse die Utopie einer ,,endlich unentfremdeten Gesellschaft" durch das Postulat der Realisierung der Menschenrechte ergänzt werden. Dies werde in einer sozialistischen Demokratie verwirklicht werden. ,,Keine Demokratie ohne Sozialismus, kein Sozialismus ohne Demokratie, das ist die Formel einer Wechselwirkung, die über die Zukunft entscheidet." In dieser Demokratie würden das ,,*radikale* subjektive Naturrecht und sein Anspruch: *jeder nach seinen Fähigkeiten, jeder nach seinen Bedürfnissen*" und das ,,*radikale* objektive Naturrecht: *Solidarität*" zum ,,Steuer der Rechte postulativ" und ,,konkret ausreichen". In dieser Zukunft werde der Weg ,,zur *institutionellen* Abschaffung des Eigennutzes, dieses amoralischen Erbfeindes", beschritten werden.

Freilich: ,,Sorgen und Fragen, tiefe menschliche Unzulänglichkeiten und Abgleitungen" werden genug übrig bleiben, ,,auch solche keineswegs immer nicht-antagonistischer Art, sondern scharf gespannt zwischen bösem Willen und gutem, zwischen immer nur approximativem Einklang von Person mit Gemeinschaft, Gemeinschaft und Person, das auch bei noch so gesicherter Solidarität."

Aber Bloch war optimistisch: ,,. . . diese Spannungen, die ernstesten, die es gibt, solange es das Problem der Vermenschlichung gibt und unseren tiefst prekären Abstand von ihr, sind von bloß institutionellen Zusatz-Verhinderungen rein geworden, die zwischenmenschliche Beziehung ist vom institutionell Schäbigen oder Drückenden unabgelenkt rein geworden, dergestalt, daß Tugenden gleich Ehrlichkeit überflüssig werden oder gleich Treue, selbst Menschenliebe erst ungemischt, ohne Situationskonflikte (wie im kategorischen Imperativ) und objektiv erzwungene Relativierungen ihr Feld gewinnen."

Man hat Bloch entgegengehalten, er, der im ,,Reich der Freiheit" keine Bleibe gefunden habe, habe mit keinem Wort gesagt, wie seine Utopie real funktionieren solle. Er habe nur betont, daß sie ,,keine bloß formelle Rechts-Demokratie", also keine ,,Klassengesellschaft" sein dürfe.

Aber damit wird man dem Anliegen dieses Denkers nicht gerecht. Bloch war kein Staatstheoretiker, der Anweisungen für funktionierende Demokratiemodelle gab. Er war Schriftsteller,

Philosoph, Erzähler, Essayist, Aphoristiker, Prediger und Prophet, der die Grenzen wissenschaftlicher Argumentation sprengt, wenn er menschliche Antizipationen, Wunschträume und Hoffnungsinhalte aufsucht, wenn er vom ,,Grundrecht auf Gemeinde, auf Humanismus“ spricht. ,,Dazu war das fordernde Recht unterwegs, die Eunomie des aufrechten Gangs in Gemeinsamkeit; nicht nur der Kunst ist der Menschheit Würde in die Hand gegeben.“

E. Die Rechtswissenschaftler

1. Savigny – Von der Jurisprudenz zur Rechtswissenschaft

Friedrich Carl von Savigny (1779–1861) war der berühmteste deutsche Jurist des 19. Jahrhunderts. In einer Zeit der politischen Ohnmacht hat er auf Bildung gesetzt und damit die Weltgeltung der deutschen Rechtswissenschaft begründet. Seit ihm, durch ihn hat sich dieser Ausdruck überhaupt erst eingebürgert.

Die Zeit: Das Jahr 1814. Die Befreiungskriege waren gewonnen, das Joch Napoleons abgeschüttelt. Eine patriotisch-nationalistische Woge ging durchs Land. Man erhoffte sich die geeinte deutsche Nation. Auch das Recht sollte diesem Ziel dienen. Das überlieferte Gemeine (Römische) Recht schien veraltet. Die Kodifikationen boten nur partikulare Lösungen. Der Code Napoleon war ein fremdes Gesetzbuch, das der Usurpator ins Land gebracht hatte. Etwas – so schien es – mußte geschehen.

In dieser Stimmung ließ der Heidelberger Professor Anton Friedrich Justus Thibaut „recht aus der vollen Wärme meines Herzens" eine Flugschrift mit dem Titel „Über die Notwendigkeit eines allgemeinen bürgerlichen Rechts für Deutschland" erscheinen. Darin stellte er die Gründe für eine Kodifikation des gesamten bürgerlichen Rechts – worunter er auch das Straf- und Prozeßrecht verstand – zusammen. Das Werk – schwungvoll geschrieben, leicht lesbar, in seiner Zielsetzung unmittelbar einleuchtend – fand großen Widerhall. Da erschien im selben Jahr Savignys Antischrift „Vom Beruf unserer Zeit für Gesetzgebung und Rechtswissenschaft". In ihr sprach Savigny seiner Zeit, vielleicht sogar jeder Zeit, die Reife ab, ein nationales Bürgerliches Recht zu schaffen.

Savigny war damals Professor in Berlin und schon eine wissenschaftliche Berühmtheit. Er hatte auf ausgedehnten Reisen Bekanntschaft mit den Größen seiner Zeit – Goethe, Schiller, dem Brentanokreis (seine Frau Kunigunde war eine Schwester von Clemens und Bettina Brentano) – geschlossen. 1810 hatte ihn der Ruf Wilhelm von Humboldts zur Teilhabe an der Gründung der Berliner Universität erreicht, deren zweiter Rektor er, nach Fichte, im Sturmjahr 1812/13 gewesen war. 1803 hatte er mit dem Werk „Das Recht des Besitzes“ das Urbild der juristischen Monografie geschaffen. Vor Annahme des Rufes nach Berlin war er seit 1808 Professor des Römischen Rechts an der Universität Landshut (die sich heute in München befindet) gewesen.

Dieser Mann also sprach sich gegen das nationale Gesetzbuch aus. Er hielt den Weg der Kodifikation für falsch und gefährlich. Dem lag eine Überzeugung zugrunde, die alles Recht letztlich als Gewohnheitsrecht ansah.

Recht, so lehrte Savigny, ist immer schon da, wo die Menschen und Völker sich zu Staaten verbinden, genau wie die Sprache von Anbeginn an da ist. Recht wächst und entwickelt sich ebenso, wie sich die Völker entwickeln. In den Anfängen lebt es im Bewußtsein aller Volksteile. Durch symbolische Akte wird seine Abstraktion verständlich gemacht. Später, mit zunehmender gesellschaftlicher Differenzierung, wird das Recht den Juristen anvertraut. Sie bilden einen besonderen Berufsstand, der jetzt das Volk in dieser Funktion repräsentiert.

„Das Daseyn des Rechts ist von nun an künstlicher und verwickelter, indem es ein doppeltes Leben hat, einmal als Theil des ganzen Volkslebens, was es zu seyn nicht aufhört, dann als besondere Wissenschaft in den Händen der Juristen.“ So entsteht Recht erst durch Sitte und Volksglaube, dann durch Jurisprudenz, aber immer als Gewohnheitsrecht und „überall also durch innere stillwirkende Kräfte, nicht durch die Willkür eines Gesetzgebers.“

Die mit dem Anspruch auf abschließende Vollständigkeit auftretende Kodifikation sah Savigny als ein Produkt des 18. Jahrhunderts an, in welchem sich ein „völlig unerleuchteter Bildungstrieb“ geregt hätte. „Sinn und Gefühl für die Größe und Eigentümlichkeit anderer Zeiten, so wie für die naturgemäße Entwicklung der Völker und Verfassungen, also alles, was die Geschichte heilsam und fruchtbar machen mußte, war verloren: an die Stelle getreten war eine gränzenlose Erwartung von der gegenwärtigen Zeit, die man keineswegs zu etwas geringerem berufen glaubte, als zur wirklichen Darstellung einer absoluten Vollkommenheit. Dieser Trieb äußerte sich nach allen Richtungen ... Auch im bürgerlichen Recht war er thätig. Man verlangte neue Gesetzbücher, die durch ihre Vollständigkeit der Rechtspflege eine mechanische Sicherheit gewähren sollten, indem der Richter, allen Urtheilens

31 Friedrich Carl von Savigny, 1779–1861, nach einem Gemälde von Franz Krüger, Original: ehem. Hohenzollern-Museum.

überhoben, blos auf die buchstäbliche Anwendung beschränkt wäre; zugleich sollten sie sich aller historischen Eigenthümlichkeit enthalten und in reiner Abstraktion für alle Völker und Zeiten gleiche Brauchbarkeit haben."

Ein solcherart geplantes Rechtsbuch sollte „da es als einzige Rechtsquelle zu seyn bestimmt ist, auch in der That für jeden vorkommenden Fall im voraus die Entscheidung enthalten. Dieses hat man häufig so gedacht, als ob es möglich und gut wäre, die einzelnen Fälle als solche durch die Erfahrung vollständig kennenzulernen, und dann jeden durch eine entsprechende Stelle des Gesetzbuches zu entscheiden. Allein wer mit Aufmerksamkeit Rechtsfälle beobachtet hat, wird leicht einsehen, daß dieses Unternehmen deshalb fruchtlos bleiben muß, weil es für die Erzeugung der Verschiedenheiten wirklicher Fälle schlechthin keine Gränze giebt."

Savigny, so scheint es, setzte sich durch; das nationale Gesetzbuch wurde nicht geschaffen. Aber wenn deshalb Savigny der Vorwurf gemacht wird, diese Kodifikation verhindert zu haben, so darf doch nicht übersehen werden, daß es die politischen Umstände des Jahres 1814 waren, die ein in ganz Deutschland geltendes Gesetzbuch ausschlossen. Thibaut argumentierte politisch, Savigny methodisch, und so redeten beide im Grunde aneinander vorbei. Angesichts der politischen Realität des Jahres 1814 tat Savigny das einzig für einen Juristen damals Mögliche: er setzte auf die Erneuerung der Jurisprudenz durch Wissenschaft.

1815 gründete er zusammen mit Eichhorn und Göschen die „Zeitschrift für geschichtliche Rechtswissenschaft" und damit die Historische Rechtsschule, die in kürzester Zeit herrschend wurde. In zwei großen Werken – Geschichte des Römischen Rechts im Mittelalter (6 Bde., 1815–1831) und System des heutigen Römischen Rechts (8 Bde., 1840–1849) – verwirklichte er sein Programm. (Im „System" findet sich übrigens auch seine Auslegungslehre, mit der er die juristische Methodenlehre bis in die Gegenwart beeinflußt hat.)

Liest man diese Titel, so mutet es auf den ersten Blick seltsam an, daß Savigny, der geschworene Anhänger des Gewohnheitsrechts, der Künder der Lehre vom „organischen", aus dem „Volksgeist" hervorgehenden Recht sich ausgerechnet der Erforschung des fremden, des Römischen Rechts zuwandte und darüber das Deutsche Recht so völlig vernachlässigte.

Die Lösung des Rätsels hat er selbst gegeben. Savigny war kein Nationalist, sondern er fühlte sich, ähnlich wie Goethe, mit dem er gelegentlich auch verglichen wird, als Weltbürger. Nach dem Römischen Recht griff er als nach dem besten historisch verfügbaren Vorbild. Er suchte die schöpferische Kraft, die Methode, die „Kunst" der römischen Juristen, die er im Besitz der „leitenden Grundsätze" sah. Bei ihnen seien Theorie und Praxis in Vollendung verbunden gewesen. „In jedem Grundsatz sehen sie zugleich einen Fall der Anwendung, in jedem Rechtsfall zugleich die Regel, wodurch er bestimmt wird ... Haben sie einen Rechtsfall zu beurtheilen, so gehen sie von der lebendigsten Anschauung desselben aus, und wir sehen vor unseren Augen das ganze Verhältnis Schritt vor Schritt entstehen und sich verändern. Es ist nun, als ob dieser Fall der Ausgangspunkt der ganzen Wissenschaft wäre, welche von hier aus erfunden werden sollte."

Man müsse sich daher, so schrieb er, in die Römer „hinein lesen" und ihnen „ihre Weise ablernen". Und er schloß optimistisch: „Daß dieses möglich ist, gehört zu meinen lebendigsten Überzeugungen." Dazu bedürfe es freilich einer Schule, eben der historischen Rechtsschule, „so wie sämmtliche Römische Juristen ... in der That eine große Schule gebildet haben." Und: „Das Römische Recht können wir dann der Geschichte übergeben, und wir werden nicht blos eine schwache Nachahmung Römischer Bildung, sondern eine ganz eigene und neue Bildung haben."

2. Feuerbach – Nulla poena sine lege

„Eine Tat kann nur bestraft werden, wenn die Strafbarkeit gesetzlich bestimmt war, bevor die Tat begangen wurde." So bestimmt es heute § 1 des Strafgesetzbuches. Und für so wichtig halten wir heute diesen Grundsatz, daß er sogar im Grundgesetz abgesichert ist. Artikel 103 Absatz 2 des Grundgesetzes enthält eine wörtliche Wiederholung der genannten Bestimmung.

Dabei liegen die Zeiten so lange nicht zurück, in denen das genaue Gegenteil galt. Unter der Herrschaft der Constitutio Criminalis Carolina von 1532, der Peinlichen Gerichtsordnung Kaiser Karls V., jenes Gesetzeswerkes, welches für Jahrhunderte das Schicksal des deutschen Strafprozesses bestimmt hatte, war das materielle Strafgesetz wenig wert gewesen. Schon seine systematische Stellung zeigte dies. Die Carolina war in erster Linie eine Verfahrensordnung, ein Prozeßgesetz, in welches nur in dem Abschnitt „wie man mißthatt peinlich straffen soll" ein wenig materielles Strafrecht eingeschoben war. Natürlich reichten diese Fragmente nicht aus, aber damit hatte man keine Probleme. Wenn der Richter keinen passenden Tatbestand fand, unter welchen er seinen Fall subsumieren konnte, dann strafte er eben nach

32 Paul Johann Anselm Ritter von Feuerbach, 1775–1833, Holzstich-Porträt von A. von Menzel, 1852.

seinem „vernünftigen Ermessen“ und verhängte eine „poena extraordinaria“.

Hinzu kam, daß es keine Rechtskraft gab. Der Freigesprochene wurde durch die „absolutio ab instantia“ lediglich von der Instanz freigesprochen. Blieben Zweifel an seiner Unschuld bestehen, gelang aber der formale Vollbeweis der Schuld nicht, verhängte der Richter gegen ihn eine – mildere – Verdachtsstrafe. Kurz, das Gesetz galt nichts. Alle Macht lag in den Händen des Richters, dem ein völlig wehrloser Angeklagter gegenüberstand.

In besonders schweren Strafsachen, den sog. „delicta excepta" wie Hexen- und Ketzerprozessen sowie in den Fällen des crimen laesae majestatis war das Strafverfahren sogar an überhaupt keine Schranken gebunden. Statt in schweren Fällen das Verfahren an besonders strenge Regeln zu binden, gab man der richterlichen Willkür freie Bahn. Und hinter dem Richter stand der Landesherr. Während er in Zivilsachen schon zur Zeit der Aufklärung auf „Kabinettsjustiz" verzichtete, behielt er sich in Strafsachen bis ins 19. Jahrhundert das Recht vor, die Urteile abzuändern – sie aufzuheben, zu mildern, aber auch zu schärfen.

All diese Umstände erzeugten Willkür und Rechtsunsicherheit. Dem aufgeklärten 18. Jahrhundert mußten sie unerträglich erscheinen. Es war das Werk Paul Johann Anselm v. Feuerbachs (1775 – 1833), diese Mißstände zu überwinden.

Feuerbachs Name verbindet sich untrennbar mit dem von ihm geprägten Satz „nulla poena sine lege". Er machte Ernst mit diesem Satz und schuf das bayerische Strafgesetzbuch von 1813, das erste Strafgesetzbuch im modernen Sinne, ein Werk, mit dem die Epoche des liberal-positivistischen Rechtsstaates beginnt. Und er bewirkte 1806 im Königreich Bayern die Abschaffung der Folter.

Noch 1756 hatte Wiguläus Kreittmayr in den Anmerkungen zu dem von ihm geschaffenen Codex Maximilianeus Bavaricus Civilis die Beibehaltung der sonst fast überall schon abgeschafften Folter gerechtfertigt. Und noch zu Beginn des 19. Jahrhunderts konnte es vorkommen, daß in einer einzigen bayerischen Stadt in einem Zeitraum von 14 Tagen nicht weniger als fünf bis sieben Personen die Folter erlitten.

Da legte Feuerbach im November 1804, zu jener Zeit Professor in Landshut, eine Denkschrift „Über die Notwendigkeit der Aufhebung der Tortur in Bayern" seinem zögernden Kurfürsten Max Joseph vor. Bedenken beschwichtigte er u. a. mit dem Vorschlag, die Abschaffung der Folter nicht öffentlich, sondern nur den Gerichten bekanntzugeben. Feuerbach setzte sich durch. 1806 unterzeichnete Max Joseph, nunmehr König von Bayern, das Edikt über die Abschaffung der Folter, nicht ohne sorgenvoll zu bemerken: ,,Möge es Feuerbach verantworten, wenn nun die Verbrecher der Strafe entgehen."

Das bayerische Strafgesetzbuch von 1813 beruhte auf Gedanken, die aus der Denkschule Kants – zu der Feuerbach gehörte – erwachsen waren. Wesentliches und unverzichtbares Merkmal allen objektiven Rechts ist danach seine Positivität. Das Strafrecht muß in genau formulierten und eng begrenzten Tatbeständen die Taten exakt beschreiben, für welche Strafe angedroht wird – keine Strafe ohne Gesetz. Es begründet die Strafgewalt und begrenzt sie zugleich. Es ist, wie Feuerbachs geistiger Nachfahre Franz v. Liszt das später ausdrücken sollte, geradezu die ,,Magna Charta des Verbrechers".

Diese Bindung des Richters an das Gesetz machte den Liberalismus und die Rechtsstaatlichkeit des Feuerbachschen Gesetzbuches aus. Der Richter, so äußerte er, solle sich an den ,,strengen, nackten Buchstaben des Gesetzes" halten. Sein ,,Geschäft soll kein anderes sein, als den gegebenen Fall mit diesem Buchstaben zu vergleichen und, ohne Rücksicht auf Sinn und Geist des Gesetzes, zu verdammen, wenn der Klang des Wortes verdammt", und loszusprechen, ,,wenn es losspricht". Hier knüpfte Feuerbach an Montesquieu (1689–1755) an, der in seinem ,,Esprit des lois" (1748) die Gewaltenteilungslehre entwickelt und dem Richter die Aufgabe der Anwendung, nicht der schöpferischen Ausfüllung und Ergänzung des Rechtes zugewiesen hatte ("la bouche qui prononçe les paroles de la loi"). Dabei darf man sich nicht vorstellen, daß Feuerbach eine geringe Meinung vom Richteramt hatte – ganz im Gegenteil. Feuerbach selbst hatte zeitweise ein hohes Richteramt als Präsident des Appellationsgerichtes für den Rezatkreis zu Ansbach bekleidet.

Nur die Tat sollte ,,ohne Ansehen der Person" nach Maßgabe des Rechtsbruches bestraft werden. Weder die Täterpersönlichkeit noch Standesunterschiede durften berücksichtigt werden. Dem lag eine Straftheorie zugrunde, die ganz auf Generalprävention abhob. Feuerbach unterschied als erster klar zwischen Spezialprävention und Generalprävention. Jene verwarf er, und mit ihr die Nützlichkeitstheorie eines Beccaria und eines Bentham, weil sie sich differenzierend mit der Täterpersönlichkeit auseinandersetzen mußte – was er als im Widerspruch zur Rechtssicherheit stehend ansah.

Statt dessen seine berühmte Theorie vom psychologischen

Zwang. „Die ... Sorge des Staates ... geht ... dahin, daß wer unbürgerliche (rechtswidrige) Neigungen hat, psychologisch verhindert werde, sich nach diesen Neigungen wirklich zu bestimmen." Und: „Sollen daher Rechtsverletzungen überhaupt verhindert werden, so muß neben dem physischen Zwange noch ein anderer bestehen, welcher der Läsion vorhergeht ... Ein solcher Zwang kann nur ein psychologischer sein."

Generalprävention durch psychologischen Zwang sollte die Strafdrohung bewirken. Die Zufügung der Strafe sollte nur deren Ernst für jedermann klarmachen. Hier wird die Nähe zur Kantischen Ethik sichtbar. Und so „erklärt sich paradoxerweise die Härte von Feuerbachs Strafrechtsauffassung gerade aus der Absicht, die Freiheit des Individuums zu schützen" (Radbruch).

Noch eine Grenze zog Feuerbach dem Strafrecht: er trennte es strikt von der Moral. Verstöße gegen das Sittengesetz oder die Religion gehen nach seiner Meinung das Strafrecht nichts an. Die Bestrafung der Gotteslästerung lehnte er mit den berühmten Worten ab: „Daß die Gottheit injuriert werde, ist unmöglich; daß sie wegen Injurien sich an Menschen räche, ist undenkbar; daß man sie durch Strafe ihrer Beleidiger räche, ist Torheit."

So begründete Feuerbach, der größte Kriminalist des 19. Jahrhunderts, der „vernunftgläubige und tatenfrohe Gesetzgeber" (Radbruch) die Epoche des liberalen Rechtsstaates, in der wir heute noch leben. Zugleich war er der Prototyp des handelnden, gestaltenden, schöpferischen Juristen. Es ist ein poetischer Einfall der Rechtsgeschichte, daß ihm in seinem Zeitgenossen Savigny, dem „das geschichtliche Werden ehrfürchtig belauschenden Gegner gesetzgeberischer Willkür" (Radbruch) der Antityp des betrachtenden, quietistischen, der Tat abgeneigten Juristen gegenübergestellt war.

Dieses Verhältnis der beiden großen Juristen am Eingang des 19. Jahrhunderts findet im Verhältnis Schiller – Goethe eine Entsprechung, auf die Radbruch hingewiesen hat. Bis in die Stileigentümlichkeiten hinein hat er diese Beziehung der Antipoden Feuerbach und Schiller, Savigny und Goethe gezeichnet:

„Dort das rednerische Pathos der Antithese, das dem dualistischen Gefühl des Widerspruchs zwischen der Wirklichkeit und dem Ideal zu entspringen pflegt, hier die in sich selbst ruhende Harmonie derjenigen Menschen, welche monistisch die Vernunft in den Dingen suchen und finden; Feuerbachs und Schillers Stil gleicht der Brücke, die sich in kühnen Spannungen von Pfeiler zu Pfeiler schwingt, Savignys und Goethes Diktion der stillen Majestät des darunter einherziehenden Stromes, Titanen dort, hier Olympier..."

3. Von Jhering – Scherz und Ernst in der Jurisprudenz

Im Leben Jherings (1818 – 1892) fand eine berühmte rechtstheoretische „Bekehrung" statt: der Übergang von der Begriffsjurisprudenz zur Interessenjurisprudenz. Er vollendete und überwand jene und begründete diese. Ein Damaskuserlebnis hatte diese Bekehrung ausgelöst.

Als Vollender der Begriffsjurisprudenz wollte er das „Unvergängliche und Allgemeine" des Römischen Rechts erkennen und aufzeigen. In seinem Werk „Geist des römischen Rechts auf den verschiedenen Stufen seiner Entwicklung" legte er die eigentliche Theorie der Begriffsjurisprudenz vor. Er nahm das Römische Recht als Vorbild, um „durch das römische Recht . . . über dasselbe hinaus" zu gelangen. Die „juristische Technik" der Römer sollte als zutreffende Beschreibung der aktuellen Rechtsmethodik verstanden werden.

Dabei unterschied Jhering drei Stufen juristischer Begriffsbildung: Analysis, Konzentration und Konstruktion. Analysis bedeutete begriffliche Zerlegung und Aufgliederung des gefundenen historischen Rechtsstoffes. Konzentration meinte die „Vereinfachung" des Rechts. Dazu wurden Rechtsgrundsätze verwendet, die aus dem systematischen Zusammenhang des Ganzen der Rechtsordnung abgeleitet wurden. Konstruktion bedeutete schließlich die dritte und reifste Stufe der juristischen Arbeitsweise. Hier arbeitete man synthetisch. „Die Begriffe sind productiv, sie paaren sich und zeugen neue."

Auf den praktischen Nutzen der von der Wissenschaft gefundenen Rechtssätze sollte es nicht ankommen. „Und wäre auch gar kein Nutzen abzusehen, so ist er (sc. der neue Rechtssatz) eben da seiner selbst wegen, er existirt, weil er nicht nicht-existiren kann."

Aber dann erlebte Jhering sein Damaskuserlebnis. Als Praktiker wurde er im Wege der Aktenversendung mit einem Fall konfrontiert, an dem er die Unhaltbarkeit einer früher von ihm selbst vertretenen theoretischen Lehrmeinung handgreiflich erfuhr. Er brach die Arbeit am „Geist" ab und verspottete in anonymen „Vertraulichen Briefen über die heutige Jurisprudenz" die „civilistische Konstruktion". Dabei übte er auch ironische Selbstkritik:

„Von wem sich eigentlich diese neue civilistische Methode herschreibt, weiß ich nicht, nur so viel ist mir bekannt, daß Einer sogar dies Konstruiren selbst wieder konstruirt und eine eigene Anweisung dazu gegeben, ja sogar zur Vornahme dieser Arbeit ein höheres Stockwerk der Jurisprudenz angelegt hat, welches danach den Namen der „höhern Jurisprudenz" erhalten hat." Hier verwies er in einer Fußnote auf „Jhering in seinem Geist des römischen Rechts". Und er fuhr fort: „In der unteren Etage wird die gröbere Arbeit verrichtet, da wird der Rohstoff gewalkt, gegerbt, gebeizt, kurz – interpretirt, dann aber kommt er in die obere Etage, in die Hände der civilistischen Künstler, die gestalten ihn, geben ihm künstlerisch-civilistische Form. Haben sie diese gefunden, so verwandelt sich jetzt die leblose Masse in ein lebendiges Wesen; durch irgend einen mystischen Vorgang wird demselben, wie dem Tongebilde des Prometheus, Leben und Odem eingehaucht, und der civilistische Homunculus, d. h. der Begriff, wird produktiv und begattet sich mit anderen seines Gleichen und zeugt Junge."

Einmal in Fahrt, schilderte Jhering auch den juristischen „Begriffshimmel". Dort gebe es seltsame Dinge. Da ist die „Haarspaltemaschine", auf welcher „ein Haar in 999999 ganz akkurat gleiche Theilchen" zu zerlegen ist. Da ist die „Kletterstange der schwierigen juristischen Probleme. Sie ist so glatt, daß ein Sonnenstrahl ... daran abgleiten würde." Da sind der „Fiktionsapparat", der „Konstruktionsapparat", die „dialektisch-hydraulische Interpretationspresse", die „dialektische Bohrmaschine" und manches andere mehr. Auf einer „Schwindelwand" verläuft ein schmaler Pfad in der „Schärfe eines Rasirmessers". Es ist „der Pfad der dialektischen Deduktion, auf dem die Vernunft bei dem geringsten Fehltritt Gefahr läuft, in den Abgrund des Unsinns zu fallen."

„Wieder auf Erden" fragte Jhering: „Wie soll es besser werden? „Die Antwort gab er mit dem Satz: „Der Zweck ist der Schöpfer des ganzen Rechts." Was das genau bedeutete, war ihm und seinen Lesern nicht recht klar. Aber er fand großen Wider-

33 Rudolf von Jhering, 1818–1892.

hall in der Praxis, die den Ausbruch aus den Fesseln der Begriffsjurisprudenz begeistert begrüßte. Die Zweckjurisprudenz begann, aus der sich später die Interessenjurisprudenz entwickeln sollte.

Jetzt setzte man auf Intuition, auf praktische und billige Entscheidung des Falles. „Leihen Sie der Stimme Ihres Rechtsgefühls Gehör", sagte Jhering zu seinen Studenten. „Dann erst lassen Sie die theoretische Begründung folgen ... Führt diese zu einem abweichenden Ergebnis, so ist sie nichts wert." Und er schrieb: „Vom Konstruiren komme ich immer mehr zurück, es gibt doch etwas Höheres im Recht als das logische Element." An anderer Stelle sagte er, daß „die Begriffe des Lebens wegen da" seien. „Nicht was die Logik, sondern was das Leben ... postuliert, habe zu geschehen."

In einem neuen Werk „Der Zweck im Recht" führte Jhering diese Gedanken näher aus. Kein Wollen, keine Handlung, so schrieb er, gebe es ohne „Zweck". Egoistische Zwecke (Daseinserhaltung) brächten ökonomische Zwecke hervor, die durch rechtliche Garantien (Verbindlichkeit von Verträgen) abgesichert werden müssten. In diesem Zusammenhang formulierte er eine berühmte Definition des Rechts als „Inbegriff der in einem Staat geltenden Zwangsnormen" und ergänzte diese formale Begriffsbestimmung durch einen Zusatz, wonach Recht die vom Staat garantierte „Sicherstellung der Lebensbedingungen der Gesellschaft" sei.

Wie viele seiner Kollegen im 19. Jahrhundert und anders als die meisten Rechtsprofessoren in der Gegenwart folgte Jhering zahlreichen Rufen – nach Basel (1845), nach Rostock (1846), nach Kiel (1849), nach Gießen (1852), nach Wien (1868) und nach Göttingen (1872). In Wien hielt er 1872 seinen berühmten Vortrag „Der Kampf ums Recht", den er alsbald veröffentlichte. In kurzen Abständen folgte eine Neuauflage der anderen. Die Schrift wurde in fast alle europäischen Sprachen und ins Japanische übersetzt. Sie gilt heute als die am weitesten über die Erde verbreitete Veröffentlichung eines deutschen Rechtsgelehrten. In ihr schilderte er den Rechtskampf als „Behauptung" der „Persönlichkeit" und bezeichnete ihn als Pflicht. Daß er damit so starken Widerhall fand, hat sicherlich auch mit dem Lebensgefühl seiner Zeit zu tun, der es – in den Gründerjahren des Deutschen Reiches – vor allem um die Verteidigung materieller Güter und sozialer Geltungen ging.

Übrigens hat Jhering sein Programm auch persönlich ernst genommen. Während seiner Gießener Zeit führte er pflichtgemäß mehrere Mietprozesse, die der große Gelehrte erwartungsgemäß verlor. Die Praxis siegte auch hier über die Theorie.

Während Jherings Satiren ihm wenig Beifall einbrachten (E. Wolf: „im Inhalt einseitig, in der Form kaum erträglich durch die Unzahl platter Witze und schiefer Vergleiche, grober Entstellungen und irriger Werturteile"), ist sein Rang als Dogmatiker des Zivilrechts unbestritten (Mitteis: „Als Jurist sucht er durchaus seinesgleichen, die juristische Intuition ist bei ihm mit einer Sicherheit und Urkraft vorhanden, die ihn zu den juristischen Phänomenen aller Zeiten stellen"). Seine berühmteste juristische „Entdeckung" ist die „culpa in contrahendo", das Verschulden bei Vertragsschluß. Übrigens hat er auch das Strafrecht nachhaltig beeinflußt. Auf ihn geht die Unterscheidung zwischen objektiver Rechtswidrigkeit und Schuld zurück.

4. Huber – Der Schöpfer des Schweizerischen Zivilgesetzbuches

Es ist selten, daß ein bedeutendes Gesetzeswerk als Schöpfung eines einzigen Rechtsgelehrten angesehen wird. Bei Eugen Huber (1849–1923) ist dies der Fall. Das von ihm entworfene Schweizerische Zivilgesetzbuch (ZGB) von 1912 ist bis heute untrennbar mit seinem Namen verbunden.

Huber war vor seiner Tätigkeit als Rechtsprofessor Journalist gewesen. Im Jahre 1876 wurde er sogar Chefredakteur der angesehenen Neuen Zürcher Zeitung. Vielleicht ist es dieser Hintergrund, der dem ZGB das bescheren sollte, was beim zwölf Jahre früher in Kraft getretenen deutschen Bürgerlichen Gesetzbuch (BGB) so schmerzlich vermißt wurde und vermißt wird: eine klare, einfache, verständliche Sprache und der Verzicht auf komplizierte Verweisungen und überflüssige Abstraktionen.

Das Obligationenrecht war bereits im Jahre 1883 bundeseinheitlich in der Schweiz geregelt worden. Im Jahre 1892 wurde Huber nach Bern berufen. Die Annahme dieses Rufes war mit der Verpflichtung verbunden, ein Zivilgesetzbuch – ohne Obligationenrecht – für die Schweiz zu entwerfen. Die Schwierigkeiten dieses Auftrages werden deutlich, wenn man sich vergegenwärtigt, daß es in der Schweiz – anders als in Deutschland – kein subsidiär geltendes Gemeines (Römisches) Recht gab. Es gab nur die verschiedenen kantonalen Rechte mit manchen Gemeinsamkeiten, aber auch zahlreichen Unterschieden.

Huber war wie kein zweiter für die Durchführung dieses Auftrags geeignet. In den Jahren seit 1886 hatte er ein vierbändiges Werk mit dem Titel „System und Geschichte des schweizerischen

34 Eugen Huber, 1849–1923.

Privatrechts" geschaffen, in welchem er sich umfassend mit den kantonalen Rechten befaßte. So kam er schnell vorwärts. In rascher Folge legte er drei Teilentwürfe vor – Eherecht (1893),

Erbrecht (1894) und Sachenrecht (1898). Diese wurden in den folgenden Jahren beraten und überarbeitet. Im Jahre 1904 legte Huber einen neuen Entwurf vor, der als Bundesratsentwurf an die Bundesversammlung weitergeleitet wurde. Drei Jahre dauerten die Beratungen. Dann wurde der Entwurf im Jahre 1907 durch National- und Ständerat einstimmig angenommen. Am 1. 1. 1912 trat das Gesetz in Kraft.

So vorteilhaft sich das ZGB in seiner Sprache und Gesetzestechnik vom BGB abhebt, so sehr ähnelt es ihm inhaltlich. In seiner Beschränkung auf die wesentlichen Grundsätze und Begriffe setzt auch das ZGB den wissenschaftlich geschulten Juristen als Rechtsanwender voraus. Dabei ist das Bewußtsein der Lückenhaftigkeit im ZGB stärker ausgeprägt als im BGB. Dies zeigt eine berühmte Vorschrift in der Einleitung (Art. 1 Abs. 2), wonach der Richter bei Lücken des Gesetzes und Fehlen eines Gewohnheitsrechtes nach der Regel zu entscheiden hat, „die er als Gesetzgeber aufstellen würde." Man spürt den Geist von Kants kategorischem Imperativ in dieser Vorschrift.

Die Anhänger der Freirechtsbewegung haben sich gerne auf diese Vorschrift berufen. Doch ist ihnen entgegengehalten worden, die dem Richter durch diese Vorschrift eingeräumte Freiheit sei nicht vergleichbar der Freiheit des Gesetzgebers. Der schweizerische Richter habe sich bei der Lückenausfüllung an den der Rechtsordnung zugrunde liegenden Rechtsgrundsätzen zu orientieren und „das ganze bestehende System als verbindlich vorauszusetzen" (Merz). Zu einer „rechtspolitischen Willensentscheidung" sei er nicht berufen. Seine Stellung und Aufgabe sei „nicht so wesentlich verschieden von derjenigen des Richters in unseren Nachbarstaaten" (Liver).

Bei aller inhaltlichen Entsprechung zum BGB weist das ZGB doch eine Reihe von Besonderheiten auf. So enthält es in der Einleitung (Art. 2 Abs. 2) ein allgemeines Verbot des Rechtsmißbrauchs. Ferner ist ein allgemeines Persönlichkeitsrecht normiert, dessen Verletzung Schadensersatzansprüche auslöst. Im Eherecht findet sich eine Generalklausel der „Zerrüttung" als Scheidungstatbestand. Diese hat – entgegen der deutlich sichtbaren Tendenz des Gesetzes, den Zusammenhalt der Familie und ihres Vermögens zu befördern – zu einer unbeabsichtigten Ausweitung der Ehescheidungen geführt. Im Recht der beweglichen Sachen gilt ein strenges Publizitätsprinzip. Ein Eigentumsvorbehalt setzt die

Eintragung in ein öffentliches Register voraus. Für eine Verpfändung ist immer eine Besitzübertragung nötig. Eine Sicherungsübereignung ist ausgeschlossen.

Insgesamt enthält das ZGB mehr deutschrechtliche Elemente als das BGB. Die Kritik, die etwa Otto von Gierke gegen das BGB gerichtet hatte, wurde ersichtlich bei der Abfassung des ZGB berücksichtigt.

Huber ist auch als Rechtsphilosoph hervorgetreten. In seinem Werk „Recht und Rechtsverwirklichung" (1921) hat er sich u. a. eingehend über die Gesetzgebung geäußert, und naturgemäß finden diese Ausführungen des großen Gesetzesschöpfers heute noch besonderes Interesse.

Alle formulierten Rechtssätze lassen sich, schreibt Huber in diesem Werk, „auf zwei allmächtige Momente zurückführen: Die Ideen und die Realien." Er erläutert dies. „Die *Ideen* schaffen den Antrieb, in der Ordnung der menschlichen Gemeinschaft die Gerechtigkeit zu verwirklichen ... Die *Realien* aber stellen sich uns als die tatsächlichen Verhältnisse, als die realen Mächte dar, mit denen unter jeder menschlichen Vergesellschaftung gerechnet werden muss."

Die Gesetzgebung sei nun auf das „vernünftige Bewußtsein" zurückzuführen. Dieses habe die Aufgabe, menschliches Verhalten an Ideen zu messen („regulatives" Ordnungsprinzip) und Mittel zur Bedürfnisbefriedigung („agitatives" Ordnungsprinzip) zu finden. Die Gesetzgebung sei somit ein Produkt aus agitativen und regulativen Ordnungsprinzipien. Dabei sei sie an die „Realien" gebunden. „*Es gibt Momente, mit denen die Gesetzgebung sich jederzeit abfinden muss, die also für die Gesetzgebung so notwendig sind, wie die Idee des Rechts selber*".

Zahlreiche Ehrungen zeigen, welch großes Ansehen Huber genoß. Seine bis heute anhaltende Popularität macht deutlich, wie sehr das von ihm geschaffene ZGB ein Gegenstand nationalen Interesses in der Schweiz ist.

5. Von Gierke – „Das Wesen der menschlichen Verbände"

Als im Jahre 1887 der erste Entwurf des Bürgerlichen Gesetzbuches vorgelegt wurde, stieß er auf heftige Kritik. Die „Germanisten", an ihrer Spitze Otto von Gierke, befanden den Entwurf für zu ,,romanistisch". Sie forderten eine stärkere Berücksichtigung der deutschrechtlichen Tradition und beklagten heftig das Übergewicht des fremden, des Römischen Rechts. Darüber seien die nationalen und volksmäßigen Elemente der Rechtsentstehung zu kurz gekommen.

Von Gierke (1841 – 1921) war unter den Rechtsprofessoren zur Zeit der Jahrhundertwende eine der eindrucksvollsten Erscheinungen – hochgewachsen, blond, bärtig. Ein Kollege schrieb über seine Vorlesungen: ,,Begann er in schwerem Ringen mit sich selbst mit ungelenken Gebärden zu reden, so mutete er fast an wie der Donnergott." Er schuf ein gewaltiges Werk, in dessen Mittelpunkt seine ,,Genossenschaftstheorie" stand. Genossenschaftstheorie – was heißt das?

In einer Rede bei Antritt des Rektorats der Berliner Universität im Jahre 1902, gab von Gierke über diesen ,,Mittelpunkt" seiner wissenschaftlichen Lebensarbeit Auskunft. Es ging ihm bei der Genossenschaftstheorie um ,,das Problem der menschlichen Verbandseinheit: die Frage nach der Beschaffenheit der untereinander überaus ungleichartigen Gebilde, die wir dem Gattungsbegriff der gesellschaftlichen Körper unterstellen und denen wir hiermit ein gemeinsames Merkmal zuschreiben, das die erhabenen Erscheinungen des Staates und der Kirche mit der kleinsten Gemeinde und der losesten Genossenschaft teilen."

Von Gierke faßte also den Begriff der Genossenschaft viel weiter auf, als er heute etwa im Sinne des Genossenschaftsgesetzes verstanden wird. Genossenschaft war für ihn ,,jede auf freier Vereinigung beruhende deutschrechtliche Körperschaft". Auf diese Weise erfaßte er alle körperschaftlich strukturierten Verbände, von der Familie bis zum Staat. In ihnen sah er eine zentrale Erscheinung des deutschen Rechtslebens. Damit entstand für ihn die Frage nach der Natur dieser Genossenschaften.

Er schrieb: ,,Bekanntlich behandelt unser positives Recht die organisierten Gemeinschaften ... als einheitliche Wesenheiten, denen es Persönlichkeit zuschreibt. Sie werden als ,,juristische Personen" bezeichnet ... Dies steht fest. Allein der Zweifel beginnt, wenn gefragt wird, welche Wirklichkeit diesem Rechtsphänomen zu Grunde liegt. Hier spalten sich die juristischen Theorien."

Die herrschende, aus römischrechtlicher individualistischer Sicht entstandene ,,Fiktionstheorie" behaupte, es handle sich bei den Genossenschaften um handlungsunfähige Personen, so daß

35 Otto von Gierke, 1841–1921, Foto um 1900.

die juristische Person nur „eine vom Recht für bestimmte Zwecke aufgestellte Fiktion sei." Sarkastisch merkte von Gierke an: „Eine erdichtete Einheit. Eine Schöpfung aus dem Nichts."

Diese Fiktionstheorie lehnte von Gierke ab. Sie bezeichne das neue Rechtssubjekt als „bloßes Begriffswesen", welches ein „schattenhaftes Dasein" führe, welches „in seiner Willens- und Handlungsunfähigkeit dem Kinde oder vielmehr Wahnsinnigen" gleiche, und welches „nur durch die von natürlichen Personen besorgte vormundschaftliche Vertretung eine erborgte Aktionsfähigkeit" gewinne.

Nein, mit der Fiktionstheorie könnten die Genossenschaften nicht erfaßt werden. Hierzu sei eine andere Auffassung nötig. Die Genossenschaften seien Organismen, „reale Verbandspersönlichkeiten", die mit privatrechtlichen, individualistischen Kategorien überhaupt nicht erfaßt werden könnten. Sie hätten vielmehr „sozialrechtliche" Strukturprinzipien. Für von Gierke steht die „wissenschaftliche Berechtigung der Annahme einer realen leiblich-geistigen Einheit der menschlichen Verbände" fest. „Darüber hinaus trägt wissenschaftliche Erkenntnis nicht. Das Geheimnis des eigentlichen Wesens dieser Lebenseinheiten bleibt unentschleiert."

Natürlich erhebt sich hier die Frage nach den Konsequenzen dieser Auffassung. Von Gierke sah sie in folgendem: „Der gesamte systematische Aufbau des Rechts, die Form und der Gehalt der wichtigsten Rechtsbegriffe und die Entscheidung zahlreicher sehr praktischer Einzelfragen hängen von der Konstruktion der Verbandspersönlichkeit ab ... Das Recht muß sich entsprechend der Doppelnatur des Menschen, der ein Ganzes für sich und Teil eines höheren Ganzen ist, in zwei große Zweige spalten, die wir als Individualrecht und Sozialrecht bezeichnen können."

Das Sozialrecht wird also zum großen Gegenspieler des Individualrechts. Ihm gehören das „Staatsrecht und alles sonstige öffentliche Recht, aber auch die dem Privatrecht einverleibte innere Lebensordnung privater Verbandspersonen" an. Hier „müssen Begriffe walten, die im Individualrecht keinerlei Vorbild haben ... Hier kann das Recht ... den Aufbau des lebendigen Lebens aus seinen Teilen und die Betätigung seiner Einheit in der Vielheit dieser Teile normativ bestimmen."

In einem umfangreichen Werk hat von Gierke diesen Gedanken ausgeführt, die Dogmatik des Genossenschaftsrechts entfaltet und in „großartigen Arbeiten" die „germanischen Genossenschaftsformen ... in ihrem Reichtum und ihrer Entwicklung ... historisch neu entdeckt" (Max Weber). Von hier aus wird auch seine Kritik am ersten Entwurf des Bürgerlichen Gesetzbuches verständlich. Sie richtet sich gegen dessen individualistische Orientierung. Es fehle, wie er betonte, die sozialrechtliche Komponente. Die Geschichte hat seine Kritik bestätigt. Die Entwicklung des Bürgerlichen Gesetzbuches ist in Richtung der von Gierke vermißten sozialen Pflichtenbindung verlaufen.

Besonders hoch wird sein Einfluß auf die Entwicklung des modernen Arbeitsrechtes veranschlagt. Erstmals ist er dazu imstande gewesen, die personenrechtliche Seite des Arbeitsverhältnisses an Stelle der ursprünglichen rein schuldrechtlichen Sicht zu erfassen. Das Arbeitsverhältnis hat er als Eingliederung des Arbeitnehmers in einen Verband begriffen. Von hier aus konnte sich das Arbeitsschutzrecht und das Betriebsverfassungsrecht entwikkeln. So hat sich bestätigt, was von Gierke in seiner erwähnten Rektoratsrede aus dem Jahre 1902 gewiß schien: „... daß die organische Auffassung der Verbände sich in der Rechtswissenschaft bewährt."

6. Radbruch – Auf der Suche nach der „Natur der Sache"

Radbruch (1878 – 1949) war der wohl bekannteste juristische Vertreter des sog. „Neukantianismus". Zugleich stand er an der Spitze jener Rechtsdenker, die in den ersten Jahrzehnten unseres Jahrhunderts um eine Erneuerung rechtsphilosophischen Denkens bemüht waren.

Der aus der Kantischen Philosophie erwachsene Rechtspositivismus hatte eine merkwürdige aphilosophische Folge gehabt. Er hatte die Rechtsphilosophie im 19. Jahrhundert absterben lassen. An ihre Stelle war die Allgemeine Rechtslehre getreten, das Bemühen, allgemeine Begriffe und Kategorien des Rechts „vor die Klammer" der einzelnen Dogmatiken zu ziehen. Radbruch bezeichnete diese als „Euthanasie der Rechtsphilosophie". Seine 1914 veröffentlichte „Rechtsphilosophie" war für zwei Juristengenerationen das Standardwerk. Erst in den letzten Jahren hat sie Gesellschaft und Konkurrenz bekommen.

Auch Radbruch begann – in der Nachfolge Kants stehend – als Rechtspositivist. Als Grundprinzip des Rechts empfand er den „Methodendualismus" zwischen der Welt des Sollens und der Welt des Seins. In der „Rechtsphilosophie" schrieb er: „Die Kantische

36 Gustav Radbruch, 1878–1949.

Philosophie hat uns über die Unmöglichkeit belehrt, aus dem, was *ist*, zu erschließen, was *wertvoll*, was *richtig* ist, was sein *soll*." Und: „Sollenssätze, Werturteile, Beurteilungen können nicht induktiv auf Seinsfeststellungen, sondern nur deduktiv auf andere Sätze gleicher Art gegründet werden. Wertbetrachtung und Seinsbetrachtung liegen als selbständige, je in sich geschlossene Kreise nebeneinander. Das ist das Wesen des *Methodendualismus*."

Daraus zog er den Schluß: „Sollenssätze sind nur durch andere Sollenssätze begründbar und beweisbar. Eben deshalb sind die letzten Sollenssätze unbeweisbar, nicht des Erkenntnisses, sondern nur des Bekenntnisses fähig."

Diese Formulierungen drücken den Rechtspositivismus aus. Doch mühte Radbruch sich darum, diesen strengen Dualismus zu überwinden und Wert und Wirklichkeit aufeinander auszurichten. Diese Überwindung vollzog sich in vier Schritten. Drei davon ging Radbruch selbst; den vierten gingen – in der Gegenwart – seine Nachfolger und Erben.

Der erste Schritt: Gestützt auf die Erkenntnisse der sog. südwestdeutschen Richtung des Neukantianismus (Windelband, Rickert) erkannte Radbruch neben den „wertblinden" Naturwissenschaften und den „bewertenden bzw. wertüberwindenden" Geisteswissenschaften die „wertbeziehenden" Kulturwissenschaften an, zu denen er auch die Rechtswissenschaft zählte. Damit war der Methodendualismus zwar noch nicht überwunden – „Kultur ist... nicht Wertverwirklichung, aber Kultur ist die Gegebenheit, die die Bedeutung, den Sinn hat, Werte zu verwirklichen" –, doch es ist doch die apriorische Trennung von Wert und Wirklichkeit in Frage gestellt.

Der zweite Schritt: In einem Aufsatz „Rechtsidee und Rechtsstoff" entwickelte Radbruch im Jahre 1923 die Lehre von der „Stoffbestimmtheit der Idee". Dieser Aufsatz beginnt mit den Worten: „Die Idee erhebt den Anspruch, über den Stoff zu herrschen. Das heißt aber: sie gilt für einen bestimmten Stoff, ist auf diesen Stoff hingeordnet – ist also von dem Stoff, den sie beherrschen will, wiederum mitbestimmt. Wie die künstlerische Idee sich dem Material bequemt, eine andere ist, wenn sie in Bronce, eine andere, wenn sie in Marmor sich verkörpern will, so ist es jeder Idee eingeboren, materialgerecht zu sein. Wir nennen dies Verhältnis die *Stoffbestimmtheit* der Idee, indem wir uns den Doppelsinn dieser Bezeichnung – *durch* den Stoff bestimmt, weil *für* den Stoff bestimmt – bewußt zu eigen machen, und wir bezeichnen die Idee, insofern wir sie vor aller und unabhängig von aller Stoffbestimmtheit zu denken suchen, als die *reine Form der Idee*."

Der dritte Schritt: Die „Stoffbestimmtheit der Idee" entwickelte sich zur „Ideenbestimmtheit des Stoffes". Der Durchbruch hierzu kündigte sich im Jahre 1938 mit dem Aufsatz „Klassenbegriffe und Ordnungsbegriffe im Rechtsdenken" an. Darin übertrug Radbruch Erkenntnisse von Hempel und Oppenheim über den Typusbegriff auf die Rechtstheorie. Er wandte sich gegen das „Trennungsdenken", die „klassifizierende Methode" des herkömmlichen juristischen Begriffsdenkens und trat für einen abstufbaren Begriff, einen „Typus" ein, von dem er sagte: „Er will ein Glied sein in einer fortschreitenden Reihe, er will Tatsachen miteinander in Verbindung bringen, nicht wie der klassifizierende Begriff voneinander trennen."

Radbruch hielt diese Frage für das „vielleicht wichtigste Problem unserer Methodenlehre", machte aber eine Einschränkung: „Freilich sind diese Typusbegriffe nur Durchgangsformen auf dem Weg zu den als Endform erstrebten Klassenbegriffen, Klassenbegriffe in statu nascendi." Aber sofort schränkte er auch diese Einschränkung wieder ein: „... dieser status nascendi ist in Wahrheit ein Dauerzustand, der niemals endgültig überwunden wird. Die Unberechenbarkeit gegenwärtiger und künftiger Fälle sorgt dafür, daß die festen Grenzen scheinbar endgültig erreichter Klassenbegriffe immer wieder in Frage gestellt werden, immer wieder als fließende sich erweisen."

Im Jahre 1941 vollendete Radbruch seinen erwähnten dritten Schritt mit dem Aufsatz „La natura della cosa come forma giuridica di pensiero". Darin stellte er seine Lehre von der Natur der Sache dar, mit der er die Ideenbestimmtheit des Stoffes für die Rechtstheorie realisierte.

„Die Denkform der Natur der Sache", merken Arth. Kaufmann/Hassemer hierzu an, „ist ein Instrument, das nicht erst Radbruch in die rechtstheoretische Diskussion eingebracht hat. Schon die Juristen des 19. Jahrhunderts haben ... mit dem „Sinn der Lebensverhältnisse" und ähnlichen Synonyma gearbeitet. Bei Radbruch jedoch wird dieses Instrument zur Brücke zwischen Gesetz und Richterspruch mit einem Stellenwert im System einer philosophisch begründeten Rechtstheorie".

Radbruch ging von der „klassischen" Formulierung Dernburgs aus: „Die Lebensverhältnisse tragen, wenn auch mehr oder weniger entwickelt, ihr Maß und ihre Ordnung in sich. Diese den Dingen innewohnende Ordnung nennt man Natur der Sache. Auf sie muß der denkende Jurist zurückgehen, wenn es an einer positiven Norm fehlt oder wenn dieselbe unvollständig oder unklar ist."

„Natur der Sache", schrieb Radbruch, ist das „Wesen", der „Sinn" der Sache, „und zwar nicht ein von irgend jemandem wirklich gedachter, vielmehr der allein aus der Beschaffenheit der Lebensverhältnisse selbst zu entnehmende objektive Sinn, die Antwort auf die Frage: wie kann dieses so beschaffene Lebensverhältnis als sinnvoll gedacht werden, das heißt als Verwirklichung einer Idee – und welcher Idee ?"

Den vierten und letzten Schritt auf dem Weg zur Überwindung des Methodendualismus ging Radbruch freilich nicht. Er zog nicht die volle Konsequenz aus seinen Überlegungen. Das, was ihn daran hinderte, war seine rechtspositivistische Vergangenheit. Radbruch errichtete einen neuen Dualismus, nämlich den zwischen Natur der Sache und Gesetz, und er gestand der Natur der Sache lediglich eine Ausfüllungsfunktion bei Gesetzeslücken zu. Er schrieb: „Die Natur der Sache ist nicht etwas aus eigener Kraft Geltendes, keine Rechtsquelle, sie gilt also nur, soweit eine Rechtsquelle ihr ausdrücklich oder stillschweigend Raum gewährt. Sie ist ein Mittel der Auslegung und Lückenausfüllung, soweit der von ihr ermittelte Sinn des Lebensverhältnisses und die Idee, auf die er sich gründet, mit dem Geist des Gesetzes nicht in Widerspruch steht. Sie ist die ultima ratio der Auslegung und Vervollständigung des Gesetzes, die nur dann zur Anwendung kommt, wenn man für die Regelung eines Lebensverhältnisses eine von dem konkreten Gesetzgeber gemeinte Idee nicht nachweisen kann, vielmehr genötigt ist, sich auf den „Gesetzgeber überhaupt", den Gesetzgeber in abstracto zu berufen."

Damit statuierte Radbruch eine Überordnung des Gesetzes über die Natur der Sache. „In der Konsequenz des Radbruchschen Systems hätte es gelegen, wenn er der Natur der Sache eine Funktion nicht unterhalb des Gesetzes, sondern in dem Gesetz zugewiesen hätte ..." schreiben Arth. Kaufmann/Hassemer. Und sie fügen hinzu, erst die moderne juristische Hermeneutik habe in der Gegenwart mit der Aufdeckung der ursprünglichen Verwiesenheit von Gesetz und Sachverhalt diese Konsequenz gezogen (Recht als „Entsprechung" von Sollen und Sein). „Das Gesetz wird am Sachverhalt verstanden, der Sachverhalt kann erst hergestellt und verstanden werden unter einer bestimmten Gesetzesnorm." Zwischen beiden besteht, wie Engisch das in einer berühmten Formulierung ausgedrückt hat, eine „ständige Wechselwirkung, ein Hin- und Herwandern des Blickes zwischen Obersatz (sc. Gesetzesnorm) und Lebenssachverhalt."

7. Weber – Rechtssoziologie als wahre Rechtswissenschaft

Der große alte Mann der Soziologie, Max Weber (1864–1920) hatte sein wissenschaftliches Werk als Jurist begonnen. Seine Dissertation behandelte das Thema „Zur Geschichte der Handelsgesellschaften im Mittelalter". Seine Habilitationsschrift trug den Titel „Die römische Agrargeschichte in ihrer Bedeutung für das Staats- und Privatrecht". In diesen Arbeiten untersuchte er die Wirkungszusammenhänge von rechtlichen, wirtschaftlichen und sozialen Faktoren. Damit zog er Konsequenzen aus dem zu seiner Zeit herrschenden positivistischen Wissenschaftsbegriff. Dieser legte es nahe, als Wissenschaft vom Recht nur diejenige Disziplin anzuerkennen, die sich mit den dem Recht zugrundeliegenden gesellschaftlichen Tatsachen befaßte – die Rechtssoziologie. Demgegenüber wurde die Rechtsdogmatik – die Lehre von den dogmatischen Rechtssätzen – als unwissenschaftlich angesehen, weil sie keine echten Erkenntnisse liefern könne. Das ist bis heute die Überzeugung aller empirisch arbeitenden Rechtssoziologen geblieben.

Als erster hat Eugen Ehrlich, der Begründer der Freirechtsbewegung, diese Auffassung vertreten. Nur die Rechtssoziologie handle von „Tatsachen" und bleibe nicht bei den „Worten" stehen. Sie allein könne „wie jede echte Wissenschaft" mittels der „induktiven" Methode, d. h. durch „Beobachten von Tatsachen, Sammeln von Erfahrungen unsere Einsicht in das Wesen der Dinge zu vertiefen" suchen.

Dieses Wissenschaftsideal hat Max Weber in Vollendung verwirklicht. Er hat eine streng empirische „Rechtssoziologie" geschrieben. Darin heißt es: „Wenn von ‚Recht', ‚Rechtsordnung', ‚Rechtssatz' die Rede ist, so muß besonders streng auf die Unterscheidung juristischer und soziologischer Betrachtungsweise geachtet werden. Die erstere fragt: was als Recht ideell gilt. Das will sagen: welche Bedeutung, und dies wiederum heißt: welcher *normative Sinn* einem als Rechtsnorm auftretenden sprachlichen Gebilde logisch *richtigerweise* zukommen *sollte*. Die letztere dagegen fragt: was innerhalb einer Gemeinschaft *faktisch* um deswillen *geschieht*, weil die *Chance* besteht, daß am Gemeinschaftshandeln beteiligte Menschen, darunter insbesondere solche, in deren Händen ein sozial relevantes Maß von faktischem Einfluß

37 Max Weber, 1864–1920, Foto um 1905.

auf dieses Gemeinschaftshandeln liegt, bestimmte Ordnungen als geltend *subjektiv* ansehen und praktisch behandeln, also ihr eigenes Handeln an ihnen orientieren."

Aus dem ,,empirischen" Gelten eines ,,Rechtssatzes" könnten für Einzelpersonen ,,daraus *berechenbare Chancen* erwachsen, ökonomische Güter in ihrer Verfügung zu behalten oder künftig... die Verfügung über solche zu erwerben". Dies setze ,,die Hilfe eines dafür bereitstehenden ‚Zwangsapparates'" voraus. Das Recht wird also auf die Macht gegründet. Der staatliche Zwang begründet die Geltung des Rechts. Es gilt die Imperiumstheorie.

,,Wir wollen", schreibt Max Weber, ,,... überall da von ‚Rechtsordnung' sprechen, wo die Anwendung irgendwelcher, physischer oder psychischer, Zwangsmittel in Aussicht steht, die von einem Zwangs*apparat*, d. h. von einer oder mehreren Personen ausgeübt wird, welche sich zu diesem Behuf für den Fall des Eintritts des betreffenden Tatbestandes bereithalten, wo also eine spezifische Art der Vergesellschaftung zum Zweck des ‚Rechtszwanges' existiert."

Die Erforschung der gesellschaftlichen Tatsachen war und ist eine wichtige Aufgabe, und es ist das große Verdienst Max Webers und anderer empirisch arbeitender Rechtssoziologen, diesen Acker bestellt zu haben. Aber mit der These, allein die Wissenschaft vom Recht zu betreiben, haben sie sich nicht durchgesetzt. Die andere Richtung des Positivismus – der normlogische Positivismus, der auf die Begrifflichkeit des Rechts baute und das positive Gesetz zum alleinigen Objekt der Rechtswissenschaft erklärte –, erwies sich als stärker. Der Rechtspositivismus war ganz überwiegend kein empirischer, sondern ein dogmatischer Positivismus.

Heute wissen wir, daß beide Ansätze zu verbinden sind. Eine Mißachtung der Begrifflichkeit des Gesetzes ist ebenso gefährlich wie dessen Verabsolutierung. Freilich ist der Königsweg noch nicht gefunden, auf dem beide Anstrengungen vereinigt werden könnten – und vielleicht läßt sich dieser Weg auch gar nicht finden.

8. Kelsen – Gerechtigkeit ist nur ein „schöner Traum"

,,Die Reine Rechtslehre ist eine Theorie des positiven Rechts; des positiven Rechts schlechthin, nicht einer speziellen Rechtsordnung. Sie ist allgemeine Rechtslehre, nicht Interpretation besonderer... Normen. Aber sie gibt eine Theorie der Interpretation.

Als Theorie will sie ausschließlich und allein ihren Gegenstand erkennen. Sie versucht, die Frage zu beantworten, was und wie das Recht ist, nicht aber die Frage, wie es sein oder gemacht werden soll. Sie ist Rechtswissenschaft, nicht aber Rechtspolitik.

Wenn sie sich als eine „reine" Lehre vom Recht bezeichnet, so darum, weil sie nur eine auf das Recht gerichtete Erkenntnis sicherstellen und weil sie aus dieser Erkenntnis alles ausscheiden möchte, was nicht zu dem exakt als Recht bestimmten Gegenstande gehört. Das heißt: sie will die Rechtswissenschaft von allen ihr fremden Elementen befreien. Das ist ihr methodisches Grundprinzip."

Mit diesen programmatischen Sätzen beginnt Hans Kelsen (1881 – 1973) seine „Reine Rechtslehre", eine Lehre, die Kelsen selbst als „*die* Theorie des Rechtspositivismus" bezeichnet hat. Für den Positivisten und Neukantianer Kelsen besteht ein strikter Dualismus zwischen Sein und Sollen. Zwischen beiden Bereichen gibt es keine Brücke. Diese Trennung muß als gegeben hingenommen werden.

Kelsen schreibt: „Der Unterschied zwischen Sein und Sollen kann nicht näher erklärt werden. Er ist unserem Bewußtsein unmittelbar gegeben. Niemand kann leugnen, daß die Aussage: etwas ist – das ist die Aussage, mit der eine Seins-Tatsache beschrieben wird – wesentlich verschieden ist von der Aussage, daß etwas sein soll – das ist die Aussage, mit der eine Norm beschrieben wird; und daß daraus, daß etwas ist, nicht folgen kann, daß etwas sein soll, so wie daraus, daß etwas sein soll, nicht folgen kann, daß etwas ist."

Die Rechtswissenschaft habe es als Normwissenschaft nur mit dem Sollen zu tun. Kelsen beklagt, daß man dies im 19. und 20. Jahrhundert verkannt habe. „In völlig kritikloser Weise hat sich Jurisprudenz mit Psychologie und Soziologie, mit Ethik und politischer Theorie vermengt." Gegen diese Disziplinen wolle die „Reine Rechtslehre" das Recht abgrenzen, „nicht etwa darum, weil sie den Zusammenhang ignoriert oder gar leugnet, sondern darum, weil sie einen Methodensynkretismus zu vermeiden sucht, der das Wesen der Rechtswissenschaft verdunkelt . . ."

Als Anhänger des logischen Positivismus des sog. Wiener Kreises erkennt Kelsen nur das als sinnvoll und verstehbar an, was logisch verifiziert werden kann. Metaphysik ist für ihn sinnlos. Bewertungen sind lediglich Ausdruck von Gefühlen. Der Inhalt von Normen ist wissenschaftlicher Erkenntnis nicht zugänglich. Gerechtigkeit ist nur „ein schöner Traum der Menschheit, wir wissen nicht, was sie ist, und werden es nie wissen.“. Nur die formalen, logischen Strukturen der Normen sind der wissenschaftlichen Erkenntnis zugänglich. Das „reine“ Sollen hat keinen Inhalt.

Konsequent erkennt Kelsen auch die Möglichkeit an, daß „jeder beliebige Inhalt Recht sein“ kann. „Es gibt kein menschliches Verhalten, das als solches, kraft seines Gehalts, ausgeschlossen wäre, Inhalt einer Rechtsnorm zu sein.“ Angesichts solcher Sätze versteht man, daß Hermann Klenner Kelsens Lehre als „Rechtsleere“ verurteilt hat. Aber man muß sehen, daß Kelsens Indifferenz die Rechtswissenschaft davor bewahren sollte, als „Propaganda absoluter Werte“ (Max Weber) mißbraucht zu werden, ein Schicksal, dem freilich nicht einmal die „Reine Rechtslehre“ selbst entging.

Wenn die Geltung von Normen nicht mehr auf die Metaphysik vorgegebener objektiver Werte begründet werden kann, und wenn auch die Überzeugung der Rechtsunterworfenen, der „Volksgeist“ als bloßes „Sein“ keine Basis mehr für ein Rechtssystem abgibt, dann erhebt sich natürlich die Frage: „Warum gilt eine Norm, was ist ihr Geltungsgrund?“ Kelsen gibt darauf eine konsequente Antwort: „Der Geltungsgrund einer Norm kann nur die Geltung einer anderen Norm sein.“

Natürlich entsteht dann sofort das Problem eines unendlichen Regresses. Kelsen schneidet ihn ab. „... die Suche nach dem Geltungsgrund einer Norm kann nicht, wie die Suche nach der Ursache einer Wirkung, ins Endlose gehen. Sie muß bei einer Norm enden, die als letzte, höchste vorausgesetzt wird. Als höchste Norm muß sie *vorausgesetzt* sein, da sie nicht von einer Autorität *gesetzt* sein kann, deren Kompetenz auf einer noch höheren Norm beruhen müsste. Ihre Geltung kann nicht mehr von einer höheren Norm abgeleitet, der Grund ihrer Geltung nicht mehr in Frage gestellt werden. Eine solche als höchste vorausgesetzte Norm wird hier als Grundnorm bezeichnet.“

„Die Funktion dieser Grundnorm ist: die objektive Geltung einer positiven Rechtsordnung ... zu begründen.“ Darin erschöpft sich ihre Aufgabe. Insbesondere ist sie nicht imstande, die Inhalte der aus ihr abgeleiteten Normen irgendwie zu beeinflussen. „Der Inhalt einer positiven Rechtsordnung ist von ihrer

38 Hans Kelsen, 1881–1973, Foto um 1930.

Grundnorm völlig unabhängig. Denn – wie mit Nachdruck betont werden muß – aus der Grundnorm kann nur die Geltung, nicht der Inhalt der Rechtsordnung abgeleitet werden."

Die Grundnorm kann also gerechte wie flagrant ungerechte Gesetze in Geltung setzen. „Keiner positiven Rechtsordnung kann wegen des Inhalts ihrer Normen die Geltung abgesprochen werden. Das ist ein wesentliches Element des Rechtspositivismus;

und gerade in ihrer Theorie der Grundnorm erweist sich die Reine Rechtslehre als positivistische Rechtslehre."

Nach den Erfahrungen mit dem NS-Unrechtsstaat – der auch Kelsen in die Emigration getrieben hatte – versteht man, daß solche Sätze Kritik ausgelöst haben. Man hat Kelsen vorgeworfen, er habe die Haltung der Juristen gegenüber den verbrecherischen Führerbefehlen nicht unbeeinflußt gelassen und den Unrechtsgesetzen jener Zeit den Schein von Legalität und Legitimität verliehen.

Gegen solche Vorwürfe hat Kelsen selbst sich zur Wehr gesetzt: „Der Rechtspositivismus führt nicht ... zur Ersetzung der Rechtsphilosophie durch eine allgemeine Rechtslehre, zu einer „Euthanasie der Rechtsphilosophie", sondern zu einer Arbeitsteilung zwischen beiden. Die allgemeine Rechtslehre hat das positive Recht ohne jede Bewertung desselben zu beschreiben, so wie es ist, nicht so, wie es sein soll; und sie hat die zu dieser objektiven Beschreibung erforderlichen Begriffe zu definieren. Sie ist ... „wertblind". Aber das muß sie – als *Wissenschaft* sein. Das bedeutet nicht, daß das Recht nichts mit Wert zu tun hat. ... Eine solche Bewertung, die Antwort auf die Frage, wie das Recht sein soll, was das richtige, gerechte Recht ist, ist der Rechtsphilosophie vorbehalten, die damit eine Funktion der *Rechtspolitik* ausübt und die, da es sehr verschiedene Gerechtigkeitsideale gibt, dabei zu sehr verschiedenen Ergebnissen kommen kann."

Rechtspolitik ist auch die Rechtsprechung. Die gerichtliche Entscheidung hat „nicht ... einen bloß deklaratorischen Charakter." Vielmehr ist sie eine „Fortsetzung des Rechtserzeugungsprozesses". Der Stufenbau der Rechtsordnung schreitet von der Grundnorm über die Verfassung und die Gesetze zum richterlichen Rechtsprechungsakt fort. Das Gesetz läßt dem Richter einen Spielraum, den er konstitutiv, rechtsschöpferisch ausfüllt. Dieser Akt ist Rechtspolitik. Die Wissenschaft kann nur den Entscheidungsrahmen, die verschiedenen Möglichkeiten der Entscheidung feststellen. Allein dies bezeichnet Kelsen als „Interpretation".

Die Reine Rechtslehre hat als Theorie außerordentlich stark gewirkt. Ihre große Bedeutung liegt darin, daß sie den Positivismus – jene mächtigste wissenschaftstheoretische Strömung des 19. Jahrhunderts – im Recht zu Ende gedacht und damit seine Grenzen aufgewiesen hat. Ihr praktischer Einfluß ist freilich denkbar gering geblieben. Logische Stringenz und theoretische Reinheit des Systems sind offensichtlich keine Kategorien, die praktisches Rechtshandeln nennenswert beeinflussen können.

9. Von Liszt – „Der Zweckgedanke im Strafrecht"

Franz von Liszt (1851 – 1919), ein Vetter des Musikers Franz Liszt, war der Strafrechtslehrer, der die Methoden und den Wissenschaftsbegriff des Positivismus als erster konsequent auf das Strafrecht übertrug. Den Begriff der „gesamten Strafrechtswissenschaft" faßte er dabei weit. Kriminologie und „Pönologie" gehörten für ihn zum Strafrecht. Die Kriminologie sollte die Ursachen des Verbrechens erklären; die „Pönologie" (ein von ihm geprägter Ausdruck) sollte Ursachen und Wirkungen der Strafe deuten; das Strafrecht selbst war demgegenüber für ihn eine durchaus untergeordnete Kunstlehre, die in erster Linie didaktischen Zwecken diente.

Die Kriminologie hatte im 19. Jahrhundert im Zeichen des Positivismus einen mächtigen Aufschwung genommen. Das italienische „Dreigestirn" Cesare Lombroso, Enrico Ferri und Raffaele Garofalo hatte den Begriff „Schuld" abgelehnt und die Umstellung des Strafrechts auf ein Maßregelrecht gefordert. Diese Psychiater und Juristen hatten ganz neue Erkenntnisse auf den bis dahin völlig vernachlässigten Gebieten Kriminologie und Kriminalpsychologie gewonnen. Lombroso hatte vom „delinquente nato" gesprochen und die revolutionäre These aufgestellt, Ursache des Verbrechens seien bestimmte körperliche, vererbliche Eigenschaften des Menschen. Ferri hatte eine „Scuola Positiva" gegründet, das Schwergewicht auf die sozialen Faktoren der Entstehung des Verbrechens gelegt und war für soziale Reformen eingetreten. Garofalo hatte in seinem Werk „Kriminologie" die These vom „natürlichen Verbrecher" erneut vertreten und untermauert.

Diese Anstrengungen richteten auch jenseits der italienischen Grenzen das Augenmerk auf den Menschen und die Anlagen oder Umstände, die ihn zum Verbrecher werden ließen. Im Jahre 1882 hielt Liszt, eben nach Marburg berufen, dort seine berühmte Antrittsvorlesung „Der Zweckgedanke im Strafrecht". In ihr begründete er eine neue spezialpräventive Lehre, die als Denkmo-

39 Franz von Liszt, 1851–1919.

dell große internationale Wirkung haben und das Sanktionensystem des deutschen Strafrechts tiefgreifend umgestalten sollte.

Liszts Ausgangspunkt war die Frage nach der Wirklichkeit der Kriminalität. Sowohl die Anlage als auch die Umwelt schienen ihm „für das Zustandekommen der Kriminalität gleich unentbehrlich". Freilich nahm er ein Überwiegen der sozialen Faktoren an. Ein nach rationalen Gesichtspunkten ausgerichtetes Strafrecht müsse am „Zweckgedanken" orientiert sein. Es müsse einen Nutzen haben, der sich „positiv" an der Kriminalstatistik ablesen lasse. So gesehen fiel es ihm nicht schwer, die Mängel des geltenden Strafrechts zu beweisen. Von da aus entwickelte er ein Reformprogramm, welches die Kriminalpolitik als ein organisches Teilstück der Sozialpolitik ansah und welches von kausal-empirischen Forschungsmethoden nach dem Vorbild der Naturwissenschaften geleitet war. Sie habe den „Kampf gegen das Verbrechen an den Wurzeln des Verbrechens anzusetzen", sie müsse vor allem die kriminogenen gesellschaftlichen Verhältnisse selbst ändern.

Die zentralen Sätze dieser berühmten Antrittsvorlesung lauteten: „Die richtige, d. h. die gerechte Strafe ist die notwendige Strafe. Gerechtigkeit im Strafrecht ist die Einhaltung des durch den Zweckgedanken erforderlichen Strafmaßes." Das Strafrecht habe die Aufgabe, den nicht der Besserung bedürftigen Gelegenheitstäter durch einen „Denkzettel" aufzurütteln, um ihn von weiteren Straftaten abzuschrecken. Der besserungsfähige Zustandsverbrecher müsse durch Erziehung im Strafvollzug resozialisiert werden. Der unverbesserliche Gewohnheitsverbrecher aber müsse durch „Strafknechtschaft" auf unbestimmte Zeit unschädlich gemacht werden.

Eine besonders wichtige Erkenntnis der „Pönologie" lag für Liszt darin, daß aus der Strafe als einer blind vergeltenden „Triebhandlung" eine bewußte Zweckhandlung werde. Mit dieser Konzeption – die Liszt später in seiner berühmten Tätertypenlehre verfeinerte – verband sich vor allem ein Kampf gegen die Schädlichkeit der kurzen Freiheitsstrafe. Diese, so betonte Liszt, sei es, die den „Lehrling auf der Bahn des Verbrechers" erst endgültig zum Gewohnheitsverbrecher werden lasse.

Im Jahre 1889 gründete Liszt zusammen mit dem Belgier Adolphe Prins und dem Niederländer G. A. van Hamel die Internationale Kriminalistische Vereinigung. Bis zum Ersten Weltkrieg setzte diese sich für eine neue Kriminalpolitik ein. 1924 wurde sie durch die Internationale Strafrechtsvereinigung fortgesetzt. Heute wird deren kriminalpolitisches Programm von der Internationalen Gesellschaft für Soziale Verteidigung weitergeführt. Sie wurde 1947 von dem Italiener Filippo Grammatica gegründet. Ihr Hauptvertreter ist in der Gegenwart der Franzose Marc Ancel. Der Ausdruck „Soziale Verteidigung" (Défense Sociale) steht heute als umfassende Bezeichnung für alle Maßnahmen der Gesellschaft gegen Straffällige, die darauf abzielen, den Gestrauchelten durch Mittel der Fürsorge, Vorbeugung und persönlichen Betreuung als vollwertiges Glied der Gemeinschaft zurückzugewinnen.

Liszt hatte also dem altehrwürdigen Gedanken der Zweckstrafe im Zeichen des Positivismus einen neuen, mächtigen Auftrieb gegeben. Um ihn versammelte sich in Deutschland die moderne, „soziologische" Strafrechtsschule, der u. a. Kohlrausch, Radbruch und Eberhard Schmidt angehörten. Sie stand in schroffem Gegensatz zur klassischen Schule, deren Häupter Binding, Beling und Birkmeyer waren. Und wie sich das gehörte, bekämpften beide Schulen einander heftig und nicht immer mit zarten Formulierungen.

Liszt sah aber auch die Gefahren einer rein spezialpräventiv ausgerichteten Kriminalpolitik. Diese lagen in der unbegrenzten Behandlung des Straftäters. Vor ihnen sollte das Strafrecht als „die unübersteigbare Schranke der Kriminalpolitik" schützen. In einer berühmten Formulierung bezeichnete er das Strafgesetz als die „Magna Charta des Verbrechers".

So ist es kein Widerspruch, daß derselbe Liszt, der die moderne Schule anführte, ein dogmatisches Strafrechtssystem entwickelte, welches später als „klassischer Verbrechensbegriff" bezeichnet wurde. Da er dieser Dogmatik nur einen bescheidenen Rang einräumte, sie eigentlich nur als Hilfsmittel bei der „pädagogischen" Aufgabe ansah, „der lernbegierigen juristischen Jugend" die Rechtssätze zu vermitteln, schuf er ein bestechend einfaches und klares System, welches dann natürlich überaus erfolgreich war. Generationen von Juristen haben nach diesem System gelernt, die Straftat in die Bestandteile Tatbestand, Rechtswidrigkeit und Schuld zu zerlegen. Auch heute noch beherrscht dieses System – mit gewissen Modifikationen – Theorie und Praxis des Strafrechts.

Die kriminalpolitischen Ideen Liszts setzten sich demgegenüber langsamer durch. 1923, vier Jahre nach seinem Tod, tat das Jugendgerichtsgesetz den ersten Schritt zu einem Strafrecht, welches nicht nur strafen, sondern auch bessern wollte. 1933 wurden die „Maßregeln der Sicherung und Besserung" in das allgemeine Strafrecht eingeführt, womit die „Zweispurigkeit" von Straf- und Maßnahmerecht begründet wurde. 1968 wurden die Bagatelldelikte in nicht mehr kriminelle Ordnungswidrigkeiten umgewandelt. 1969 wurde eine grundlegende Reform des Sanktionenrechts verwirklicht. Die diskriminierende Zuchthausstrafe wurde abgeschafft und die Einheitsfreiheitsstrafe eingeführt. Die kurzfristige Freiheitsstrafe wurde zurückgedrängt. Der Katalog der Besserungsmaßregeln wurde erweitert. So setzte sich allmählich das Gedankengut dieses Rechtslehrers durch.

Übrigens war Liszt nicht nur Strafrechtler. Er schrieb auch ein Lehrbuch des Völkerrechts, welches elf von ihm selbst bearbeitete Auflagen erlebte.

10. Kantorowicz – Die „Contra-legem-Fabel"

Hermann Kantorowicz (1877–1940) war neben Eugen Ehrlich (1862–1922) und Ernst Fuchs (1859–1929) einer der Hauptvertreter der Freirechtsbewegung. Im Jahre 1906 veröffentlichte er unter dem Pseudonym Gnaeus Flavius eine Schrift mit dem Titel „Der Kampf um die Rechtswissenschaft". In ihr machte er die Öffentlichkeit erstmals mit der These vertraut, daß das Gesetz lückenhaft sei und außerhalb des Gesetzes „freies Recht" existiere.

Sechs Jahre nach Inkrafttreten des Bürgerlichen Gesetzbuches, dieser umfassendsten Kodifikation der deutschen Rechtsgeschichte, war das eine kühne These. Sie stieß denn auch auf entschiedenen Widerspruch. Man warf den Freirechtlern vor, sie wollten die Bindung des Richters an das Gesetz beseitigen und einer freien richterlichen Rechtsschöpfung das Wort reden. Freiheit vom Gesetz – dies sei die Parole der Freirechtsbewegung. Und man verwies auf die – bewußt von den Freirechtlern hergestellte – Analogie zur Bewegung der Freireligiösen.

Die Freirechtler wandten sich freilich gegen diesen Verdacht. In einem Aufsatz, der im Jahre 1911 in der Deutschen Richterzeitung erschien, nahm Kantorowicz gegen die von ihm so genannte „Contra-legem-Fabel" Stellung: „... man behauptet, daß (wir) eine Art rechtsphilosophischen Anarchismus predigen, daß die *Freirechtler* – oder ihr (angeblich existierender) „radikaler Flügel" – die unbedingte Verbindlichkeit des Gesetzes bestritten und dem Richter gestatten wollten – sei es grundsätzlich, sei es im Bedürfnisfalle – *gegen das Gesetz zu entscheiden.* Aber diese Behauptung, die die ganze Reformarbeit allmählich zu vergiften droht und insbesondere manche Angehörige des deutschen Richterstandes, an dessen Gesetzestreue noch niemand zu zweifeln gewagt hat, mißtrauisch macht, ist eine *Fabel.* Es muß versucht werden, sie endlich aus der Welt zu schaffen."

Aus den Schriften der Freirechtler, so Kantorowicz, gehe vielmehr klar hervor, daß sie dem Gesetz nicht den Gehorsam aufgekündigt hätten.

So habe *Ehrlich* in seinem Vortrag „Freie Rechtsfindung und freie Rechtswissenschaft" im Jahre 1903 den großen Schweizer Juristen *Eugen Huber* mit den Worten zitiert, der Richter solle „erkennen dürfen, daß das gesetzte Recht seine Lücken hat, die keine Auslegung auszufüllen vermag" und hinzugefügt: „Diese trefflichen Worte bezeichnen *erschöpfend* die Aufgabe, die dem Richter bei freier Rechtsfindung zufallen wird". Auch habe Ehrlich programmatisch betont: „Der Gegensatz der freien Rechtsfindung und der technischen liegt daher *nicht* darin, daß die erstere über das Gesetz hinausgehen würde."

Fuchs habe gefragt: „Um was handelt es sich bei der neuen Methode? *Der Richter steht unter dem Gesetz.* Niemand bestreitet, daß überall da, wo das Gesetz einen Fall ausgesprochen und klar entscheidet, ihm der Richter unterworfen ist." Und: „*Nicht frei vom Gesetz* will die soziologische Rechtsschule machen, sondern frei von der theoretisch und im ‚allgemeinen Teil' verpönten, aber praktisch herrschenden Begriffssklaverei."

Er selbst, Kantorowicz, habe schließlich geschrieben: „Wir gehen also davon aus, daß die Rechtspflege in der Hauptsache Staatstätigkeit ist und bleiben muß. Wir fordern deshalb, daß der Richter *durch seinen Eid verpflichtet*, den Fall so zu entscheiden, wie nach *klarem Wortlaut* des Gesetzes zu entscheiden ist." Immer wieder habe er, Kantorowicz, betont, „daß die freirechtliche Bewegung gerade umgekehrt den unverfälschten Gesetzeswillen wieder zu Ehren bringen will, indem sie zwar die *Ableitbarkeit* aller Urteile aus dem Gesetz bestreitet, aber umso mehr auf ihre *Vereinbarkeit* mit diesem besteht". Es gehe lediglich darum, die Methoden zu suchen, „nach welchen die außergesetzlichen, *subsidiären* Rechtsquellen (‚freies Recht') zu bearbeiten seien".

40 Hermann Kantorowicz, 1877–1942, Foto um 1927.

Und Kantorowicz konstatiert: „*Von allen obigen Stellen haben unsere Gegner bisher auch nicht eine einzige berücksichtigt!!* Sie haben vielmehr – offenbar in bestem Glauben und also ohne daß man ihnen moralisierende Vorwürfe machen könnte – Woche für Woche fortgefahren, die Contra-legem-Fabel zu verbreiten und so uns – Anwälte und Lehrer des Rechts – in unserer Berufsehre aufs tiefste gekränkt. Ich hege zu ihnen das Vertrauen, daß sie nun selber einsehen werden, daß sie Opfer eines *Mißverständnisses* geworden sind."

Die Freirechtsbewegung verfolge das Ziel, dazu beizutragen, „daß die beiden *höchsten Güter des staatlichen Lebens*, die Autorität des Gesetzes und das Ansehen des Richterstandes, im Volke wiederhergestellt" würden. Beide seien gefährdet, „durch Schuld gewisser, in der Buchstaben- und Begriffsjurisprudenz heimischer *Methoden* und mancher auf *ihnen* – nicht auf dem Gesetz und nicht auf den Persönlichkeiten der Richter – beruhender Entscheidungen. Das Volk aber weiß von diesen Methoden nichts und macht Gesetz und Richtertum verantwortlich. Mit diesen Methoden – und nur mit ihnen – werden auch die Angriffe auf den deutschen Richterstand verschwinden. Deshalb ist die Methodenreform für ihn eine Lebensfrage."

Das Mißverständnis aber blieb. Der springende Punkt lag in den unterschiedlichen Auffassungen über den Begriff der Gesetzeslücke. Während die Vertreter der herrschenden Methodenlehre eine Lücke nur dann bejahten, wenn es im Gesetz an einer Regelung für ein bestimmtes Problem ganz fehlte, nahmen die Freirechtler eine Lücke auch dann als gegeben an, wenn das Gesetz unklar war und Auslegungszweifel bestanden – also praktisch in allen problematischen Fällen. So ist es zu verstehen, daß das Programm der Freirechtler sich nicht durchsetzte und die „Contra-legem-Fabel" bis in die Gegenwart besteht und weiter verbreitet wird.

F. Die Ideen

1. Der Begriff des Rechts – die schwarze Katze im Sack der Jurisprudenz

„Noch suchen die Juristen eine Definition zu ihrem Begriff vom Recht", hatte Immanuel Kant in der Kritik der reinen Vernunft gespottet. In der Tat scheint es fast unmöglich zu sein, genau zu sagen, was das Recht ist. Der amerikanische Jurist Roscoe Pound erklärte: „Von Anfang an ist das Problem „Was ist Recht?" – die Frage nach dem Wesen des Rechts – ein Schlachtfeld der Jurisprudenz gewesen." Sein Landsmann William Seagle, der eine höchst lesenswerte „Weltgeschichte des Rechts" geschrieben hat, bezeichnete die Frage nach dem Begriff des Rechts gar als die schwarze Katze im Sack der Jurisprudenz und fügte hinzu: „Auch ein Rechtsanwalt könnte diese Frage nicht beantworten – nicht einmal gegen Honorar." In der Tat ergibt schon eine kurze Durchmusterung einiger Definitionen des Rechts eine bemerkenswerte Sammlung.

Aristoteles erklärte beispielsweise in der Nikomachischen Ethik das Recht wie folgt: „Das für politische Gemeinschaften geltende Recht zerfällt in das natürliche und das gesetzliche. Natürlich ist jenes, das überall die gleiche Kraft besitzt, unabhängig davon, ob es anerkannt ist oder nicht. Gesetzlich ist jenes, dessen Inhalt so oder anders sein kann und erst durch positive Festsetzung so bestimmt wird." Hier findet sich erstmals die klare Unterscheidung zwischen Naturrecht und positivem Recht, die für Jahrtausende das Nachdenken über das Recht bestimmt hat.

Wesentlich weniger klar hat sich Demosthenes, der berühmteste Rhetor des klassischen Griechenlandes, in der Rede gegen Aristogeiton geäußert. „Recht ist das, was alle Menschen aus mehrfachen Gründen befolgen sollten, besonders aber deshalb, weil jedes Recht Erfindung und Geschenk der Götter ist, der Beschluß weiser Männer, eine Korrektur absichtlicher oder unabsichtlicher Irrtümer, ein Gesamthandsvertrag mit dem Staate, dem alle Untertanen gemäß zu leben gehalten sind."

Cicero definierte das Recht als ,,die höchste, der Natur eigne Vernunft, welche vorschreibt, was getan werden sollte, und die das Gegenteil davon verbietet." Aus diesem Zitat spricht der Geist der Stoa, jener Philosophenschule, die bemüht war, dem einzelnen angesichts der staatlichen Übermacht Roms einen unantastbaren inneren Freiraum zu gewährleisten. Die ,,natürliche Vernunft" wurde dem oft sehr willkürlichen staatlichen Gesetz gegenübergestellt. So schrieb etwa Chrysipp, ebenfalls ein Stoiker: ,,Die Welt ist ein großer Staat mit einer Verfassung und einem Gesetz. Die natürliche Vernunft gebietet darin, was zu tun, und verbietet, was zu lassen ist. Die räumlich begrenzten Staaten sind freilich unendlich an Zahl und haben verschiedenartige, keineswegs gleiche Verfassungen und Gesetze. Denn jeder erfand wiederum andere Sitten und Gebräuche und fügte sie hinzu. So wurden die besonderen Verfassungen Zusätze zu dem einen Naturgesetz."

Hugo Grotius, der Vater des Völkerrechts, äußerte sich kurz und bündig: ,,Recht – eine Richtschnur des moralischen Handelns, die zum Rechttun verpflichtet." Der amerikanische Jurist Amos definierte Recht so: ,,Ein Befehl, der von der höchsten politischen Autorität eines Staates ausgeht und an dessen Untertanen gerichtet ist." Ähnlich sein Kollege Blackstone: ,,Eine Regel für das bürgerliche Leben, die, von der höchsten Gewalt im Staat aufgestellt, das Richtige vorschreibt und das Falsche verbietet." Noch kürzer drückte sich Rudolf von Jhering aus: ,,Die Summe der in einem Staat geltenden Zwangsregeln." Gareis dagegen schrieb: ,,Recht im objektiven Sinne des Wortes ist eine friedliche Ordnung der äußeren Beziehungen der Menschen und ihrer Beziehungen zueinander."

In Rußland formulierte der Dichter Tolstoi: ,,Regeln, von Menschen aufgestellt, die über organisierte Macht verfügen, und zu deren Befolgung Widerspenstige mit Peitsche, Gefängnis oder sogar Mord gezwungen werden." In der Sowjetunion äußerte sich dann Art. 590 des Strafgesetzbuches so: ,,Recht ist ein System sozialer Beziehungen, das dem Interesse der herrschenden Klassen dient und daher von deren organisierter Macht, d. i. dem Staat, unterstützt wird."

Natürlich haben sich auch die Philosophen mit dem Begriff des Rechts auseinandergesetzt. Kant war trotz seines eingangs erwähnten Spottwortes kühn genug, das Recht zu definieren: ,,Das

Recht ist der Inbegriff der Bedingungen, unter denen die Willkür des einen mit der Willkür des anderen nach einem allgemeinen Gesetze der Freiheit zusammenvereinigt werden kann." Und selbstverständlich hat auch Hegel zu diesem Thema nicht geschwiegen. Seine Deutung ist, wie sich das für diesen Denker gehört, besonders dunkel: „Dies, daß ein Dasein überhaupt Dasein des freien Willens ist, ist das Recht. Es ist somit überhaupt die Freiheit als Idee."

Bei soviel Unklarheit liegt es nahe, das Recht einfach mit den Gesetzen zu definieren. So in der Tat das Fischer-Lexikon: „Das Recht ist eine Summe von Normen, die von einem staatlichen Organ in einem besonderen Verfahren gesetzt sind und allen sonstigen Normen gegenüber vorrangig sind." Aber eine derart positivistische Sicht der Dinge wird von den zeitgenössischen Rechtsdenkern fast einmütig abgelehnt – womit die Dinge wieder dunkel werden. So schrieb etwa Gustav Radbruch: „Recht ist die Wirklichkeit, die den Sinn hat, der Gerechtigkeit zu dienen." Und in der Gegenwart lehrt Arthur Kaufmann: „Recht ist die Entsprechung von Sollen und Sein."

Man versteht es, daß schon die Studenten kaum eine Examensfrage mehr fürchten als die nach dem Begriff des Rechts. Der englische Jurist Sir Frederick Pollock schrieb: „Ein Kandidat der Rechtswissenschaft, der auch nur einigermaßen auf sein Examen vorbereitet ist, wird ohne Schwierigkeiten den Begriff des Eigentums definieren können; doch je tiefer die Kenntnisse eines Juristen sind und je länger er sich dem Studium der Rechtswissenschaft widmet, um so stärker werden seine Hemmungen gegenüber der scheinbar so einfachen Frage sein: Was ist das Recht?" Und Gierke stellte fest: „Die Frage, was Recht ist, steht zwangsläufig am Anfang und am Ende des Studiums der Jurisprudenz."

2. Das Naturrecht – auf der Suche nach dem richtigen Recht

Der Gedanke vom Naturrecht reicht bis in die Anfänge des Rechtsdenkens zurück. Anaximander von Milet (um 610–546 v. Chr.), Naturphilosoph und Schüler des Thales von Milet formulierte den „ältesten Rechtsgedanken des Abendlandes": Alles, was ist, ist auch als Seiendes in Ordnung. Dieser Gedanke hat zur Folge, daß mit dem Dasein auch ein Recht auf das Dasein verbunden ist, und daß jedem anderen zu lassen ist, was er ist und wie er ist. Später sollte Cicero für diesen Gedanken die Formel vom „suum cuique tribuere" prägen.

Heraklit von Ephesus (um 540–480 v. Chr.), der wegen seines schwerverständlichen Denkens „der Dunkle" genannte Philosoph, schrieb im Fragment 114 den berühmten Satz: „Alle menschlichen Gesetze nähren sich von dem einen, göttlichen". Mit diesem Satz beginnt die Geschichte des Naturrechts. Gesetz und Natur wurden als wesensmäßige Einheit gesehen, doch als unterscheidbar erkannt. Damit war ihr Auseinanderfallen für den denkenden Geist als Möglichkeit erkannt und vorbereitet worden.

In der Frühzeit der griechischen Philosophie verstand man Gesetz (Nomos) und Natur (Physis) noch als wesensmäßige Einheit. Die Menschenordnungen waren in die Gesetze des Seins überhaupt eingegliedert. Sie wurden in ihnen und aus ihnen verstanden. Eine ungeschaffene und ewige Weltordnung galt für alle Wesen, Menschen und Götter – der „Kosmos". Man bezeichnet diese Zeit als kosmologische Epoche.

In der religiösen, sozialen, politischen und geistigen Krise nach den Perserkriegen zersprang diese Einheit. Es erfolgte der Übergang vom Mythos zum Logos, von der Adelsherrschaft zur Demokratie im perikleischen Athen. Etwa ab der Mitte des 5. Jahrhunderts v. Chr. begann eine Aufklärungszeit. Sie ist durch eine zunehmend sich verschärfende Antithese von Menschensatzung und Naturordnung gekennzeichnet. Nicht mehr das Sein überhaupt, sondern der Mensch rückte in den Mittelpunkt des philosophischen Nachdenkens. Es begann eine neue Zeit, die antropologische Epoche. In ihr leben wir heute noch.

Protagoras (um 480–421 v. Chr.), der Sophist, der 443 für Perikles die Verfassung für eine neugegründete unteritalienische Kolonie entwarf, und der für den Satz „Von den Göttern kann man nichts wissen, weder daß sie sind, noch daß sie nicht sind, denn vielerlei verhindert uns, es zu wissen: sowohl die Dunkelheit der Sache wie die Kürze des menschlichen Lebens" verurteilt und in die Verbannung geschickt wurde, formulierte als Kernstück seiner Philosophie den Homo-mensura-Satz: „Der Mensch ist das Maß aller Dinge, der Seienden, wie sie sind, der Nichtseienden, wie sie nicht sind."

Die griechischen Sophisten (von griech. sophia = Weisheit) entwickelten existentielle Naturrechtslehren. Sie gingen vom empirischen Menschen aus. Überindividuelle Wahrheiten erkannten sie nicht an. Wahrheit war für sie relativ. Wahrheit wurde verbindlich durch Mehrheit. Nomos (Gesetz) und Physis (Natur) wurden scharf getrennt. In letzter Konsequenz wurde das Recht mit der Macht gleichgesetzt.

Die Sophisten wollten eine zum politischen Handeln befähigende Bildung vermitteln. Als „Weisheitslehrer" vertraten sie einen skeptischen Intellektualismus und Relativismus. Fragen der Ontologie traten bei ihnen in den Hintergrund. Mit den sog. Paradoxien von der Art „Ein Kreter spricht: alle Kreter lügen" überschritten sie die Grenzen der Sprache. Erst in unserer Zeit wurde aufgewiesen, daß die Lösung dieses Problems durch Sprachkritik erfolgen muß. Als Relativisten setzten die Sophisten auf Mehrheit. Mehrheit gewinnt man durch Überredung. Daher waren die Sophisten Rhetoriker.

Im Gegensatz zu den Sophisten wandten sich die Philosophen (von griech. philos = Freund, sophia = Weisheit) wieder der Ontologie zu. Den Relativismus der Sophisten akzeptierten sie nicht. Sie versuchten, zu einer objektiven Wahrheitssphäre vorzustoßen. Sie vertraten einen Begriffsrealismus, der zu einer Einheit von Idee und Wirklichkeit führt. Die Existenz des Wertwidrigen wurde durch Verweis auf die Zukunft mit diesem monistischen Modell in Einklang gebracht. Der Zukunft wurde die Aufgabe der Überwindung des Wertwidrigen zugewiesen.

Während die Sophisten in Verruf gerieten, stehen die Philosophen noch heute in großem Ansehen. Sie entwickelten ideelle Naturrechtslehren. Sie gingen von der Idee des Menschen aus und erkannten objektive Wahrheiten (Ideen). Das Naturrecht wurde von ihnen als Ausfluß objektiver Wahrheiten gesehen. Das menschliche Gesetz (Nomos) war Recht, soweit es ihm entsprach, Unrecht, und zwar zu überwindendes Unrecht, soweit es ihm widersprach.

Hier sind zu nennen Sokrates (um 470–399 v. Chr.), der Vollender und Überwinder der Sophistik. Er vertiefte die Subjektivität der Sophisten nach innen und entdeckte die Seele (Vernunft), welche es ermögliche, das Gute wie das Schlechte zu erkennen. Er wollte auch den Relativismus überwinden und entdeckte beim Versuch, zu einer objektiven Wahrheitssphäre vorzustoßen, den Begriff und die Definition.

Platon (428–348 v. Chr.) setzte die objektive Linie des sokratischen Denkens fort und schuf die Ideenlehre. Er nahm Ideen für das wahrhaft Seiende, während das wirklich Vorhandene nur zu sein scheine. Aus dieser begriffsrealistischen Lehre ergab sich eine extrem autoritäre Staatstheorie.

Aristoteles (384–322 v. Chr.) formte die Ideenlehre des Platon um. Während Platon Idee und Wirklichkeit scharf getrennt hatte, kam Aristoteles zur Annahme einer notwendigen Einheit. Jedem Stoff (= Wirklichkeit) sei eine bestimmte Form (= Idee) immanent. Doch nicht sogleich. Vielmehr finde ein organischer Entwicklungsgang statt. Die Welt sei eine Stufenfolge von Formen. Jeder Gegenstand habe seinen spezifischen Zweck – seine eigene Entelechie. Der Zweckzusammenhang des Alls verbinde alle. Aus dieser teleologischen Metaphysik baute Aristoteles eine ideelle Naturrechtslehre, in welcher der Staat als das Ziel aller menschlichen Gemeinschaften erscheint. Er sah den Menschen als „zuon politicon".

Aristoteles gab der klassischen griechischen Naturrechtslehre ihre Gestalt. Auf ihn griff im Hochmittelalter Thomas von Aquin zurück. Für ihn lautete der oberste Naturrechtssatz: „Tue das Gute, meide das Böse", was gleichbedeutend ist mit der Maxime „Handele vernunftgemäß". Gott leitet die Welt nach den im göttlichen Intellekt liegenden Ideen. Der menschliche Intellekt erkennt das Ziel des Menschen: das Gute. Der Mensch hat eine naturhafte Neigung zum Guten. In einem methodisch strengen Verfahren leitet Thomas aus dem obersten Rechtssatz konkrete Normen ab.

Einen dritten Höhepunkt nahm die Naturrechtsidee in der frühen Neuzeit. Man spricht jetzt vom rationalistisch-neuzeitlichen Naturrecht. Ausgangspunkt ist der Nominalismus, der im Universalienstreit des Hochmittelalters den Sieg davongetragen hat. Hier ist an erster Stelle René Descartes (1596–1650), der Vater der neuzeitlichen Philosophie und Begründer des Rationalismus, zu nennen. Die ratio – die clara et distincta perceptio –, die klare und deutliche Erkenntnis ist der Grund aller Erkenntnis und Gewißheit. Weiter ist hier der englische Imperismus (John Locke, David Hume) zu nennen. Das Naturrecht wurde überwiegend wieder, wie bei den frühen Sophisten, existentialistisch begriffen. Ausgangspunkt war der empirische Mensch, so wie er sich durch Selbst- und Fremdbeobachtung erschloß. Er mußte analysiert werden. Daraus konnte man dann „natürliche" Rechte und

Pflichten ableiten, deren universale und ewige Gültigkeit man postuliert. Hugo Grotius (1583–1645), der „Vater des Naturrechts“ sah etwa als Grundeigenschaft des Menschen den „appetitus socialis“, das Streben nach ruhigem, geordnetem Zusammenleben an. Aus der menschlichen Vernunft lasse sich als oberster Satz des natürlichen Rechts der Satz „pacta sunt servanda“ gewinnen. Daraus ließen sich eine Fülle von einzelnen Regeln ableiten. Im Gegensatz dazu sah der Engländer Thomas Hobbes (1588–1679) den Menschen als asoziales Wesen und Egoisten an. Der Naturzustand des Menschen sei der „Krieg aller gegen alle – bellum omnium contra omnes. Und: der Mensch ist dem Menschen ein Wolf – homo homini lupus. Der Staat legitimiert sich dadurch, daß er Rechtssicherheit gewährleistet – auctoritas, non veritas facit legem. Er ist der Leviatan.“

Wieder anders sah Samuel Pufendorf (1632–1694) den Menschen. Er stellte sich vor, der Mensch sei in ein menschenleeres Land verschlagen. Dann sei er hilflos. Die Indecilitas (Hilflosigkeit) des Menschen fordere gebieterisch die Sozialitas als oberstes regulatives Prinzip des Naturrechts. Daraus lasse sich ein System natürlicher Pflichten ableiten wie z.B. das Gebot, niemanden zu schädigen (neminem laedere), jeden gleichberechtigt zu behandeln (suum cuique) und den anderen in seiner Hilfsbedürftigkeit zu unterstützen. Hier äußerte sich ein starker Systemwille, der die deutsche Rechtswissenschaft nachhaltig prägen sollte. Von hier aus ging aber auch eine Beförderung der Menschen- und Freiheitsrechte aus, deren Wirksamkeit dann in der amerikanischen Unabhängigkeitsbewegung des 18. Jahrhunderts unmittelbar nachweisbar ist.

Das Ende des klassischen Naturrechts kam im 18. Jahrhundert. Jahrtausendelang hatte man darüber nachgedacht. Nun meinte man, es niederschreiben zu können. Die großen Kodifikationen der Zeit – der Codex Maximilianeus Bavaricus Civilis von 1756, das Preußische Allgemeine Landrecht von 1794, der französische Code Civil von 1804 und das Österreichische Allgemeine Bürgerliche Gesetzbuch von 1811 – sind aufgeschriebenes Naturrecht. Hinter ihnen stand die Idee des aufgeklärten Despotismus, der das „größtmögliche Glück der größten Zahl“ (J. Benthan) befördern wollte.

Nun, da man das Naturrecht aufgeschrieben hatte, brauchte man nicht mehr darüber nachzudenken. Ja, man verbot es geradezu. Auslegungs- und Kommentierungsverbote begleiteten denn die Kodifikationen. Der Richter wurde verstanden als „la bouche qui prononce les paroles de la loi" (Montesquieu – 1689–1775).

Zwei weitere wuchtige Schläge wurden dem Naturrechtsgedanken im 18. Jahrhundert versetzt: Kants Kritizismus – Kant erbrachte den Nachweis, daß sich aus der empirischen Natur des Menschen mit der Vernunft (d.h. dem Verstand) kein Naturrecht ableiten läßt – und der Historizismus des 19. Jahrhunderts, für den vor allem der Name Friedrich Carl von Savigny (1779–1861) steht. Ihm, dem ehrfürchtig das historische Walten studierenden Rechtshistoriker galten die drei Grundsätze des Naturrechts nicht mehr: daß es ein unwandelbares und allgemeingültiges Recht gebe, daß dieses durch die Vernunft eindeutig erkennbar sei, und daß dieses Maßstab für das positive Recht sei und bei einem Widerspruch an dessen Stelle trete. Die jahrtausende alte Naturrechtsbewegung war an ihrem Ende angelangt.

Die materiellen Probleme des Naturrechts leben freilich weiter. Nach 1945 kam es unter dem Eindruck der Erfahrung mit dem NS-Unrechtsstaat zu einer „Renaissance des Naturrechts".

3. Recht und Sittlichkeit – das Kap Horn der Rechtsphilosophie

Bei dem Versuch, das Verhältnis von Recht und Sittlichkeit (Moral) zu bestimmen, muß man nach einem bekannten Wort von Rudolf v. Jhering das „Kap Horn der Rechtsphilosophie" umfahren. Es hat hier viele Versuche der Seefahrt gegeben. Etliche Schiffer sind gestrandet; eine wirklich sichere Fahrtroute hat bis heute niemand gefunden.

Drei prinzipielle Möglichkeiten stehen zur Wahl, zwei extreme und eine vermittelnde. Man kann – so die extremen Lösungen – Recht und Sittlichkeit für völlig identisch oder für völlig disparat erklären. Beide Auffassungen wurden im Laufe der Geschichte immer wieder vertreten; sie dürften unhaltbar sein. Und man kann – so die vermittelnde Lösung – Recht und Sittlichkeit als polare, teils identische, teils disparate Größen ansehen; auch diese Auffassung wurde und wird vertreten; sie dürfte der Sache am besten gerecht werden; freilich entsteht dann das Problem einer näheren Bestimmung dieses Verhältnisses.

Die Extreme: Identität oder Disparität. Beide Lehren wurden

vertreten; beide Lehren haben viel Unheil über die Menschheit gebracht. Denn es geht bei diesem Thema nicht etwa um eine theoretische Frage der Rechtsphilosophie. Es geht vielmehr um eine Entscheidung, die von „eminent praktischer Bedeutung ist. Es ist eine rechtspolitische und insbesondere kriminalpolitische Grundsatzfrage, in welchem Verhältnis man das Recht zur Sittlichkeit sieht" (Arthur Kaufmann).

Die Identität von Recht und Sittlichkeit wurde historisch immer dann behauptet, wenn man glaubte, absolute, objektiv vorgegebene, allen Menschen und Zeiten gültige Wahrheiten gefunden zu haben. Dies geschah auf den Gipfeln der ideellen Naturrechtslehren, bei Aristoteles, Thomas von Aquin, Hegel. Es ist kein Zufall, daß allen diesen Lehren ein autoritärer, undemokratischer Zug eigen ist. In der Tat – wie kann man gegenüber dem Irrtum tolerant sein? Und es ist umgekehrt kein Zufall, daß alle autoritären Systeme ihrerseits die Identität von (ihrem) Recht und Sittlichkeit behaupten. Das konnte man im NS-Unrechtsstaat beobachten, und auch in der Gegenwart gibt es genug Beispiele für diese Feststellung.

Die Spuren des autoritären Identitätsdenkens reichen bis in die Gegenwart. Noch im 6. Band der Entscheidungen des Bundesgerichtshofes in Strafsachen ist expressis verbis von einer „Übereinstimmung" des Rechts mit dem Sittengebot die Rede und wird von der dem Recht „vorgegebenen und hinzunehmenden Ordnung der Werte" gesprochen.

Angesichts dieser autoritären Grundhaltung der alten Identitätsthese versteht man es, daß die Lehre von der Disparität von Recht und Sittlichkeit zu einer Zeit entwickelt wurde, als man auf Mündigkeit des Menschen setzte, im 18. Jahrhundert, der Zeit der Aufklärung. Die neue, entgegengesetzte Lehre verbindet sich vornehmlich mit den Namen Thomasius, Kant und Kelsen.

Christian Thomasius (1655–1728), ein „aufrechter", „wahrhafter Mann ... und nicht zuletzt einer der frühesten deutschen Publizisten . . ." traf die „juristisch Epoche machende Unterscheidung zwischen erzwingbarem iustum, unerzwingbarem honestum" (Ernst Bloch). Er unterschied als erster die Begriffe Recht und Moral, Gerechtigkeit und Sittlichkeit. Die Sittlichkeit siedelte er im forum internum an – „Was du willst, daß der andere sich tue, das tue dir selbst." Und: „Sei kein Pharisäer, tue die Vollkommenheit, die du von anderen verlangst, dir selber an."

Immanuel Kant (1724–1804) baute diesen Gedanken mit seiner Trennung von „Moralität" und „Legalität" aus. Während die Moral aus eigenem Antrieb verpflichte, zwinge das Recht aus fremder Macht. Man müsse zwischen der Legalität einer Handlung, ihrer äußeren Übereinstimmung mit dem Rechtsgesetz, und der sittlichen Moralität, der freien, autonomen Hingabe an das Sittengesetz trennen.

Kant unterschied zwischen Autonomie und Heteronomie. In der Autonomie werde „der Wille nicht lediglich dem Gesetz unterworfen, sondern so unterworfen, daß er auch als selbstgesetzgebend und eben um deswillen allererst dem Gesetz (davon er sich als Urheber betrachten kann) unterworfen angesehen werden muß." Kant hatte dabei nicht den zufälligen einzelnen Menschen im Auge („homo phänomenon"), sondern den Menschen als allgemeines Vernunftsubjekt, „bloß nach seiner Menschheit", die „moralische Persönlichkeit", die „reine rechtlich-gesetzgebende Vernunft" („homo noumenon"). Autonomie dieser Menschen bedeutet „nichts Geringeres als der Anteil an der allgemeinen Gesetzgebung". Der Mensch habe an der sittlichen Ordnung der Welt durch seinen freien Willen teil, von dem Kant sagte, daß er „nach seinen allgemeinen Gesetzen notwendig zu demjenigen muß einstimmen können, welchem er sich unterwerfen soll".

Hans Kelsen (1881–1973), der Neukantianer und Vollender des Rechtspositivismus, bezeichnete die Trennung von Recht und Moral als die wesentlichste Konsequenz des Rechtspositivismus. Seine „Reine Rechtslehre" wollte die Frage beantworten, „was und wie das Recht ist, nicht aber die Frage, wie es sein oder gemacht werden soll ... sie will die Rechtswissenschaft von allen ihr fremden Elementen befreien." Hierzu gehöre auch die Ethik. „In völlig kritikloser Weise hat sich die Jurisprudenz (sc. des 19. Jahrhunderts) ... mit Ethik ... vermengt."

Ohne jeden Rekurs auf ein moralisches Sollen wollte Kelsen das Recht auf ein „rein juristisches Sollen" zurückführen. Dieses könne immer nur auf ein anderes rechtliches Sollen zurückgeführt werden. Den hier drohenden unendlichen Regreß beendete Kelsen mit seiner „Grundnorm", von der er sagte, daß sie „wie eine Norm des Naturrechts" gelte.

Das Versagen des Positivismus' im NS-Staat (zu dessen Vertriebenen auch Kelsen gehörte) hat die Unhaltbarkeit dieser These exemplifiziert. Am Beispiel der berüchtigten Führerbefehle, die formell ordnungsgemäße Gesetze waren, zeigt sich, daß eine strikte Trennung von Recht und Sittlichkeit inakzeptabel ist. Ein anderes Beispiel bieten die Denunziantenprozesse, bei denen es nach 1945 darum ging, ob Denunziationen, die im NS-Staat wegen abfälliger Äußerungen über das Regime oder wegen Abhörens ausländischer Sender erfolgt waren, und die häufig zu schwersten Verfolgungen der Opfer bis hin zu Folterung und Ermordung geführt hatten, wegen ihrer formellen Gesetzmäßigkeit als legal erachtet werden mußten. Die Gerichte haben diese Frage durchweg wegen der schwerwiegenden Verstöße gegen das „allgemein anerkannte Sittengesetz" verneint. Recht und Sittlichkeit sind nicht restlos zu trennen.

Also Polarität. Aber wie soll man das Verhältnis beider Bereiche bestimmen? Soll man mit Georg Jellinek das Recht als das „ethische Minimum" bestimmen, als extensives ethisches Minimum, weil es nur einzelne moralische Pflichten zu Rechtspflichten erhebt, als intensives ethisches Minimum, weil es sich mit der äußeren Erfüllung der Pflichten begnügt und nicht innere Gesinnung fordert? Oder soll man es mit Gustav Schmoller als das „ethische Maximum" bezeichnen, weil es mit Zwang durchgesetzt werden kann, im Gegensatz zur physischen Ohnmacht der Moral? Kann man zwischen elementarer und höherer Sittlichkeit unterscheiden und die Auffassung vertreten, das Recht habe sich auf den ersteren Bereich zu beschränken, wie das etwa Arthur Kaufmann meint? Ist es möglich, daß Recht und Sittlichkeit in einen Gegensatz treten, oder ist ein solcher Gegensatz nicht möglich – was dann etwa die Konsequenz hat, daß sich der Überzeugungstäter, der u. U. die besseren sittlichen Argumente auf seiner Seite hat, nicht nur im Konflikt mit der Rechtsordnung, sondern auch im Konflikt mit dem Sittengesetz befindet? (Der Überzeugungstäter ist vom Widerstandskämpfer z. B. des 20. Juli zu unterscheiden – dieser kämpft gegen staatliches Unrecht und ist kein Täter, also auch kein Überzeugungstäter.) Und soll das Recht sich angesichts sittlich generell unlösbarer Konflikte – etwa angesichts der ethischen Indikation beim Schwangerschaftsabbruch – in seiner Ratlosigkeit zurückziehen und einen „rechtsfreien Raum" anerkennen?

Das sind einige der hier diskutierten Fragen. Eine Patentantwort darauf gibt es nicht. Eine Formel, nach der Recht und Sittlichkeit „säuberlich unterschieden werden könnten, haben wir nicht gefunden. Man sollte nach einer solchen Formel aber auch gar nicht suchen. Je und je, nach Maßgabe der Zeit und der konkreten Bewandtnisse das richtige Verhältnis zwischen den Forderungen des Rechts und den Forderungen der Sittlichkeit zu finden, macht nicht zum wenigsten das Ethos des Juristen aus" (Arthur Kaufmann).

4. Das Schuldprinzip – nulla poena sine culpa

Das Schuldprinzip wird in Deutschland als oberster Grundsatz der Kriminalpolitik angesehen. Darin liegt ein Unterschied zu internationalen Tendenzen, insbesondere der vor allem in Frankreich und Italien beheimateten Bewegung der défense sociale, welche die Kategorie der Schuld strikt ablehnt, statt dessen auf die Sozialgefährlichkeit des Täters abstellt und einen konsequenten Gesellschaftsschutz durch Maßregeln der Sicherung und Besserung statt Strafen fordert.

In Deutschland ist es „der unantastbare Grundsatz allen Strafens, daß Strafe Schuld voraussetzt" – so der Große Strafsenat des BGH. Der Satz „nulla poena sine culpa" hat sogar Verfassungsrang – so das Bundesverfassungsgericht. Zwar ist das Schuldprinzip nirgendwo ausdrücklich niedergelegt, aber es folgt nach Meinung des höchsten deutschen Gerichts aus dem Rechtsstaatsprinzip und aus Artikel 1 Absatz 1 des Grundgesetzes, jener Vorschrift, welche die Würde des Menschen für unantastbar erklärt.

Ganz in diesem Sinne drückte sich Papst Pius XII. in seiner Ansprache an den VI. Internationalen Strafrechtskongreß am 3. Oktober 1953 in Rom aus: „Es sollte im Strafrecht ein unantastbarer Grundsatz bleiben, daß von „Strafe" im Rechtssinne nur da die Rede sein kann, wo eine „Schuld" gegeben ist. Die bloße Verursachung verdient nicht die Anerkennung als für sich allein genügendes Rechtsprinzip."

Im Strafgesetzbuch wird in einer Reihe von Bestimmungen die Schuld vorausgesetzt. So lautet § 17 Satz 1: „Fehlt dem Täter bei Begehung der Tat die Einsicht, Unrecht zu tun, so handelt er ohne Schuld, wenn er diesen Irrtum nicht vermeiden konnte." Und § 46 Absatz 1 Satz 1 bestimmt: „Die Schuld des Täters ist Grundlage für die Zumessung der Strafe."

Was aber ist die Schuld?

Wenn man dieser Frage nachgeht, schreibt Arthur Kaufmann in seiner Habilitationsschrift über das Schuldprinzip, ,,sieht man sich einer kaum noch entwirrbaren Vielzahl der Stimmen gegenüber. Durch die Jahrtausende hindurch hat man mit diesem Problem menschlicher Schuld und Verantwortung gerungen, aber es hat nichts von seiner Problemhaftigkeit verloren. Es scheint die reinste Sisyphusarbeit zu sein, mit der wir uns da plagen."

So kann man nur verschiedene Zugänge zu diesem Problem suchen. Ein erster Zugang ergibt sich aus einer Auseinandersetzung mit dem Problem der Willensfreiheit. Schuld setzt die Willensfreiheit des Menschen zwingend voraus. Denn, so der Bundesgerichtshof: ,,Mit dem Unwerturteil der Schuld wird dem Täter vorgeworfen, daß er sich für das Unrecht entschieden hat, obwohl er sich für das Recht hätte entscheiden können." Aber die Vertreter des Determinismus leugnen diese Willensfreiheit. Sie läßt sich in der Tat im konkreten Fall nicht beweisen.

Angesichts dieser Schwierigkeit begnügt man sich mit der Feststellung, daß nur ein sozial-vergleichendes Schuldurteil möglich sei, ein Urteil, bei dem in einem ,,stellvertretenden Gewissensurteil" des Richters entschieden wird, daß ,,man", ein ,,Durchschnittsmensch", eine ,,maßgerechte Persönlichkeit" anstelle des Täters in der Lage gewesen wäre, die Anforderungen des Rechts zu erfüllen. Für den Menschen als Gattung gilt das Wort des Thomas von Aquin: ,,Differt autem in agendo natura rationalis praedita libero arbitrio ab omni alia natura". Aber die Übertragung dieses Gedankens auf den konkreten einzelnen Straftäter bleibt immer eine Fiktion, freilich eine ,,staatsnotwendige Fiktion", wie Eduard Kohlrausch das ausgedrückt hat.

Einen weiteren Zugang eröffnet die Ethik. Das Schuldprinzip setzt nicht nur die Willensfreiheit voraus; es setzt auch die Fähigkeit zur richtigen Entscheidung voraus. Damit ist das Verhältnis von Recht und Sittlichkeit angesprochen. In seiner erwähnten Entscheidung hat der Große Strafsenat des BGH das so ausgedrückt: ,,Der innere Grund des Schuldvorwurfs liegt darin, daß der Mensch auf freie, verantwortliche, sittliche Selbstbestimmung angelegt und deshalb befähigt ist, sich für das Recht und gegen das Unrecht zu entscheiden, sein Verhalten nach den Normen des rechtlichen Sollens einzurichten und das rechtlich Verbotene zu vermeiden, sobald er die sittliche Reife erlangt hat und solange die Anlage zur freien sittlichen Selbstbestimmung nicht . . . vorübergehend gelähmt oder auf die Dauer zerstört ist. Voraussetzung dafür, daß der Mensch sich in freier, verantwortlicher, sittlicher Selbstbestimmung für das Recht und gegen das Unrecht entscheidet, ist die Kenntnis von Recht und Unrecht. Wer weiß, daß das, wozu er sich in Freiheit entschließt, Unrecht ist, handelt schuldhaft, wenn er es gleichwohl tut."

Aber das Medium, mit dessen Hilfe Wertbegriffe aufgenommen und bevorstehende Handlungen beurteilt werden, das Gewissen, kann irren. Und es kann im Widerspruch zu jener Sittlichkeit stehen, die in der „Öffentlichkeit des kollektiven Gewissens" lebt. Der Überzeugungstäter – etwa der Zeuge Jehovas, der nicht nur den Wehrdienst, sondern auch den Ersatzdienst aus religiöser Überzeugung verweigert – mag die sittlich besseren Gründe auf seiner Seite haben und kann doch gleichwohl von der Rechtsordnung weder gerechtfertigt noch entschuldigt werden. Alle offenen Probleme im Verhältnis Recht – Sittlichkeit tauchen an dieser Stelle auf.

Einen dritten Zugang bietet die Unterscheidung zwischen Tatschuld und Täterschuld. Soll man auf die Straftat und das, was der Täter an schuldhafter Gesinnung in ihr gezeigt hat, abstellen? Oder soll man die Lebensführung des Täters, die Tatsache, daß er zu einer kriminellen Persönlichkeit geworden ist, berücksichtigen? Beide Wege wurden erprobt, und das Konzept der Lebensführungsschuld wurde wegen seiner Unbestimmtheit (was ist der Typ des „Hehlers", „Zuhälters", „Mörders"?) und wegen seiner rechtsstaatlichen Gefahren (unbegrenzte Behandlung des in seiner Persönlichkeit ausgeforschten Straftäters) verworfen. Franz von Liszt, der wohl genialste Kriminalist der Moderne, der eine berühmte Tätertypenlehre entwickelte, hat in diesem Sinne das Strafgesetz als „Magna Charta des Verbrechers" bezeichnet.

Einen vierten Zugang zum Schuldprinzip eröffnen die Lehren, die sich um eine Sinngebung der Strafe bemühen, die Straftheorien. Kant und Hegel, die prominentesten Vertreter der sog. absoluten Straftheorien, sahen den Sinn der Strafe allein in der Vergeltung von Schuld. „Richterliche Strafe ... muß nur darum wider ihn (sc. den Verbrecher) verhängt werden, weil er verbrochen hat" (Kant). Und: Die Strafe „ist das Aufheben des Verbrechens, das sonst gelten würde, und ist die Wiederherstellung des Rechts" (Hegel).

Aber die relativen Straftheorien stellen diese Position in Frage. Sie knüpfen nicht an die Schuld, sondern an die Sozialgefährlichkeit an. Sie blicken nicht zurück, sondern voraus. Sie verfolgen nicht die Idee der Repression, sondern die der Prävention. Es geht ihnen nicht um die Zufügung eines Übels, sondern um Erziehung und Behandlung. Nicht Sühne (Versöhnung mit der Gesellschaft als autonome sittliche Leistung) ist ihr Ziel, sondern diesseits aller Metaphysik eine Gesellschaft und damit auch ein Leben des Einzelnen ohne Straftaten.

Die sog. „Vereinigungslehren" bemühen sich um eine Synthese dieser einander widersprechenden Positionen. Es gibt aber auch gegenläufige Tendenzen. So bemühen sich in den USA die Vertreter der sog. „Nonintervention" um eine Trennung beider Bereiche. Sie konstatieren ein Versagen der aufwendigen Präventionsprogramme und verfechten die Herausnahme der leichteren Kriminalität aus dem Strafrecht und deren Behandlung mit anderen (z. B. zivilrechtlichen) Mitteln. Auf der anderen Seite treten sie dafür ein, die schwere und Rückfallkriminalität mit offen als schmerzhaft gemeinten Eingriffen des Staates in Freiheit und Eigentum zu ahnden und auf jegliche Behandlung zu verzichten.

Was also ist Schuld? Eine einfache Antwort auf diese Frage wird es sicherlich nicht geben. Aber eines wird man mit Arthur Kaufmann sagen können: „Es gibt kein freiheitlicheres Strafrecht als ein konsequentes Schuldstrafrecht".

5. Die Straftheorien – das Bemühen um eine Sinngebung der Strafe

Seit der Antike müht man sich darum, der Strafe einen Sinn abzugewinnen. Bis heute hat man auf die damit aufgeworfene Frage nur zwei grundsätzliche Antworten gefunden, den Vergeltungsgedanken und den Vorbeugungsgedanken. Dementsprechend unterscheidet man absolute und relative Straftheorien.

Der Vergeltungsgedanke ist alt; manche frühere Zeiten erkannten nur ihn allein an. Darüber darf man freilich nicht vergessen, daß die Beschränkung der Rechtsfolge auf bloße, dem Verbrechen adäquate Vergeltung im Verhältnis zur ursprünglichen Friedlosigkeit des Verbrechers einen „nicht zu unterschätzenden Fortschritt" bedeutete (Jürgen Baumann).

In seiner Frühform wurde der Vergeltungsgedanke als jus talionis formuliert. Er gebot, Gleiches mit Gleichem zu vergelten. Das Übel, welches der Täter einem anderen angetan hatte, sollte durch ein gleiches Übel vergolten werden – Auge um Auge, Zahn um Zahn. Daraus entwickelte sich im Mittelalter ein System der „spiegelnden" Strafen, dessen Rohheit uns noch heute entsetzt (z. B. Abhauen der Diebeshand, Herausschneiden der Zunge beim Meineid) und dessen Grenzen schon früh offenbar wurden (wie sieht etwa die spiegelnde Strafe beim Ehebruch aus?).

Noch ein Immanuel Kant formulierte eine absolute Straftheorie, die sich ganz mosaisch anhört: „Nur das Wiedervergeltungsrecht (ius talionis) . . . kann die Qualität und Quantität der Strafe bestimmt angeben; alle anderen sind hin und her schwankend und können, anderer sich einmischender Rücksichten wegen, keine Angemessenheit mit dem Spruch der reinen und strengen Gerechtigkeit enthalten." Dem Beleidiger muß also in seiner Ehre wehgetan werden, dem Dieb muß das Recht auf Eigentum genommen und er muß auf Zeit oder für immer in den Sklavenstand kommen. „Hat er aber gemordet, so muß er sterben. Es gibt hier kein Surrogat zur Befriedigung der Gerechtigkeit. Es ist keine Gleichartigkeit zwischen einem noch so kummervollen Leben und dem Tode . . ."

Kant zur Seite gesellte sich, von einem ganz anderen Ansatz her, Hegel. Hegel gründete die Strafe auf das dialektische Prinzip, wonach die Rechtsordnung den „allgemeinen Willen" darstelle und der „besondere Wille" des Verbrechers, der in der Rechtsverletzung Ausdruck gefunden habe, durch die Strafe „negiert" und in der sittlichen Überlegenheit der Gemeinschaft „aufgehoben" werde. So werde die Übereinstimmung des Allgemeinwillens mit dem Sonderwillen durch Manifestation der Nichtigkeit des Verbrechens wiederhergestellt und gezeigt, daß das Verbrechen keine Geltung habe.

In seinem Werk „Grundlinien der Philosophie des Rechts" schrieb Hegel: „Die positive Existenz der Verletzung ist nur als der besondere Wille des Verbrechers. Die Verletzung dieses als eines daseienden Willens also ist das Aufheben des Verbrechens, das sonst gelten würde, und ist die Wiederherstellung des Rechts." Und etwas später heißt es: „Die Verletzung, die dem Verbrecher widerfährt, ist nicht nur an sich gerecht – als gerecht ist sie zugleich an sich seiender Wille, ein Dasein seiner Freiheit, sein Recht . . . Daß die Strafe darin, als sein eigenes Recht enthaltend, angesehen wird, darin wird der Verbrecher als Vernünftiges geehrt."

Würde man mit der Strafe Zwecke verfolgen – Abschreckung, Besseres – würde man dagegen ,,den Menschen als nicht Freien" voraussetzen. ,,Es ist mit der Begründung der Strafe auf diese Weise, als wenn man gegen einen Hund den Stock erhebt . . ." Große Worte, die Wirkung hatten. Wenn in der deutschen Strafrechtswissenschaft der Schuldgedanke so stark betont wird – ganz im Unterschied etwa zur Doktrin der USA – so liegt hier eine Ursache.

Stark betont wird die absolute Straftheorie auch in der christlichen Ethik, vor allem in der analogia-entis-Lehre, der Lehre von der Entsprechung göttlichen und menschlichen Seins. ,,Der Sinn der Strafe liegt in ihr selbst als Geltendmachen der ewigen Ordnung gegenüber und an dem Rechtsbrecher" (Althaus). Es ,,liegt im Sühnegedanken beschlossen, daß er ohne Rücksicht auf Zwekke einzig am Guten selbst orientiert ist, und daß die Strafe ohne Seitenblicke nur dem Täter gilt" (Trillhaas). Und Papst Pius XII. formulierte in einer Botschaft an den VI. Internationalen Strafrechtskongreß: ,,Mais le Juge suprême, dans son jugement final, applique uniquement le principe de la rétribution. Celui-ci donc certes posséder une valeur qui n'est pas négligeable."

Aber die ,,Verwirklichung der absoluten Sittlichkeit auf Erden (ist) nicht Aufgabe des Staates" (Jescheck). So kam es zu den relativen Straftheorien. Die Aufklärung bereitete ihnen den Boden. (Die Wurzeln reichen freilich auch hier bis in die Antike zurück. Protagoras etwa formulierte: ,,Wer auf vernünftige Weise zu strafen gedenkt, der züchtigt nicht wegen des schon begangenen Unrechts . . . sondern um des zukünftigen willen, damit hinfort weder der Täter selbst wieder Unrecht begehe, noch auch die anderen, welche sehen, wie er bestraft wird.")

Im 18. Jahrhundert entwickelte man humanitäre Staatslehren. Man glaubte an die Erziehungsfähigkeit des Menschen und wandte sich gegen die ,,Metaphysik" der absoluten Straftheorien. Paul Johann Anselm von Feuerbach ist hier an erster Stelle zu nennen. Er stellte die Generalprävention in den Mittelpunkt seines Systems und führte die Straftheorie der Aufklärung auf den Höhepunkt. Die Strafdrohung sollte ,,Generalprävention durch psychologischen Zwang" bewirken. Die Zufügung der Strafe sollte nur deren Ernst für jedermann sichtbar machen.

Feuerbach schrieb: „Die ... Sorge des Staates ... geht aber dahin, daß wer unbürgerliche (rechtswidrige) Neigungen hat, psychologisch daran verhindert werde, sich nach diesen Neigungen wirklich zu bestimmen." Und: „Sollen daher Rechtsverletzungen überhaupt verhindert werden, so muß neben dem physischen Zwang noch ein anderer bestehen, welcher der Läsion vorhergeht ... Ein solcher Zwang kann nur ein psychologischer sein."

Diese Theorie wurde für die Gesetzgebung des 19. Jahrhunderts maßgebend. Erst gegen Ende des Jahrhunderts griff Franz von Liszt (1851–1919) den „Zweckgedanken im Strafrecht" wieder auf und formulierte eine spezialpräventive Straftheorie: „Die richtige, d. h. die gerechte Strafe, ist die notwendige Strafe. Gerechtigkeit im Strafrecht ist die Einhaltung des durch den Zweckgedanken erforderlichen Strafmaßes." Freilich erkannte Liszt die Gefahren seiner Konzeption, die in der unbegrenzten Behandlung des Straftäters lagen. Das Strafrecht sollte deshalb „die unübersteigbare Schranke der Kriminalpolitik", die „Magna Charta des Verbrechers" bleiben.

Heute erkennen die sog. Vereinigungslehren an, daß absolute wie relative Straftheorien jeweils einen richtigen Kern enthalten. Freilich fällt eine sachhaltige Synthese hier schwer, hat man es doch mit einem vieldimensionalen Problem zu tun. Und freilich muß dabei im Falle der „unausweichlichen Antinomien der Strafzwecke dem einen oder anderen Prinzip im Einzelfall der Vorzug gegeben werden" (Jescheck).

Die Vereinigungslehren sind heute überwiegend anerkannt. Sie liegen auch dem geltenden Strafgesetzbuch zugrunde.

6. Der Rechtspositivismus – „das Unkraut Naturrecht mit Stumpf und Stiel ausrotten"

Der Rechtspositivismus ist ein Kind des 19. Jahrhunderts. Die Sache freilich ist viel älter. Schon in der Antike gab es einen Positivismus, und schon bei Aristoteles findet man die Gegenüberstellung von natürlichem und positiven Recht. Im 19. Jahrhundert aber wurde der Positivismus zum Credo aller Wissenschaften, und man mühte sich, auch das Recht in dieses Fahrwasser zu steuern.

Der englische Empirismus eines John Locke und eines David Hume hatte aller Metaphysik eine Absage erteilt. Wissen, so lehrte man, sei von der Erfahrung abhängig. Sinnvolle Aussagen seien nur empirische Sätze über die Wirklichkeit oder mathematische Sätze. Andere Aussagen über jenseits der Erfahrung, im ,,Metaphysischen" liegende Gegenstände, seien sinnlos.

Der französische Mathematiker und Wissenschaftstheoretiker Auguste Comte (1798–1857) knüpfte hier an. Mit seinem Werk ,,Cours de Philosophie positive" gab er der neuen Denkweise den Namen. Sein Thema war eine Analyse des Wissens in der Gesellschaft, seine Methode die Unterscheidung verschiedener historischer Stadien gesellschaftlichen Kollektivwissens. In einem Dreistadiengesetz unterschied er einen theologischen, einen metaphysischen und einen positiven Zustand des gesellschaftlichen Wissens. Der erste sei theologisch-militärisch organisiert; in ihm würden Personen fingiert; der zweite sei metaphysisch-juristisch ausgestaltet, in ihm würden Entitäten fingiert; und der dritte sei naturwissenschaftlich-industriell ausgerichtet; in ihm gebe es keine Fiktionen mehr, sondern werde die Welt naturwissenschaftlich gedeutet und seien exakte Voraussagen möglich.

Der Aufschwung der Naturwissenschaften im 19. Jahrhundert schien dieses Dreistadiengesetz zu bestätigen. Die Juristen nahmen sich dies zum Vorbild. Mit dem Ende der Naturrechtsbewegung im 18. Jahrhundert war die alte Metaphysik aufgegeben worden. Jetzt konzentrierte man sich auf das, was man positiv greifen konnte. Das waren zum einen die empirischen Rechtstatsachen, zum anderen die Rechtsnormen; entsprechend entwickelte sich ein empirischer Rechtspositivismus (Rechtspsychologie, Rechtssoziologie) und ein normlogischer Rechtspositivismus; der letztere fand seinen Höhepunkt und seine gedankliche Exekution in der Reinen Rechtslehre. Vor allem dieser Normenpositivismus hat bis in die Gegenwart großen Einfluß ausgeübt.

Zunächst hat dieser Positivismus eine überaus ,,positive" Bedeutung gehabt: Er hat das Zeitalter des liberalen Rechtsstaates eingeleitet. Hier ist vor allem Feuerbach zu nennen, der Schöpfer des bayerischen Strafgesetzbuches von 1813 und Autor des Satzes ,,Nulla poena sine lege". Das Gesetz begründet nicht nur die Strafbarkeit des Verbrechers, es begrenzt sie auch. Es ist, wie

Feuerbachs geistiger Nachfahre Liszt das ausgedrückt hat, die „Magna Charta des Verbrechers".

Aber der Positivismus hat eine Verengung mit sich gebracht, die im 20. Jahrhundert dann unerträglich werden sollte, indem er alle metaphysischen Sinnfragen für irrelevant und lediglich das positive Gesetz für identisch mit dem Recht erklärte.

Den ersten Punkt erhellt eine berühmte „wissenschaftliche" Definition der verbalen Beleidigung durch Liszt als eine Reihe von Kehlkopfbewegungen, Schallwellenerregungen, Gehörreizungen und Gehirnvorgängen. Der „Sinn" der Beleidigung erschloß sich einem Positivisten nicht; die Metaphysik des Begriffes „Ehre" erkannte er nicht an.

Nur das positive Gesetz sollte Recht sein, und jedes positive Gesetz sollte Recht sein. Bergbohm, der Klassiker des Gesetzespositivismus' erblickte seine Hauptaufgabe darin, das „Unkraut Naturrecht mit Stumpf und Stiel auszurotten". Und er forderte, „auch das niederträchtigste Gesetz, sofern es nur formell korrekt erzeugt" sei, müsse als verbindlich anerkannt werden.

Derartige Äußerungen finden sich bei den Gesetzespositivisten zahlreich. „Auch die verwerflichste Rechtsordnung hat noch einen verpflichtenden Wert", schrieb Hans Ulrich Evers. Und Kelsen erklärte, keiner Rechtsnorm dürfe wegen ihres Inhalts die Geltung abgesprochen werden. Dies sei ein wesentlicher Grundsatz des Rechtspositivismus.

Über das alte Naturrecht wurde gespottet. Wilhelm Sauer schrieb: „Die Antike rechtfertigte die Unfreiheit des Sklaven, das Mittelalter die Vormacht der Kirche vor dem Staat, die Neuzeit die Souveränität des Staats, Hobbes die absolute, Locke und Montesquieu die konstitutionelle Monarchie, Rousseau die Demokratie; alle berufen sich dabei auf Naturrecht, das sich hiermit als unzulänglich erweist. Das Groteske ist dabei, daß jeder Vertreter des Naturrechts schon von dessen Wesen, nicht nur von seinem konkreten Inhalt eine verschiedene Vorstellung zu haben scheint, so daß man von einer einheitlichen Richtung im Sinne ihrer Vertreter gar nicht sprechen kann."

Der Positivismus bewirkte, daß die Rechtsphilosophie nach Hegels Tod zum Erliegen kam. An ihre Stelle trat die sog. Allgemeine Rechtslehre, in der gewisse allgemeine Grundbegriffe (Rechtssubjekt, Rechtsverhältnis, Rechtsnorm) und Grundstrukturen (Geltung, Kausalität, System ...) vor die Klammer der einzelnen Fachdogmatiken gezogen wurden. Die ,,metaphysische" Frage nach dem Inhalt der Gerechtigkeit wurde als unwissenschaftlich nicht mehr gestellt. Die Rechtssicherheit wurde zum Höchstwert des Rechts erhoben.

Im 19. und frühen 20. Jahrhundert war es leicht, ,,niederträchtigsten Gesetzen" Gültigkeit zuzusprechen; es gab sie nicht. Im NS-Unrechtsstaat aber sah das anders aus. Jetzt wurden die ,,niederträchtigsten Gesetze" plötzlich Realität – in einem Ausmaß, das sich niemand hatte vorstellen können oder mögen. Was geschah von seiten der deutschen Juristen, um diesem Unrecht zu wehren? ,,Nichts, so gut wie nichts", schreibt Arthur Kaufmann. ,,Als es zur Bewährungsprobe kam, zerplatzte alles wie eine Seifenblase." Nur wenige wandten sich ab, gingen in die äußere oder innere Emigration, oder verhielten sich wenigstens passiv. Die meisten unterstützten das Schandregime ,,nachdrücklich und mit oft peinlicher Beflissenheit".

Nach 1945 kam es zu einer ,,Renaissance des Naturrechts". Die Gerichte waren mit der Frage konfrontiert, ob die Tatsache, daß die ,,Führerbefehle" formell ordnungsmäßige Gesetze waren, deren Gültigkeit begründeten, oder ob sie wegen der offensichtlichen Verstöße gegen Menschenrechte und Menschenwürde ungültig waren. Diese Fragen erhoben sich z. B. bei den sog. Denunziantenprozessen, bei denen es darum ging, ob eine Denunziation etwa wegen abfälliger Äußerungen über das Regime ein Verstoß gegen übergeordnete Rechtsprinzipien sein konnte, obwohl sie doch im Rahmen der damals gültigen Gesetze erfolgte. Die Gerichte haben diese Frage durchweg dahin beantwortet, daß trotz der formell gültigen Gesetze Unrecht vorgelegen habe.

Gustav Radbruch schrieb im Jahre 1946: ,,Der Positivismus hat in der Tat mit seiner Überzeugung, ‚Gesetz ist Gesetz' den deutschen Juristenstand wehrlos gemacht gegen Gesetze willkürlichen und verbrecherischen Inhalts . . . Er glaubt, die Geltung eines Gesetzes schon damit erwiesen zu haben, daß es die Macht besessen hat, sich durchzusetzen. Aber auf Macht läßt sich vielleicht ein Müssen, niemals ein Sollen und Gelten gründen."

7. „Drei berichtigende Worte des Gesetzgebers – und ganze Bibliotheken werden zu Makulatur"

Im Jahre 1847 hielt der Staatsanwalt Julius Hermann von Kirchmann in Berlin einen Vortrag vor der Juristischen Gesellschaft unter dem Titel „Die Wertlosigkeit der Jurisprudenz als Wissenschaft". Darin sagte er: „Die Juristen sind durch das positive Gesetz zu Würmern geworden, die nur von dem faulen Holze leben; von dem gesunden sich abwendend, ist es nur das kranke, in dem sie nisten und weben. Indem die Wissenschaft das Zufällige zu ihrem Gegenstand macht, wird sie selbst zur Zufälligkeit; drei berichtigende Worte des Gesetzgebers und ganze Bibliotheken werden zu Makulatur."

Das positive Gesetz stellte Kirchmann als „krankes faules Holz" und als „Zufälligkeit" dar. Ihm stellte er das gesunde Holz, das Nichtzufällige gegenüber, das er als „natürliches Recht", als „Sitte", als „Billigkeit" bezeichnete. Dieses sei mit den Menschen geboren und gewachsen, ein Recht, „dessen klare Aussprüche heilig und unverbrüchlich in jeder Brust geschrieben" seien. Es sei veränderlich und beweglich, und es wandle sich mit der Geschichte. „Es ist das Produkt der Erziehung, der Gewohnheit, der Beschäftigung, des Temperaments, also des Zufalls."

Die positiven Gesetze drängten sich zwischen das natürliche Recht und die Wissenschaft. „Mit Gewalt und Strafen umgürtet, zwingen sie sich, ob wahr oder falsch, dem Gegenstand auf; das natürliche Recht muß seine Wahrheit hingeben und nach ihnen sich beugen." In ihrer „baren Willkür", ihrer Mangelhaftigkeit, Lückenhaftigkeit, Dunkelheit, Starrheit, Abstraktheit hätten die Gesetze eine zerstörende Wirkung auf das natürliche Recht.

Darüberhinaus hätten die positiven Gesetze auch einen verderblichen Einfluß auf die Rechtswissenschaft. Diese versuche, in gleicher Willkürlichkeit die Gesetzeslücken zu stopfen und die Abstraktheit aufzulösen. „Die Wissenschaft überkommt die undankbare Aufgabe, ... die Willkür in ein System zu bringen."

Sollten aber einmal ausnahmsweise gute Gesetze geschaffen werden, sei der Einfluß der Juristen verheerend. „Dann kommen sie wie die Raben zu Tausenden und nisten in allen Winkeln und messen die Grenzen und Dimensionen bis auf Zoll und Linie und übermalen und überschnörkeln den edlen Bau, daß Fürst und Volk kaum noch ihrer Taten Werk darin erkennen.“

Auch da, wo die Wissenschaft versuche, dem natürlichen Recht einen Schlupfwinkel zu eröffnen und es zur Geltung zu bringen, sei sie gezwungen, auf die Methoden der Wortkünstelei, der Begriffsverdrehung und der Sprachrechnerei abzustellen.

Im Grunde sei das natürliche Recht kein Thema für die Rechtswissenschaft. Als Gegenstand genommen, könne sie es nicht ergreifen, sie habe es immer schon verloren und komme stets zu spät. „Sie gleicht dem Wanderer in der Wüste“. Zwar könne sie in die Vergangenheit flüchten, doch drohe angesichts der Zufälligkeit des natürlichen Rechts dieselbe Gefahr wie bei der Beschäftigung mit den positiven Gesetzen: „Was der Fleiß und die Divination von Jahrhunderten sich zusammengebaut, keinen Tag ist es sicher, daß nicht ein altes Pergament aufgebaut werde, das ihren Bau bis auf den Grund zerstört.“

Die Konsequenzen seien schlimm. Das natürliche Recht werde nicht mehr gesehen. Die Menschen erblickten nur mehr die Willkür der Juristen. Prozesse seien Spekulationen, künstliche Rechnungen, Glücksspiele. Auf der Suche nach dem natürlichen Recht müssten sich die Menschen an Laien wenden. Das sei ein unerträglicher Zustand. Und Kirchmann zog kurz und bündig die Konsequenz: „Die Nation ist der wissenschaftlichen Juristen überdrüssig.“

Für Kirchmann stand die „Wertlosigkeit der Jurisprudenz als Wissenschaft“ fest. Nicht nur sei sie überhaupt keine Wissenschaft, sondern sie sei auch für das Rechtsleben von schädlicher Wirkung. „Das Resultat, das ich biete, ist niederschlagend und betrübend.“

Welche Therapie hatte nun dieser Staatsanwalt zu bieten? Kirchmann machte zwei Vorschläge. Die Gesetzgebung solle sich auf wenige Gesetze beschränken, in denen lediglich die leitenden Grundsätze dargestellt seien, und sie solle „die Anwendung derselben in den feineren Verzweigungen ohne peinliche Abwägung dem gesunden Sinn des Volkes ... überlassen.“ Und die Rechtswissenschaft solle ihr methodisches Selbstverständnis ändern. „Dies eben ist das klägliche der Jurisprudenz, daß sie die Politik von sich aussondert, daß sie damit sich selbst für unfähig erklärt, den Stoff, den Gang der neuen Bildungen zu beherrschen oder auch nur zu leiten." Welche Kriterien dabei befolgt werden sollten, gab Kirchmann freilich nicht an.

Es versteht sich, daß ein preußischer Beamter des Jahres 1847 solche Sätze auf Dauer nicht ungestraft sagen durfte. Kirchmann wurde später – freilich aus anderen Gründen – strafversetzt und 1867 sogar unter Aberkennung jeglicher Gehalts- und Pensionsansprüche aus dem Dienst entfernt. Seine Thesen haben freilich die Juristen bis in die Gegenwart erregt. So schrieb Theodor Maunz erst 1963 eine Erwiderung „Von der Wertlosigkeit der Rechtswissenschaft" und Karl Larenz legte noch 1966 eine Schrift mit dem Titel „Über die Unentbehrlichkeit der Jurisprudenz als Wissenschaft" vor. Auch andere zeitgenössische Rechtsdenker setzten und setzen sich mit Kirchmann auseinander. Dies zeigt, daß Kirchmann einen wunden Punkt getroffen haben muß.

In der Tat verhält es sich so. „Kirchmann", schreiben Arth. Kaufmann/Hassemer, „hat ... in großer Klarheit genau das ausgesprochen, was eine Wissenschaftstheorie, die sich in einer Scheidung von Natur- und Geisteswissenschaften erschöpft, von der Jurisprudenz halten muß: sie ist eine Beschäftigung, die den Bedingungen der beiden anerkannten Wissenschaften nicht genügt und überdies noch Eigenschaften aufweist, die von diesen Wissenschaften nicht begriffen werden können; also ist sie unwissenschaftlich, „zufällig". Es hat sehr lange gedauert, bis eine Rechtstheorie dieses Urteil Kirchmanns tatsächlich erschüttern konnte."

Diese neue Rechtstheorie wurde seit den zwanziger Jahren unseres Jahrhunderts begründet. Bis dahin hatte der „Dualismus" des 19. Jahrhunderts zwischen „Natur" und „Idee", zwischen Naturwissenschaften und Geisteswissenschaften geherrscht. Der Rechtstheorie war nur die Wahl geblieben, ihre Methode vom einen oder anderen zu beziehen, sich auf systemimmanentes Schließen zurückzuziehen oder auf die „Seinstatsachen" zu rekurrieren. Aber an diesem Dualismus mußte sie letztlich scheitern, weil weder Natur- noch Geisteswissenschaften eine Rechtsordnung angemessen verstehen und beschreiben können.

So ist es zu verstehen, daß ein neues Methodenverständnis begründet wurde und die Eigenständigkeit der Rechtswissenschaft gegenüber den anderen Wissenschaften herausgearbeitet wurde. Nicht weniger als drei Richtungen bemühten sich hierum unter Rückgriff auf philosophische Methodenlehren – die neuhegelianische (Binder, Schönfeld), die phänomenologische (Reinach, G. Husserl, Welzel) und die neukantianische (Lask, Radbruch, Emge, Max Ernst Mayer) Richtung. Die gesuchte Eigenständigkeit der Rechtswissenschaft fand man in Kategorien wie der „teleologischen Auslegung", der „Konkretisierung" des Rechts durch Auslegung (Neuhegelianismus), dem „materialen Apriori" im Recht, den „sachlogischen Strukturen" (Phänomenologie) und dem „Typusdenken" bzw. der „Natur der Sache" (Neukantianismus). Gemeinsam ist ihnen allen das Bemühen, den Methodendualismus von Sollen und Sein zu überwinden.

„Hatten sich frühere Rechtstheorien", schreiben Arth. Kaufmann/Hassemer, „um eine Wissenschaft außerhalb der Jurisprudenz – die Philosophie – nicht gekümmert und waren letztlich doch bei den Methoden außerjuristischer Wissenschaften gelandet, so verhalf der philosophische Ausgangspunkt nun dazu, eine wirkliche *Rechts*theorie zu begründen."

8. Begriffsjurisprudenz – Begriffe gewinnen intellektuelle Existenz

Unter den Rechtstheorien des 19. Jahrhunderts spielte die Begriffsjurisprudenz eine Hauptrolle. Aber sie ist in Verruf geraten. Es gibt wohl kaum einen schlimmeren Vorwurf, den man heute einem Juristen machen kann, als den, er sei ein „Begriffsjurisprudent". Wie kam es dazu?

Am Anfang standen die großen Naturrechtssystematiken des 18. Jahrhunderts. Man hatte Jahrtausende über das Naturrecht nachgedacht, man war aufgeklärt, man vertraute auf das Vermögen der menschlichen Vernunft, Recht und Unrecht zu erkennen, und man schuf große Naturrechtssysteme. Grotius, Hobbes, Pufendorf hatten „natürliche" Rechte und Pflichten systematisch dargestellt und auf oberste Grundsätze zurückgeführt. In den Kodifikationen jener Zeit hatte man das Naturrecht aufgeschrieben.

Die historische Rechtsschule trat zunächst an, um mit dieser Tradition zu brechen. Savignys Zentralbegriff war das „Rechtsinstitut". Diesen Begriff faßte er „organisch" auf. Er betonte den „lebendigen Zusammenhang seiner Bestandteile", seine „fortschreitende Entwicklung". Aber indem er auf Wissenschaft setzte, legte er den Keim zu einem Begriffsdenken, welches dann sein Nachfolger auf dem Berliner Lehrstuhl, Georg Friedrich Puchta (1798–1846) zu einem Höhepunkt bringen sollte.

Puchta schuf – in Fortsetzung der Tradition des 18. Jahrhunderts – die „begriffsjuristische“ Methode. Zwar sagte er, in deutlichem Bezug zu Savignys Lehre von den „Rechtsinstituten“, die „Rechtssätze“ stünden in einem „organischen Zusammenhang untereinander, der sich zuvörderst durch ihr Hervorgehen aus dem Geist des Volkes erklärt“. Aber dann fuhr er fort:

„Es ist nun die Aufgabe der Wissenschaft, die Rechtssätze in ihrem systematischen Zusammenhang, als einander bedingende und voneinander abstammende, zu erkennen, um die Genealogie der einzelnen bis zu ihrem Prinzip hinauf zu verfolgen und ebenso von den Prinzipien bis zu ihren äußersten Sprossen herabsteigen zu können. Bei diesem Geschäft werden Rechtssätze zum Bewußtsein gebracht und zu Tage gefördert werden, die in dem Geist des nationalen Rechts verborgen, weder in der unmittelbaren Überzeugung der Volksglieder und in ihren Handlungen, noch in den Aussprüchen des Gesetzgebers zur Erscheinung gekommen sind, die also erst als Produkt einer wissenschaftlichen Deduktion sichtbar entstehen. So tritt die Wissenschaft als dritte Rechtsquelle zu den ersten beiden; das Recht, welches durch sie entsteht, ist Recht der Wissenschaft, oder, da es durch die Tätigkeit der Juristen ans Licht gebracht wird, Juristenrecht.“

Die Wissenschaft war also für Puchta eine Rechtsquelle. Freilich nicht in dem Sinne, daß der Rechtswissenschaftler neue, bislang nicht vorhandene Rechtssätze aufstellt, sondern in dem Sinne, daß er solche Sätze „entdeckt“, die dem bisherigen juristischen Denken unbekannt geblieben seien. Puchta sprach deshalb auch von „sichtbarer“ Entstehung des neuen Rechtssatzes. Der Sache nach sei dieser in der Begriffspyramide des geltenden Rechts schon immer enthalten gewesen und werde nicht etwa neu „konstruiert“. Es liege vergleichbar wie in der Mathematik, wo der Wissenschaftler die Implikationen einer bestimmten mathematischen Aussage entdecke. Puchta sprach deshalb von einer „Genealogie der Begriffe“. Der durch die Rechtswissenschaft aus einem übergeordneten Rechtsbegriff abgeleitete Rechtssatz weise nicht mehr an Inhalt auf als der übergeordnete Begriff. Dieser habe jenen schon immer enthalten; jener werde lediglich ausformuliert.

Ebenso wie Savigny war Puchta Anhänger des Gewohnheitsrechtes. Er schrieb ein Buch mit dem Titel „Das Gewohnheitsrecht". Darin entwickelte er seine Rechtsquellenlehre. Die Juristen verstand er wie Savigny als Repräsentanten des Volksgeistes, in deren Händen das Recht bei fortschreitender Rechtsentwicklung liege. An anderer Stelle verdeutlichte er dies mit einem sehr einleuchtenden Beispiel: „Wie nun die Sprache eines Volkes aus demselben Grund auf gewissen Principien und Regeln beruht, die in ihr selbst unausgesprochen liegen, von der Wissenschaft aber ans Licht und ins Bewußtsein gebracht werden, so auch das Recht." Die Deduktion aus Begriffen wurde so das eigentliche Verfahren zur Erzeugung wissenschaftlichen Rechts.

Die Kritik setzte mit Rudolf von Jhering ein. Jhering war zunächst angetreten, die Begriffsjurisprudenz zu vollenden. Seinen (unvollendet gebliebenen) „Geist des römischen Rechts" hatte er noch „dem großen Meister G. F. Puchta" gewidmet. Dort findet sich jene berühmte Formulierung, die wie keine zweite das Wesen der Begriffsjurisprudenz trifft: „Die Begriffe sind productiv, sie paaren sich und zeugen neue". Die Begriffe waren für den frühen Jhering „nicht bloße Auflösungen der gegebenen Rechtssätze". Vielmehr gehe es um die „Möglichkeit einer Vermehrung des Rechts aus sich selbst... Durch Combination der verschiedenen Elemente kann die Wissenschaft neue Begriffe und Rechtssätze bilden".

Aber dann kam Jherings Damaskuserlebnis, kam seine vielbesprochene „Bekehrung". Er wandte sich von der Begriffsjurisprudenz ab und begründete die Zweckjurisprudenz, aus der später Philipp Heck die Interessenjurisprudenz ableiten sollte.

Der Widerhall in der Praxis war groß. Das hatte sicherlich mit der Mißachtung der Praxis durch die Begriffsjurisprudenz zu tun. Puchta hatte es ausdrücklich abgelehnt, der Rechtsprechung rechtserzeugende Kraft zuzusprechen; der ständige Gerichtsgebrauch war für ihn nur eine Erkenntnisquelle bestehenden Rechts gewesen. Und Jhering hatte betont, es gebe eine ansehnliche Zahl von Rechtskörpern, bei denen ein Zweck „überall gar nicht angegeben werden" könne, da sie „nicht einem praktischen Bedürfnis (utilitas), sondern nur der juristischen Consequenz oder Notwendigkeit (ratio juris) ihren Ursprung verdanken, nur existieren, weil sie nicht nicht-existieren können." Daß die solcherart mißachtete Praxis von der Begriffsjurisprudenz wenig begeistert war, liegt auf der Hand.

Der Widerhall in der Praxis auf die Zweck- und Interessenjurisprudenz hatte aber sicherlich auch mit dem erleichternden Gefühl der Befreiung von einer ,,Begriffsmathematik" zu tun, deren Fesseln durchweg als zu eng empfunden wurden, um der Vielgestaltigkeit der sozialen Konflikte gerecht werden zu können. Dem Zeitalter der ,,Industriellen Revolution" mit seinen sich immer rascher wandelnden sozialen Verhältnissen konnte nur eine Rechtstheorie genügen, die eine flexible Rechtspraxis erlaubte.

Die Begriffsjurisprudenz geriet in Verruf, und zwar gründlich. Schon 1910 meinte Ernst Landsberg, Puchta sei zum ,,Kinderspott" geworden. Aber man sollte nicht übersehen, daß die Interessenjurisprudenz (und alle verwandten Richtungen – Freirechtsbewegung, pragmatische Jurisprudenz, Wertungsjurisprudenz) theoretisch weitgehend unklar blieben und im wesentlichen von ihrer negativen Stoßrichtung gegen die Begriffsjurisprudenz (und darüberhinaus alle formalen Richtungen in der Rechtstheorie) lebten und leben.

Das Operieren mit hierarchisch strukturierten Begriffsbäumen ist unentbehrlich, wenn es darum geht, große Stoffmengen zu verwalten und beherrschbar zu machen. Gerade im Zeitalter der Datenverarbeitung tritt diese Einsicht wieder deutlich zu Tage. Puchta hat mit großer Klarheit methodische Befunde formuliert, die niemand ignorieren kann, der sich bewußt mit Rechtstheorie befaßt. ,,Einen wirklichen Ersatz für die Begriffsjurisprudenz hat auch die gegenwärtige Dogmatik noch nicht gefunden; wie stark Puchta noch nachwirkt, läßt sich unschwer durch einen Blick auf die Systematik gängiger Zivilrechtslehrbücher feststellen" (Kleinheyer-Schröder).

9. Die Interessenjurisprudenz – vom Primat der Logik zur Befriedigung der Lebensbedürfnisse

Jherings berühmte ,,Bekehrung" leitete den Übergang von der Begriffsjurisprudenz zur Interessenjurisprudenz ein. Er begründete eine neue, pragmatische Jurisprudenz – mit großem Widerhall in der Praxis. ,,Der Zweck ist der Schöpfer des ganzen

Rechts", lehrte er. Die Vertreter der Interessenjurisprudenz bauten auf diesem Grund ein ganzes Gebäude.

Hier sind Heinrich Stoll, Rudolf Müller-Erzbach und vor allem Philipp Heck zu nennen. Heck hatte ursprünglich Mathematik studiert. Er berichtete, wie er zum Rechtsstudium gebracht wurde: „Nach liebenswürdiger Juristensitte wurde ich als Versuchskaninchen für Laienurteile über juristische Fragen verwendet. Die Begründung der juristischen Entscheidung durch Begriffe war mir auffallend. Zu meiner Aufklärung verwies mich einer meiner Freunde auf die methodischen Ausführungen in Jherings ‚Geist des römischen Rechts', Bd. II, 2. Abt. Dieser Band ist das erste juristische Buch, das ich gelesen habe. Ich las es mit heller Begeisterung. Namentlich packte mich die Aussicht auf die Umgestaltung der Wissenschaft durch Verwendung der Interessenbegriffe, die Jhering am Schluß eröffnete. Dieser Gegensatz ‚Rechtsbegriff' und ‚Interesse' veranlaßte mich zu einer weiteren Beschäftigung mit der Rechtswissenschaft und schließlich zum Übertritt in die juristische Fakultät."

Heck wurde also Jurist, um die Interessenjurisprudenz zu begründen und durchzusetzen. Ihm war bewußt, daß er hiermit gegen die ‚herrschende Meinung' seiner Zeit würde antreten müssen. Um sich zu „legitimieren", betätigte er sich zugleich als Rechtshistoriker. Aber hier erfuhr er nur vernichtende Kritiken – während sein Einfluß auf die Methodenlehre „kaum unterschätzt werden" kann (Larenz).

Heck gab zunächst der alten Richtung einen – negativen – Namen, indem er sie als „Begriffsjurisprudenz" bezeichnete. Von ihm stammt also dieser Ausdruck. Er kritisierte sie dann. Die Begriffsjurisprudenz habe die Rechtsordnung als geschlossenes System von Rechtsbegriffen verstanden, den „Primat der Logik" verkündet und demgemäß den Richter auf die „logische Subsumtion der Sachlage unter die Rechtsbegriffe beschränkt". Darüber seien die Forderungen des praktischen Lebens vernachlässigt worden.

Richtig müsse man vom „Primat der Lebensforschung und Lebensbewertung" ausgehen. Die Rechtswissenschaft sei eine „praktische" Disziplin. Ihr gehe es um „die Wege zu einem einzigen Endziel, zu der Einwirkung auf das Leben." Darüberhinaus gebe es keine zweiten, getrennten, „etwa rein theoretischen Ziele". Es gehe lediglich darum, „dem Richter sein Amt dadurch zu erleichtern, daß sie (sc. die Rechtswissenschaft) durch Erforschung des Gesetzes und der Lebensverhältnisse die sachgemäße Entscheidung vorbereitet".

Der Richter aber müsse für die „Befriedigung der Lebensbedürfnisse, der in der Rechtsgemeinschaft vorhandenen Begehrungen und Begehrungstendenzen, der materiellen wie der idealen" sorgen. Diese bezeichnete Heck als „Interessen", und die Eigenart der Interessenjurisprudenz bestehe darin, daß sie „dieses Endziel auch bei jeder einzelnen Operation, bei jeder Begriffsbildung im Auge zu behalten" suche.

Das Recht sei also „Interessenschutz". Die Gesetze seien darauf gerichtet, „Interessen abzugrenzen". Zugleich seien sie selbst „Interessenprodukte". Sie seien die „Resultanten der in jeder Rechtsgemeinschaft einander gegenübertretenden und um Anerkennung ringenden Interessen materieller, nationaler, religiöser und ethischer Richtung". Diese Erkenntnis sei der „Kern der Interessenjurisprudenz".

Von hier aus wird Hecks Auslegungslehre verständlich. Es geht ihr darum, „die realen Interessen, welche das Gesetz verursacht haben, historisch richtig zu erkennen und die erkannten Interessen in der Fallentscheidung zu berücksichtigen". Die Auslegung müsse über den historischen Gesetzgeber hinaus auf „die für das Gesetz kausalen Interessen" zurückgehen, für welche der Gesetzgeber lediglich der „Transformator" sei. Man müsse also „historische Interessenforschung" betreiben, die den Gesetzgeber motivierenden Ursachen aufdecken und in einer „genetischen Interessentheorie" die gesetzlichen Gebote als daraus resultierende „Wirkungen" zutreffend aufdecken.

Soweit dabei Lücken aufgedeckt würden, müßten diese in „denkendem Gehorsam" ausgefüllt werden. Heck verdeutlichte dies am Beispiel von Herr und Diener. Der Diener habe keinen blinden, sondern denkenden Gehorsam zu beobachten. Er dürfe Gebote nicht wörtlich ausführen, sondern müsse sich nach den historisch festgestellten Interessen des Befehlenden richten. Ebenso müsse es der Richter als Diener des Gesetzgebers halten. Zur genetischen trete so die „produktive" Interessenjurisprudenz.

Die Interessenjurisprudenz hat bis in die Gegenwart in vielen Spielarten – etwa als Wertungsjurisprudenz – großen Einfluß ausgeübt. Ihren extremsten Ausschlag fand sie zu Beginn unseres

Jahrhunderts in der Freirechtsbewegung. Dort zeigte sich besonders deutlich die Leistung dieser Rechtstheorie. Hatte der Positivismus das Gesetz von allen sozialen Faktoren losgelöst und den strikten Gehorsam des Richters gegenüber dem Wortlaut des Gesetzes postuliert, so stellte die Interessenjurisprudenz (die im Kern dem Positivismus freilich verhaftet blieb) den Bezug der Rechtsordnung zum sozialen Ganzen wieder her. Sie räumte dem Rechtsanwender einen Entscheidungsbereich ein, der vom Wortlaut des Gesetzes nicht ausschließlich definiert war und dessen Grenzen grundsätzlich erst beim Vollzug des Rechtsanwendungsaktes offenbar wurden.

Der große Widerhall in der Praxis zeigt, wie sehr eine solche Rechtstheorie benötigt wurde. Daß sie theoretisch kaum ausgefeilt und etwa im Vergleich zur logischen und systematischen Stringenz der Reinen Rechtslehre eher programmatischer Natur war, spielte keine Rolle. „Dadurch, daß sie den Richter anwies, die im Gesetz enthaltenen Werturteile im Hinblick auf den zu beurteilenden Fall denkend nachzuvollziehen, hat die Interessenjurisprudenz auf eine im formalen Denken und im strengen Gesetzespositivismus erzogene Juristengeneration – ohne doch die Schranken des Positivismus' wirklich zu durchbrechen – befreiend und befruchtend gewirkt" (Larenz).

10. Die Freirechtsbewegung – „ein scharfes Auge, ein starkes Empfinden"

Im Jahre 1903 hielt Eugen Ehrlich (1862–1922), neben Emile Durkheim und Max Weber einer der Begründer der Rechtssoziologie, einen Vortrag mit dem Titel „Freie Rechtsfindung und freie Rechtswissenschaft". Dieser Vortrag leitete die Freirechtsbewegung ein, eine Bewegung, die man als extremen Ausschlag der Interessenjurisprudenz bezeichnen kann. Ihre wichtigsten Vertreter waren Hermann Kantorowicz (1877–1940) und Ernst Fuchs (1859–1929). Sie war gekennzeichnet durch große Beredsamkeit und eine vorwiegend negative Stoßrichtung; ihr stand der Gegner deutlicher vor Augen als das eigene Programm.

Der Gegner: das war die Begriffsjurisprudenz und mit ihr jede rechtstheoretische Richtung, die als „scholastisch", als „metaphysisch", als „abstrakt" galt. All dies stand im falschen Lager, dem geisteswissenschaftlichen Lager. Dieses mußte man verlassen. „Wir Juristen“, schrieb Ernst Fuchs, „müssen uns klar werden, daß die wahre – soziologische – Rechtswissenschaft auf die Seite der Naturwissenschaften ... gehört. Wir stehen also auf einer falschen Seite, wir gehören auf die andere Seite hinüber.“ Erst von der völligen „Unterwerfung“ unter die Naturwissenschaften erwartete er für das Rechtswesen den Abschluß von Altertum und Mittelalter und den wirklichen Beginn der Neuzeit. Die neue Rechtswissenschaft sollte nicht scholastisch, sondern modern, nicht metaphysisch, sondern positiv, nicht abstrakt, sondern exakt sein. Und sie sollte vor allem „gerecht“ sein. Die Auffassung Windscheids, daß sich beim Vollzug eines ungerechten Urteils die Majestät des Rechts selbst im Unrecht bewähre, nannte Fuchs „pervers“.

Rechtswissenschaft also als Soziologie. Ehrlich sah den „Schwerpunkt der Rechtsentwicklung“ in unserer Zeit „wie zu allen Zeiten weder in der Gesetzgebung noch in der Jurisprudenz oder in der Rechtsprechung, sondern in der Gesellschaft selbst“. Dort gebe es Übung, Herrschaft, Besitz, Vertrag – die „Tatsachen des Rechts“. Aus ihnen folgten „Regeln des Handelns“, die sich von anderen Regeln (Sitte, Anstand usw.) durch ihre „Wichtigkeit“ abhöben. Diese müsse der Richter sehen. Er müsse „ein scharfes Auge für das Wesen der gesellschaftlichen Vorgänge“ und „ein starkes Empfinden für die Bedürfnisse der Gegenwart“ haben. Eine „juristische Logik“ gebe es demgegenüber nicht. Jede Rechtsfindung sei ein schöpferischer Akt.

Mit beißender Schärfe griffen die Freirechtler alles an, was nach „Begriffslogik“, „Formalkonstruktionen“, „Pandektismus“, „Jesuitismus“, „sophistisch-dialektischer Scholastik“ schmeckte. Hermann Kantorowicz veröffentlichte im Jahre 1906 unter dem Pseudonym Gnaeus Flavius eine Flugschrift „Der Kampf um die Rechtswissenschaft“, in der er den Juristen schilderte, wie dieser mit einer „Denkmaschine“ ausgerüstet am grünen Tisch seine Fälle entscheide. Und Ernst Fuchs sprach vom „Bovigismus“, wobei er sich auf den Rechtshistoriker Philipp Eduard Huschke (gest. 1886) bezog, der im Wege rein begrifflicher Ableitung aus den römischrechtlichen Quellen die Existenz eines der Wissenschaft bis dato unbekannt gebliebenen Tieres – des „Bovigus“ – gefolgert hatte. Schon Jhering hatte übrigens diese Kuriosität bemerkt und satirisch behandelt.

Dem herrschenden Dogma von der begrifflich-systematischen Geschlossenheit der Rechtsordnung setzten die Freirechtler die Erkenntnis entgegen, daß Gesetze Lücken aufweisen. Es sei nicht nur so, daß „Lücken sich hier und da wohl vorfinden", schrieb Kantorowicz, „nein, getrost darf man behaupten, daß nicht weniger Lücken als Worte da sind... Nur ein unwahrscheinlicher Zufall kann es daher fügen, daß ein Rechtsfall so gelagert ist, daß sämtliche auf ihn anzuwendenden Rechtsbegriffe mit ihren fest bestimmten Begriffskernen auf ihn entfallen." Nur selten treffe das Gesetz eine zweifelsfreie Anordnung, und da diese seltenen Fälle (etwa die Regelung, daß ein Minderjähriger mit einem bestimmten Alter volljährig und damit geschäftsfähig wäre) in der Gerichtspraxis überhaupt keine Rolle spielten, seien die Gesetze praktisch immer lückenhaft.

In dieser Lage müsse der Richter „soziologisch" vorgehen. Er dürfe nicht, wie unter dem Dogma von der Lückenlosigkeit des Gesetzes, „kryptosoziologisch" vorgehen und „Geheimfreirechtlerei" betreiben (worunter Fuchs eine mittels begrifflicher Konstruktion verhüllte Rechtsanwendung verstand), sondern er müsse vom Fall ausgehen. Fuchs schrieb: „Der Soziologe geht – umgekehrt wie der Begriffsjurist – von einer eingehenden Ergründung der Tatsachenwelt aus, dann gewinnt er sein Ergebnis durch sachlich-wirtschaftlich-ethische Erwägungen, und erst dann sieht er zu, ob ihn das Gesetz daran hindere und ob eine bewährte Judikatur oder Überlieferung wirklich einen so gelagerten Fall treffe."

Liest man solche Sätze, versteht man, daß der Schluß gezogen wurde, die Freirechtler hätten dem Gesetz den Gehorsam aufgekündigt. Doch zeigt eine nähere Betrachtung, daß dies eine „Contra-legem-Fabel" ist. Die Freirechtler wollten nicht das Gesetz beiseiteschieben. Ernst Fuchs schrieb einmal, die Freirechtsbewegung sei nicht gekommen, das Gesetz aufzulösen, sondern es zu erfüllen. Es ging dieser Bewegung darum, aufzuweisen, daß die Rechtsentscheidung nicht allein dem Gesetz entnommen werden kann, und daß man dies sehen müsse – eine Einsicht, die heute rechtstheoretisches Allgemeingut geworden ist.

Auch gesetzgeberisch hat dieses Gedankengut Anerkennung gefunden. Art. 1 Abs. 2 des Schweizerischen Zivilgesetzbuches von 1912 weist den Richter in einer berühmtgewordenen Formulierung an, bei Lücken im Gesetz und Fehlen eines Gewohnheitsrechtes nach der Regel zu entscheiden, „die er als Gesetzgeber aufstellen würde". Dies besagt freilich nicht, daß er zu einer freien rechtspolitischen Willensentscheidung berufen ist, sondern daß er sich im Rahmen des vorgegebenen Systems zu halten und an den vorhandenen Rechtsgrundsätzen zu orientieren habe.

Da die Freirechtler sich an den Naturwissenschaften orientierten und auf Beobachtung und Experiment setzten, forderten sie auch eine Reform der Juristenausbildung. Vor allem Fuchs hat sich hier mit Vorschlägen hervorgetan. Nicht das Nachdenken und Nachschlagen in Rechtsbüchern sollte mehr im Vordergrund stehen, sondern die Anschauung. Aus den Rechtsfakultäten sollten „Rechtskliniken" mit eigener akademischer Gerichtsbarkeit (etwa im Umfang der früheren süddeutschen Gemeindegerichtsbarkeit) werden. In ihnen sollten die Studenten das richtige Prozedieren, die Kunst der Vernehmung und Beweiswürdigung, das Anklagen und Verteidigen lernen. Am lebendigen Fall sollten sie beobachten und lernen können. Die „Vorlesungen" sollten demgegenüber in den Hintergrund treten oder ganz verschwinden.

Immer wieder überschüttete vor allem Fuchs das ganze „scholastische" Erbe mit beißendem Spott. Dissertationen sollten keine theoretischen, gelehrten Abhandlungen mehr sein, sondern sollten „wirkliche juristische Krankheitsfälle oder Gruppen von solchen" zum Gegenstand haben. Und als Prüfung sollte ein „Meisterstück" geliefert werden durch „kunstgerechte Wahrheitsermittlung und Beweiswürdigung und durch die kunstgerechte Rechtsgestaltung und Interessenabwägung in einem wirklichen Prozesse".

Läßt man die zeitbedingten Besonderheiten weg, liegt der bleibende Ertrag der Freirechtsbewegung mit Arthur Kaufmann in folgendem:

„1. Eine Rechtsentscheidung kann nie ausschließlich aus dem Gesetz rein deduktiv abgeleitet werden. Das Gesetz ist also niemals die alleinige Rechtsquelle für die Gewinnung konkreter juristischer Urteile.

2. Gesetz und Recht sind nicht identisch.

3. Das Recht ist keine statische, feststehende, unveränderliche Größe, sondern – auch ohne Eingreifen des Gesetzgebers – dem ständigen Wandel unterworfen. Es hat dynamische, geschichtliche Natur."

G. Die Texte

1. Platon, Kriton

In seinem Dialog „Kriton“ schildert Platon ein Gespräch zwischen dem zum Tode verurteilten Sokrates und dessen Freund Kriton, der Sokrates zur Flucht überreden will. Sokrates lehnt den Vorschlag ab. – Platon war acht Jahre Schüler des Sokrates gewesen und hatte den Prozeß gegen Sokrates im Jahre 399 v. Chr. miterlebt.

Sokrates. Betrachte es einmal so: Wenn im Augenblick, da wir uns anschicken, von hier zu entlaufen oder wie man das nennen soll, die Gesetze und der Gemeinsinn der Stadt uns entgegenträte und fragte: „Sage mir, Sokrates, was hast du im Sinn zu tun? Planst du etwas anderes mit diesem Werk, in das du dich einläßt, als uns, die Gesetze und die ganze Stadt, an deinem Teil zugrunde zu richten? Oder hältst du für möglich, daß eine Stadt weiterbestehe und nicht zusammenstürze, in welcher die gerichtlichen Entscheide keine Wirkung haben, sondern von Privatleuten aufgehoben und vernichtet werden?“ Was können wir antworten, Kriton, auf solche und andere Fragen? Denn gar vieles könnte einer, zumal ein Sachwalter, zugunsten dieses bedrohten Gesetzes sagen, welches anordnet, daß die einmal gefällten Urteile in Kraft bleiben ... Oder sollen wir ihnen antworten: „Unrecht tat uns ja die Stadt, und nicht richtig war das Urteil, das sie fällte“? Sollen wir dies antworten oder was sonst?

Kriton. Ja dies, beim Zeus, Sokrates.

Sokrates. Aber wenn dann die Gesetze erwidern: „Sokrates, war dieser Vertrag zwischen uns und dir geschlossen oder der, dich den Urteilen zu fügen, welche die Stadt fällen würde?“ Wenn wir uns dann über diese Worte wunderten, würden sie vielleicht sagen: „Sokrates, wundere dich nicht über das Gesagte, sondern antworte, da es ja deine Gewohnheit ist, dich des Fragens und Antwortens zu bedienen. Sprich! Was wirfst du uns und der Stadt vor, daß du zu unserm Untergange wirkst? Haben nicht zuerst wir dich erschaffen, und hat nicht durch uns dein Vater die Mutter gefreit und dich gezeugt? Sage also, hast du an diesen unter uns, den Gesetzen über die Ehe, etwas zu rügen, das nicht schön sei?" Ich rüge sie nicht, würde ich sagen. ,,Und an den Gesetzen über die Aufzucht und Bildung des Kindes, in der auch du gebildet wurdest? Oder war es nicht schön, daß diese unter uns Gesetzen, die damit beauftragt sind, deinem Vater vorschrieben, dich in musischer Kunst und in Leibesübung bilden zu lassen?" Es ist schön, würde ich sagen. ,,Gut. Nachdem du aber geboren und aufgezogen und gebildet worden bist, bist du dann ernstlich imstande, zu sagen, daß du nicht unser Sohn und Knecht geworden bist, du selbst, wie deine Ahnen. Und wenn dem so ist, glaubst du dann etwa gleichen Rechts zu sein mit uns und daß es gerecht sei, wenn wir unternähmen, dir etwas anzutun, daß du dasselbe wieder uns antätest? Zwar gegen deinen Vater und deinen Herrn, wenn du einen hast, wärest du nicht gleichen Rechtes gewesen, so daß du, was dir geschah, ihnen vergelten könntest, wenn du böse Worte zu hören bekämst, sie erwidern, wenn du geschlagen würdest, wiederschlagen und was dergleichen mehr ist – dem Vaterland aber und den Gesetzen gegenüber soll es dir erlaubt sein? Wenn wir dazu schreiten, weil wir es für gerecht halten, dich zu vernichten, dann wirst also auch du dazu schreiten, uns die Gesetze und das Vaterland, so weit du es vermagst, zu vernichten, und wirst dann behaupten, solcherweise nur das Gerechte zu tun als einer, der in der Wahrheit sich um die Tugend müht? Oder bist du so weise, daß du vergaßest, ehrwürdiger als Mutter und Vater und alle Ahnen ist das Vaterland, erhabener, heiliger und in höherem Range bei den Göttern und den Menschen, die Vernunft haben?! Und mehr als einen Vater muß man das zürnende Vaterland ehren, besänftigen und ihm gehorchen, und es entweder überreden oder tun, was es auch befiehlt; ohne Widerspruch leiden, was es zu leiden auferlegt, sei es Geißelung, sei es Gefängnis; oder wenn es dich in den Krieg sendet, daß du dich verwunden oder töten läßt, so muß es getan werden: und das ist das Wesen des Rechtes. Man darf nicht wanken und nicht weichen und die Schlachtreihe nicht verlassen, sondern im Kriege und vor Gericht und überall muß man tun, was die Stadt und das Vaterland befiehlt oder sie überzeugen, was das wirkliche Recht ist. Nicht aber wäre es fromm, Gewalt zu brauchen gegen Mutter und Vater, um wieviel weniger aber gegen das Vaterland." Was werden wir darauf antworten, Kriton? Daß es Wahrheit ist, was die Gesetze sagen, oder nicht?

Kriton. Mir scheint es wahr zu sein.

Sokrates. „So prüfe also, Sokrates", so würden die Gesetze wohl fortfahren, „ob wir die Wahrheit damit sagen, daß, was du jetzt gegen uns unternehmen willst, ein ungerechtes Unternehmen ist ...

Nein Sokrates, sei uns gehorsam, die wir dich aufgezogen haben, und achte nicht Kinder, nicht das Leben und nicht irgend etwas anderes höher als das Gerechte, damit du beim Eintritt in den Hades mit alledem dich rechtfertigen kannst vor den Herrschern dort. Denn offenbar dient es, wenn du jenes tust, nicht deinem Besten noch der Gerechtigkeit oder der Frömmigkeit, auch nicht für irgendeinen anderen von den Deinen, aber auch wenn du dorthin gelangst, wird es nicht deinem Besten dienen. Nein, jetzt gehst du dahin, wenn du scheidest, als einer, dem Unrecht geschah – nicht von uns, den Gesetzen, sondern von Menschen. Entweichst du dagegen so schimpflich, indem du das Unrecht und das Übeltun erwiderst, deine eignen Verträge und Verpflichtungen gegen uns brichst und denen Böses tust, denen man es am wenigsten darf, dir selber, den Freunden, dem Vaterland und uns, dann werden wir dir zürnen, solange du lebst, dort drüben aber werden unsere Brüder, die Gesetze im Hades, dich unfreundlich empfangen, da sie wissen, daß du auch uns, an deinem Teil, zu vernichten versucht hast. Also höre nicht auf Kriton und seinen Rat mehr als auf uns ..."

Versteh mich wohl, Kriton, mein lieber Gefährte, dies glaube ich zu vernehmen, so wie die Korybanten die Flöten zu vernehmen glauben, und in meinem Innern dröhnt noch der Hall dieser Worte und macht, daß ich auf andre nicht hören kann. Wisse aber, wenn du etwas dagegen sagst, so wirst du, soweit ich in diesem Augenblick überzeugt bin, vergeblich sprechen. Gleichwohl, wenn du noch etwas zu fördern glaubst, so rede.

Kriton. Nein, Sokrates, ich habe nichts zu sagen.

Sokrates. Also gib dich darein, Kriton, und laß uns so handeln, denn der Gott führt uns diesen Weg.

(Quelle: UB 895, Reclam Verlag, Stuttgart, 1984, S. 67)

2. Aristoteles, Nikomachische Ethik, V. Buch, Kap. 3–5

Die Nikomachische Ethik (10 Bücher) ist das Hauptwerk unter den ethischen Schriften des Aristoteles. Sie ist benannt nach Nikomachos, dem Sohn des Aristoteles, der das Werk nach dem Tode seines Vaters veröffentlichte.

Da das Ungerechte wie das Unrecht die Gleichheit verletzen, so gibt es offenbar auch ein Mittleres zwischen dem Ungleichen. Es ist das Gleiche ... Ist demnach das Unrecht ungleich, so ist das Recht gleich... Da aber das Gleiche ein Mittleres ist, so ist also auch das Recht ein Mittleres ...

Nun muß das Recht ein Mittleres, Gleiches und Relatives sein, d.h. eine Beziehung auf bestimmte Personen haben... Es muß dieselbe Gleichheit bei den Personen, denen ein Recht zusteht, vorhanden sein, wie bei den Sachen, worin es ihnen zusteht; wie die Sachen, so müssen auch die Personen sich verhalten. Sind sie nämlich einander nicht gleich, so dürfen sie nicht Gleiches erhalten. Vielmehr kommen Zank und Streit eben daher, daß entweder Gleiche nicht Gleiches oder nicht Gleiche Gleiches bekommen und genießen. Das ergibt sich auch aus dem Moment der Würdigkeit. Denn darin, daß eine gewisse Würdigkeit das Richtmaß der distributiven Gerechtigkeit sein müsse, stimmt man allgemein überein, nur versteht nicht jedermann unter Würdigkeit dasselbe, sondern die Demokraten erblicken sie in der Freiheit, die oligarchisch Gesinnten in Besitz und Geburtsadel, die Aristokraten in der Tüchtigkeit.

Das Recht ist demnach etwas *Proportionales* ... Proportionalität ist Gleichheit der Verhältnisse und verlangt mindestens eine Vierheit, worin sie sich finde ..., z.B. in der Proportion: wie die Linie a zu b, so verhält sich die Linie b zu c. Hier wird b zweimal genannt, und so bekommt man, wenn man b doppelt zählt, vier Glieder ...

Das Proportionale ist also die Mitte und das Gerechte ist das Proportionale. Eine solche Proportion nennen die Mathematiker eine geometrische... Das *Recht* ist also dieses Proportionale, das *Unrecht* aber ist, was der Proportionalität zuwiderläuft ...

So ist denn das Gleiche die Mitte zwischen dem Zuviel und dem Zuwenig, der Vorteil und Nachteil aber sind in entgegengesetzter Weise ein Zuviel und ein Zuwenig, indem der Vorteil ein

Zuviel des Guten und ein Zuwenig des Übels, der Nachteil aber das Umgekehrte ist . . .

Einige Philosophen vertreten aber auch die Ansicht, die *Wiedervergeltung* sei das Recht schlechthin. So die Pythagoreer, die schlechthin das Recht als das bestimmten, was man von einem anderen wiedererleide. Allein die Wiedervergeltung stimmt mit der ausgleichenden Gerechtigkeit sowenig wie mit der austeilenden überein . . . Denn sie steht vielfach damit in Widerspruch . . . In jedem auf Gegenseitigkeit beruhenden Verkehr freilich begreift die Wiedervergeltung das fragliche Recht in sich, jedoch eine Wiedervergeltung nach Maßgabe der Proportionalität, nicht nach Maßgabe der Gleichheit. Denn dadurch, daß nach Verhältnis vergolten wird, bleibt der Bürgerschaft ihr Zusammenhalt gewahrt . . .

(Quelle: Arthur Kaufmann, Theorie der Gerechtigkeit, Metzner Verlag, Frankfurt/M., 1984, S. 43)

3. Thomas von Aquin, Summa theologica II, II qu 58, a 2, 5, 10, 11; qu 61, a 1, 2, 4

Die „Summa theologica“ ist das Hauptwerk des Thomas von Aquin und zugleich der Höhepunkt der Scholastik. In diesem Werk verbindet Thomas das Gedankengut des Aristoteles mit der christlichen Tradition zu einer umfassenden Synthese von Glauben und Wissen, Offenbarung und Vernunft, Gnade und Naturordnung, Übernatur und Natur, Theologie und Philosophie.

Da der Name Gerechtigkeit einen Ausgleich bedeutet, hat es die Gerechtigkeit aufgrund ihres Wesens in sich, daß sie Bezug nimmt auf den anderen; denn nichts ist sich selbst gleich, sondern immer nur in bezug auf den anderen . . .

Die Gerechtigkeit ordnet den Menschen in seiner Beziehung zum anderen. Einmal so, daß man den anderen als einzelnen nimmt; in anderer Weise so, daß man ihn als in der Gemeinschaft stehend nimmt . . . Es ist nämlich klar, daß alle, die einer Gemeinschaft angehören, zu dieser Gemeinschaft sich verhalten wie die Teile zum Ganzen . . . Und weil es Sache des Gesetzes ist, die Ordnung zum Gemeinwohl herzustellen, so kommt es, daß diese Gerechtigkeit, die in besagter Weise allgemein ist, auch „Gesetzesgerechtigkeit" genannt wird. Denn durch sie steht der Mensch in Übereinstimmung mit dem Gesetz, das die Akte aller Tugenden auf das Gemeinwohl ausrichtet ...

Das Gleiche ist sachlich die Mitte zwischen Mehr und Weniger, wie es im 10. Buch der Metaphysik (des Aristoteles) heißt. Also hat die Gerechtigkeit eine sachbestimmte Mitte. – Jene sachbestimmte Mitte ist zugleich auch die vernunftbestimmte Mitte ...

Das aber heißt das einer jeden Person Gehörige, was ihr aufgrund der Gleichheit der Verhältnisse geschuldet ist. Und so ist der eigentliche Akt der Gerechtigkeit kein anderer, als einem jeden zu geben, was sein ist ...

Der Akt des Austeilens, bei dem es sich um die Gemeinschaftsgüter handelt, ist allein Sache dessen, der den Gemeinschaftsgütern vorsteht; und doch ist die austeilende Gerechtigkeit auch in den Untergebenen, denen da ausgeteilt wird, insofern sie mit der gerechten Zuteilung zufrieden sind ... Die austeilende und ausgleichende Gerechtigkeit unterscheiden sich nicht nur durch das Eine und Viele, sondern nach der verschiedenen Bewandtnis des Geschuldeten; denn in anderer Weise ist das Gemeinschaftsgut einem geschuldet und in anderer Weise das Eigengut ... Beiderlei Gerechtigkeit ist unter der Einzelgerechtigkeit enthalten ... Also ist auch in der austeilenden und ausgleichenden Gerechtigkeit die Rechtsmitte in derselben Weise zu bestimmen ...

Das, was Wiedervergeltung heißt, bedeutet eine gleichwertige Genugtuung im Erleiden, im Hinblick auf die vorausgehende Handlung. Das kommt im allereigentlichsten Sinne bei jenen ungerechten Handlungen in Frage, bei denen einer die Person des Nächsten durch Leidzufügungen verletzt; zum Beispiel, wenn er sie schlägt, daß er wieder geschlagen wird. Und dieses Recht wird im Gesetz (im Alten Testament) festgelegt, Ex. 21, 23 f.: „Er soll Leben um Leben, Aug' um Aug' usw. geben"...

In allen diesen Fällen aber muß nach dem Grundgedanken der ausgleichenden Gerechtigkeit Wiedervergeltung erfolgen nach dem Gleichmaß, so, daß die erlittene Vergeltung der sie auslösenden Tat gleichwertig ist. Sie wäre aber nicht gleichwertig, wenn einer der Art nach dasselbe erleiden würde, was er getan hat. Denn zunächst, wenn einer eine höhere Person zu Unrecht verletzt, so ist die Tat größer als die Vergeltung derselben Art, die er erleiden würde. Deshalb wird der, der den Fürsten geschlagen hat, nicht nur geschlagen, sondern viel höher gestraft ... Auch in den feiwilligen Tauschhandlungen wäre es keine gleichwertige Vergeltung, wenn einer seine eigene Sache dafür hergäbe, daß er die Sache des anderen empfängt; denn vielleicht ist die Sache des anderen viel wertvoller als die eigene. – Deshalb muß die Vergeltung bei Tauschhandlungen, nach einem gewissen Verhältnis der Zumessung, der Tat angeglichen werden; dazu hat man das Geld erfunden. Und so bedeutet Vergeltung soviel wie Recht im Bereich der Tauschgerechtigkeit.

(Quelle: Arthur Kaufmann, Theorie der Gerechtigkeit, Metzner Verlag, Frankfurt/M., 1984, S. 44)

4. Kant, Metaphysik der Sitten, 1. Teil: Rechtslehre

Im ersten Teil seines Spätwerkes „Metaphysik der Sitten" aus dem Jahre 1797 hat Kant seine Rechtsphilosophie dargestellt. Kant vertritt hier einen recht unkritischen, in wesentlicher Hinsicht rationalistischen Naturrechtsstandpunkt, bei dem er kaum Gebrauch von den scharfen Waffen macht, die er in der „Kritik der reinen Vernunft" gegen das „Vernunftrecht" geschmiedet hat. Auch in seiner vom mosaischen Talionsprinzip bestimmten Gerechtigkeitstheorie war Kant erstaunlicherweise nicht auf der Höhe seiner Zeit. Sein berühmtes Inselbeispiel enthält übrigens auch einen logischen Widerspruch – wie kann die Blutschuld auf dem Volke lasten, wenn dieses sich auflöst?

a) Einteilung der Rechtslehre

Das angeborene Recht ist nur ein einziges. Freiheit (Unabhängigkeit von eines anderen nötigender Willkür), sofern sie mit jedes anderen Freiheit nach einem allgemeinen Gesetz zusammen bestehen kann, ist dieses einzige, ursprüngliche, jedem Menschen kraft seiner Menschheit zustehende Recht. – Die angeborene Gleichheit, d. i. die Unabhängigkeit, nicht zu mehreren von anderen verbunden zu werden, als wozu man sie wechselseitig auch verbinden kann; mithin die Qualität des Menschen, sein eigener Herr (sui iuris) zu sein, imgleichen die eines unbescholtenen Menschen (iusti), weil er vor allem rechtlichen Akt keinem Unrecht getan hat; endlich auch die Befugnis, das gegen andere zu tun, was an sich ihnen das ihre nicht schmälert, wenn sie sich dessen nur nicht annehmen wollen; dergleichen ist: ihnen bloß seine Gedanken mitzuteilen, ihnen etwas zu erzählen oder zu versprechen, es sei wahr und aufrichtig oder unwahr und unaufrichtig (veriloquium aut falsiloquium), weil es bloß auf ihnen beruht, ob sie ihm glauben wollen oder nicht; – alle diese Befugnisse liegen schon im Prinzip der angeborenen Freiheit und sind wirklich von ihr nicht (als Glieder der Einteilung unter einem höheren Rechtsbegriff) unterschieden.

b) Einleitung, § B. Was ist Recht?

Der Begriff des Rechts, sofern er sich auf eine ihm korrespondierende Verbindlichkeit bezieht (d. i. der moralische Begriff desselben), betrifft erstlich nur das äußere und zwar praktische Verhältnis einer Person gegen eine andere, sofern ihre Handlungen als Fakta aufeinander (unmittelbar oder mittelbar) Einfluß haben können. Aber zweitens bedeutet er nicht das Verhältnis der Willkür auf den Wunsch (folglich auch auf das bloße Bedürfnis) des anderen, wie etwa in den Handlungen der Wohltätigkeit oder Hartherzigkeit, sondern lediglich auf die Willkür des anderen. Drittens, in diesem wechselseitigen Verhältnis der Willkür kommt auch gar nicht die Materie der Willkür, d. i. der Zweck, den ein jeder mit dem Objekt, was er will, zur Absicht hat, in Betrachtung, z. B. es wird nicht gefragt, ob jemand bei der Ware, die er zu seinem eigenen Handel von mir kauft, auch seinen Vorteil finden möge oder nicht, sondern nur nach der Form im Verhältnis der beiderseitigen Willkür, sofern sie bloß als frei betrachtet wird, und ob dadurch die Handlung eines von beiden sich mit der Freiheit des anderen nach einem allgemeinen Gesetze zusammen vereinigen lasse.

Das Recht ist also der Inbegriff der Bedingungen, unter denen die Willkür des einen mit der Willkür des anderen nach einem allgemeinen Gesetze der Freiheit zusammen vereinigt werden kann.

c) Einleitung, § C. Allgemeines Prinzip des Rechts

„Eine jede Handlung ist recht, die oder nach deren Maxime die Freiheit der Willkür eines jeden mit jedermanns Freiheit nach einem allgemeinen Gesetze zusammen bestehen kann." Wenn also meine Handlung oder überhaupt mein Zustand mit der Freiheit von jedermann nach einem allgemeinen Gesetze zusammen bestehen kann, so tut der mir unrecht, der mich daran hindert; denn dieses Hindernis (dieser Widerstand) kann mit der Freiheit nach allgemeinen Gesetzen nicht bestehen.

Es folgt hieraus auch: daß nicht verlangt werden kann, daß dieses Prinzip aller Maximen selbst wiederum meine Maxime sei, d. i. daß ich es mir zur Maxime meiner Handlung mache; denn ein jeder kann frei sein, obgleich seine Freiheit mir gänzlich indifferent wäre, oder ich im Herzen derselben gerne Abbruch tun möchte, wenn ich nur durch meine äußere Handlung ihr nicht Eintrag tue. Das Rechthandeln mir zur Maxime zu machen, ist eine Forderung, die die Ethik an mich tut.

d) Einleitung, § D. Das Recht ist mit der Befugnis zu zwingen verbunden

Der Widerstand, der dem Hindernisse einer Wirkung entgegengesetzt wird, ist eine Beförderung dieser Wirkung und stimmt mit ihr zusammen. Nun ist alles, was unrecht ist, ein Hindernis der Freiheit nach allgemeinen Gesetzen; der Zwang aber ist ein Hindernis oder Widerstand, der der Freiheit geschieht. Folglich: wenn ein gewisser Gebrauch der Freiheit selbst ein Hindernis der Freiheit nach allgemeinen Gesetzen (d. i. unrecht) ist, so ist der Zwang, der diesem entgegengesetzt wird, als Verhinderung eines Hindernisses der Freiheit mit der Freiheit nach allgemeinen Gesetzen zusammenstimmend, d. i. recht; mithin ist mit dem Rechte zugleich eine Befugnis, den, der ihm Abbruch tut, zu zwingen, nach dem Satze des Widerspruchs verknüpft.

e) I. Das Privatrecht, Übergang vom Mein und Dein im Naturzustande zu dem im rechtlichen Zustande überhaupt. § 41

Der nicht-rechtliche Zustand, d. i. derjenige, in welchem keine austeilende Gerechtigkeit ist, heißt der natürliche Zustand (status naturalis). Ihm wird nicht der gesellschaftliche Zustand (wie Achenwall meint), und der ein künstlicher (status artificialis) heißen könnte, sondern der bürgerliche (status civilis) einer unter einer distributiven Gerechtigkeit stehenden Gesellschaft entgegengesetzt; denn es kann auch im Naturzustande rechtmäßige Gesellschaften (z. B. eheliche, väterliche, häusliche überhaupt und andere beliebige mehr) geben, von denen kein Gesetz a priori gilt:

„Du sollst in diesen Zustand treten", wie es wohl vom rechtlichen Zustande gesagt werden kann, daß alle Menschen, die miteinander (auch unwillkürlich) in Rechtsverhältnisse kommen können, in diesen Zustand treten sollen.

Man kann den ersteren und zweiten Zustand den des Privatrechts, den letzteren und dritten aber den des öffentlichen Rechts nennen. Dieses enthält nicht mehr oder andere Pflichten der Menschen unter sich, als in jenem gedacht werden können; *die Materie des Privatrechts ist ebendieselbe in beiden.* Die Gesetze des letzteren betreffen also nur die rechtliche Form ihres Beisammenseins (Verfassung), in Ansehung deren diese Gesetze notwendig als öffentliche allgemein äußere gedacht werden müssen.

f) II. Das öffentliche Recht, 1. Abschnitt: Das Staatsrecht, E. Vom Straf- und Begnadigungsrecht

Welche Art und welcher Grad der Bestrafung ist es, welche die öffentliche Gerechtigkeit sich zum Prinzip und Richtmaße macht? Kein anderes als das Prinzip der Gleichheit... Also: was für unverschuldetes Übel du einem anderen im Volke zufügst, das tust du dir selbst an. Beschimpfst du ihn, so beschimpfst du dich selbst; bestiehlst du ihn, so bestiehlst du dich selbst; schlägst du ihn, so schlägst du dich selbst; tötest du ihn, so tötest du dich selbst. Nur das *Wiedervergeltungsrecht (ius talionis)* ... kann die Qualität und Quantität der Strafe bestimmt angeben; alle anderen sind hin und her schwankend und können, anderer sich einmischenden Rücksichten wegen, keine Angemessenheit mit dem Spruch der reinen und strengen Gerechtigkeit enthalten. – Nun scheint es zwar, daß der Unterschied der Stände das Prinzip der Wiedervergeltung: Gleiches mit gleichem, nicht verstatte; aber wenn es gleich nicht nach dem Buchstaben möglich sein kann, so kann es doch der Wirkung nach, respektive auf die Empfindungsart der Vornehmeren, immer geltend bleiben. – So hat z. B. Geldstrafe wegen einer Verbalinjurie gar kein Verhältnis zur Beleidigung, denn der des Geldes viel hat, kann diese sich wohl einmal zur Lust erlauben; aber die Kränkung der Ehrliebe des einen kann doch dem Wehtun des Hochmuts des anderen sehr gleich kommen: wenn dieser nicht allein öffentlich abzubitten, sondern jenem, ob er zwar niedriger ist, etwa zugleich die Hand zu küssen, durch Urteil und Recht genötigt würde. Ebenso, wenn der gewalttätige Vornehme für die Schläge, die er dem niederen, aber schuldlosen Staatsbürger zumißt, außer der Abbitte noch zu einem einsamen und beschwerlichen Arreste verurteilt würde, weil hiermit außer der Ungemächlichkeit noch die Eitelkeit des Täters schmerzhaft angegriffen und so durch Beschämung gleiches mit gleichem gehörig vergolten würde. – Was heißt das aber: Bestiehlst du ihn, so bestiehlst du dich selbst? Wer da stiehlt, macht aller anderer Eigentum unsicher; er beraubt sich also (nach dem Rechte der Wiedervergeltung) der Sicherheit alles möglichen Eigentums; er hat nichts und kann auch nicht erwerben, will aber doch leben; welches nun nicht anders möglich ist, als daß ihn andere ernähren. Weil dieses aber der Staat nicht umsonst tun wird, so muß er diesem seine Kräfte zu ihm beliebigen Arbeiten (Karren- oder Zuchthausarbeit) überlassen und kommt auf gewisse Zeit oder nach Befinden auch auf immer in den Sklavenstand. – Hat er aber gemordet, so muß er sterben. Es gibt hier kein Surrogat zur Befriedigung der Gerechtigkeit. Es ist keine *Gleichartigkeit* zwischen einem noch so kummervollen Leben und dem Tode, also auch keine Gleichheit des Verbrechens und der Wiedervergeltung als durch den am Täter gerichtlich vollzogenen ... Tod. – Selbst wenn sich die bürgerliche Gesellschaft mit aller Glieder Einstimmung auflöste (z. B. das eine Insel bewohnende Volk beschlösse, auseinanderzugehen und sich in alle Welt zu zerstreuen), müßte der letzte im Gefängnis befindliche Mörder vorher hingerichtet werden, damit jedermann das widerfahre, was seine Taten wert sind, und die Blutschuld nicht auf dem Volke hafte, das auf diese Bestrafung nicht gedrungen hat; weil es als Teilnehmer an dieser öffentlichen Verletzung der Gerechtigkeit betrachtet werden kann ...

Soviel also der Mörder sind, die den Mord verübt oder auch befohlen oder dazu mitgewirkt haben, so viele müssen auch den Tod leiden; so will es die Gerechtigkeit als Idee der richterlichen Gewalt nach allgemeinen, *a priori* begründeten Gesetzen.

(Quelle: Arthur Kaufmann, Theorie der Gerechtigkeit, Metzner Verlag, Frankfurt/M., 1984, S. 45)

5. Hegel, Grundlinien der Philosophie des Rechts

Hegel hat in seinen ,,Grundlinien der Philosophie des Rechts – oder Naturrecht und Staatswissenschaft im Grundrisse" letztmals den Entwurf einer idealistischen Naturrechtslehre vorgelegt. Das Werk erschien 1820 und war als Leitfaden für die Hörer von Hegels Vorlesungen über Rechtsphilosophie an der Berliner Universität gedacht.

So soll denn diese Abhandlung, insofern sie die Staatswissenschaft enthält, nichts anders sein als der Versuch, den *Staat als eine in sich Vernünftiges zu begreifen* und *darzustellen*. Als philosophische Schrift muß sie am entferntesten davon sein, einen *Staat, wie er sein soll*, konstruieren zu sollen; die Belehrung, die in ihr liegen kann, kann nicht darauf gehen, den Staat zu belehren, wie er sein soll, sondern vielmehr, wie er, das sittliche Universum, erkannt werden soll.

Ἰδοὺ Ῥόδος, ἰδοὺ καὶ τὸ πήδημα.
Hic Rhodus, *hic* saltus.

Das, *was ist*, zu begreifen ist die Aufgabe der Philosophie, den das *was ist*, ist die Vernunft. Was das Individuum betrifft, so ist ohnehin jedes ein *Sohn seiner Zeit*; so ist auch die Philosophie, *ihre Zeit in Gedanken erfaßt*. Es ist ebenso töricht zu wähnen, irgendeine Philosophie gehe über ihre gegenwärtige Welt hinaus, als, ein Inividuum überspringe seine Zeit, springe über Rhodus hinaus. Geht seine Theorie in der Tat drüber hinaus, baut es sich eine Welt, *wie sie sein soll*, so existiert sie wohl, aber nur in seinem Meinen — einem weichen Elemente, dem sich alles Beliebige einbilden läßt . . .

Um noch über das *Belehren*, wie die Welt sein soll, ein Wort zu sagen, so kommt dazu ohnehin die Philosophie immer zu spät. Als der *Gedanke* der Welt erscheint sie erst in der Zeit, nachdem die Wirklichkeit ihren Bildungsprozeß vollendet und sich fertig gemacht hat. Dies, was der Begriff lehrt, zeigt notwendig ebenso die Geschichte, daß erst in der Reife der Wirklichkeit das Ideale dem Realen gegenüber erscheint und jenes sich dieselbe Welt, in ihrer Substanz erfaßt, in Gestalt eines intellektuellen Reichs erbaut. Wenn die Philosophie ihr Grau in Grau malt, dann ist eine Gestalt des Lebens alt geworden, und mit Grau in Grau läßt sie sich nicht verjüngen, sondern nur erkennen; die Eule der Minerva beginnt erst mit der einbrechenden Dämmerung ihren Flug.

(Quelle: UB 8388 (6), Reclam Verlag, Stuttgart, 1970, S. 57)

6. Jhering, Scherz und Ernst in der Jurisprudenz

Unter der Bezeichnung „Scherz und Ernst in der Jurisprudenz" hat Jhering verschiedene Schriften veröffentlicht, in denen er – ursprünglich anonym – seine berühmte „Bekehrung" von der Begriffsjurisprudenz zur Zweckjurisprudenz satirisch darstellte. Die erste Schrift erschien 1861 in der „Preußischen Gerichtszeitung".

Ich war gestorben. Eine Lichtgestalt empfing meine Seele bei dem Austritt aus dem Körper . . .

Wohin geht unser Weg?

„Zunächst zur Palästra. Es ist der Turnplatz für die gymnastischen Übungen, in denen die seligen Geister, wenn sie vom Anschauen der Begriffe ermüdet sind, ihre Erholung suchen. Auf diesem Platz wirst Du später zurückgeführt werden, um hier Deine Prüfung zu bestehen."

Seltsame Dinge, die ich hier wahrnehme! Was ist denn dies für eine wunderliche Maschine?

„Das ist die Haarspaltemaschine. Wenn Du Dein Examen zu machen hast, mußt Du auf ihr ein Haar in 999.999 ganz akkurat gleiche Theilchen zerlegen; wenn auch nur ein einziges auf der daneben befindlichen Wagschale, die durch einen Sonnenstrahl zum Sinken gebracht werden kann, sich als zu leicht erweist, so bist Du durchgefallen. Zuerst bekommst Du ein Haar, das Du noch mit bloßem Auge wahrzunehmen vermagst, dann immer feinere, die Du bei der noch nicht ausgebildeten Sehkraft Deines Auges nur mittelst einer Lupe wahrzunehmen kannst. Späterhin hast Du letztere gar nicht mehr nöthig; es ist unglaublich, wie das Auge sich ausbildet, und wie die Virtuosität im Haarspalten durch die Übung wächst, wir haben hier Einige, welche den angegebenen Normaltheil wiederum in 999.999 Theile zerlegen. Wer es am besten kann, erhält als Meisterpreis nach Art eines Lorbeerkranzes einen aus den selbstgespaltenen Haaren gewundenen

Kranz, und er behält ihn so lange, bis ein Anderer ihn überbietet. Das Haarspalten hat bei uns noch nie ein Ende gefunden."

Was ist denn das da für eine lange Stange?

„Das ist die Kletterstange der schwierigen juristischen Probleme. Sie ist so glatt, daß ein Sonnenstrahl, wenn der hier möglich wäre, daran abgleiten würde. Dreimal darfst Du es versuchen, mißlingt es Dir, so bist Du durchgefallen. Du siehst, daß die Stange drei Mastkörbe hat. Auf den ersten mußt Du bei Deinem Examen hinauf, um irgend eins der dort befindlichen Probleme herunterzuholen und es dann wieder hinaufbringen. Die beiden übrigen Mastkörbe sind nur von denen zu erreichen, die im Klettern bereits eine große Fertigkeit erlangt haben. Ich brauche Dir nicht zu sagen, daß die Schwierigkeiten mit jeder Abtheilung sich steigern. Auf den obersten Mastkorb ist nur ein Einziger ein einziges Mal hinaufgekommen, und er hatte nachher die äußerste Mühe, das Problem wieder hinaufzubringen."

Warum muß das denn geschehen?

„Welche unverständige Frage von Dir! Das ganze Vergnügen würde aufhören, wenn keine Probleme mehr da wären, die man herunterholen könnte. Unsere Probleme sind bloß dazu da, um zum Klettern anzufeuern, nicht um gelöst zu werden. Was sollten denn alle, die den Trieb zum Klettern in sich verspüren, beginnen, wenn keine Probleme mehr oben wären? Darum müssen dieselben immer wieder hinaufgebracht werden." ...

(Quelle: Verlag Breitkopf & Härtel, Leipzig, 4. Aufl. 1891, S. 247ff.)

7. Radbruch, Rechtsphilosophie

Die „Rechtsphilosophie" von Gustav Radbruch erschien erstmals im Jahre 1914. Damals herrschten Rechtspositivismus und die aphilosophische Allgemeine Rechtslehre. Auch Radbruch, der die letztere als „Euthanasie der Rechtsphilosophie" bezeichnet hatte und um eine Neubelebung des rechtsphilosophischen Denkens bemüht war, stand zu jener Zeit noch ganz im Banne des Positivismus.

Freilich: „Jedem *Juristen* soll jede vorhandene gesetzliche Verfassung und, wenn diese höheren Orts abgeändert wird, die nun folgende immer die beste sein" (Kant). Der *Richter*, der Auslegung und dem Dienste der positiven Rechtsordnung untertan, hat keine andere als die juristische Geltungslehre zu kennen, die den Geltungssinn, den Geltungsanspruch des Gesetzes der wirklichen Geltung gleich achtet. Für den Richter ist es Berufspflicht, den Geltungswillen des Gesetzes zur Geltung zu bringen, das eigene Rechtsgefühl dem autoritativen Rechtsbefehl zu opfern, nur zu fragen, was Rechtens ist, und niemals, ob es auch gerecht sei. Man möchte freilich fragen, ob diese Richterpflicht selbst, dieses sacrificium intellectus, diese Blankohingabe der eigenen Persönlichkeit an eine Rechtsordnung, deren künftige Wandlungen man nicht einmal ahnen kann, sittlich möglich sei. Aber wie ungerecht immer das Recht seinem Inhalt nach sich gestalten möge – es hat sich gezeigt, daß es *einen* Zweck stets, schon durch sein Dasein, erfüllt, den der Rechtssicherheit. Der Richter, indem er sich dem Gesetze ohne Rücksicht auf seine Gerechtigkeit dienstbar macht, wird also trotzdem nicht bloß zufälligen Zwecken der Willkür dienstbar. Auch wenn er, weil das Gesetz es so will, aufhört, Diener der Gerechtigkeit zu sein, bleibt er noch immer Diener der Rechtssicherheit. Wir verachten den Pfarrer, der gegen seine Überzeugung predigt, aber wir verehren den Richter, der sich durch sein widerstrebendes Rechtsgefühl in seiner Gesetzestreue nicht beirren läßt; denn das Dogma hat nur als Ausdruck des Glaubens, das Gesetz aber nicht nur als Niederschlag der Gerechtigkeit seinen Wert, sondern auch als Bürgschaft der Rechtssicherheit, und vornehmlich als solches ist es in die Hand des Richters gegeben. Ein gerechter Mann gilt mehr als ein nur rechtlicher, nur gesetzestreuer Mann, von „rechtlichen" Richtern aber pflegen wir nicht zu reden, sondern nur von „gerechten Richtern", denn ein rechtlicher Richter ist eben dadurch und nur dadurch auch schon ein gerechter Richter.

Aber dem Richter, der im Gewissen gebunden ist, alles gesetzte Recht als geltend zu betrachten, kann ein Angeklagter gegenüberstehen, den sein Gewissen bindet, ungerechtes oder unzweckmäßiges Recht als ungültig zu betrachten, obgleich es gesetzt ist. Das Recht kann ihm gegenüber seine Macht bewähren, aber seine Geltung niemals beweisen. Dieser Fall des „Überzeugungsverbrechers" erweist sich gerade dadurch, daß es für ihn keine Lösung gibt, als ein wahrhaft tragischer Fall. Pflicht forderte vom Täter das Verbrechen, Pflicht fordert vom Richter die Bestrafung und Verbrechen verwirkte Bestrafung auf sich zu nehmen – um der Unverbrüchlichkeit des Rechts, um der Rechtssicherheit willen. So hat Sokrates gedacht und gehandelt, als er es verschmähte, sich der Vollstreckung des Fehlurteils durch die Flucht zu entziehen: „Meinst du, daß ein Staat bestehen kann und nicht vielmehr vernichtet wird, in dem Urteile, die gefällt werden, keine Kraft haben, sondern durch einzelne Menschen ungültig gemacht und vereitelt werden?"

(Quelle: Verlag K. F. Koehler, Stuttgart, 5. Aufl. 1956, S. 182f.)

8. Kelsen, Die Normen der Gerechtigkeit, Reine Rechtslehre

Die „Reine Rechtslehre" von Kelsen erschien im Jahre 1934. Kelsen hat in ihr den Rechtspositivismus gedanklich zu Ende exekutiert und selbst das Werk als *die* Theorie des Rechtspositivismus bezeichnet.

1. Gerechtigkeit ist eine Eigenschaft, die von verschiedenen Gegenständen ausgesagt wird. Zunächst von einem Menschen. Man sagt, ein Mensch, insbesondere ein Gesetzgeber oder Richter sei gerecht oder ungerecht. In diesem Sinn ist Gerechtigkeit als eine Tugend der Menschen dargestellt. Wie alle Tugenden ist auch die Tugend der Gerechtigkeit eine moralische Qualität; und insofern liegt Gerechtigkeit innerhalb des Bereiches der Moral.

Die einem Menschen zugesprochene Eigenschaft oder Tugend der Gerechtigkeit äußert sich aber in seinem Verhalten, und zwar in seinem Verhalten gegenüber anderen Menschen, das heißt in seinem sozialen Verhalten. Das soziale Verhalten eines Menschen ist gerecht, wenn es einer Norm entspricht, die dieses Verhalten vorschreibt, das heißt als gesollt setzt und so den Gerechtigkeitswert konstituiert. Das soziale Verhalten eines Menschen ist ungerecht, wenn es einer Norm widerspricht, die ein bestimmtes Verhalten vorschreibt. Die Gerechtigkeit eines Menschen ist die Gerechtigkeit seines sozialen Verhaltens; und die Gerechtigkeit seines sozialen Verhaltens besteht darin, daß es einer den Gerechtigkeitswert konstituierenden und in diesem Sinne gerechten Norm entspricht. Diese Norm kann man als Gerechtigkeitsnorm bezeichnen. Da die Normen der Moral soziale Normen, das heißt Normen sind, die das Verhalten von Menschen gegenüber anderen Menschen regeln, ist die Gerechtigkeitsnorm eine Moralnorm; und so fällt der Begriff der Gerechtigkeit auch in dieser Hinsicht innerhalb des Begriffes der Moral.

Aber nicht jede Moralnorm ist eine Gerechtigkeitsnorm, nicht jede Norm einer Moral konstituiert den Gerechtigkeitswert. Als Gerechtigkeitsnorm kann nur eine Norm gelten, die eine bestimmte *Behandlung* eines Menschen durch einen anderen Menschen, insbesondere die Behandlung der Menschen durch einen Gesetzgeber oder Richter vorschreibt. Die Norm: man soll sich selbst nicht töten, kann die Norm einer Moral sein, die solches Verhalten wegen seiner üblen Wirkungen auf die Gemeinschaft verbietet, aber diese Norm kann nicht eine Gerechtigkeitsnorm sein, da sie nicht die Behandlung eines Menschen durch einen anderen Menschen vorschreibt; das heißt: Selbstmord kann als unmoralisch, nicht aber als ungerecht beurteilt werden. Aber, daß man Selbstmörder nicht auf einem allgemeinen Friedhof, sondern abgesondert bestattet oder den Versuch eines Selbstmordes bestraft, kann als gerecht oder ungerecht beurteilt, das heißt nach einer Norm beurteilt werden, die eine bestimmte Behandlung von Menschen vorschreibt, das heißt gebietet oder verbietet, und so einen Gerechtigkeitswert konstituiert, den Charakter einer Gerechtigkeitsnorm hat.

2. Gerechtigkeit ist somit die Eigenschaft eines spezifischen menschlichen Verhaltens, das in der Behandlung anderer Menschen besteht . . .

(Quelle: Reine Rechtslehre, Verlagsgesellschaft Franz Deuticke, Wien, 2. Aufl. 1960, S. 358f.)

9. Radbruch, Gesetzliches Unrecht und übergesetzliches Recht

In seinem in der Süddeutschen Juristenzeitung ein Jahr nach dem Ende der NS-Unrechtsherrschaft veröffentlichten Aufsatz nahm Radbruch zur Problematik des Rechtspositivismus' angesichts dieser historischen Erfahrung Stellung. Radbruch war 1933 der erste deutsche Professor gewesen, der wegen mangelnder politischer „Zuverlässigkeit" aus dem Amt entfernt worden war.

Der Positivismus hat . . . mit seiner Überzeugung „Gesetz ist Gesetz" den deutschen Juristenstand wehrlos gemacht gegen Gesetze willkürlichen und verbrecherischen Inhalts. Dabei ist der Positivismus gar nicht in der Lage, aus eigener Kraft die Geltung von Gesetzen zu begründen. Er glaubt, die Geltung des Gesetzes schon damit erwiesen zu haben, daß es die Macht besessen hat, sich durchzusetzen. Aber auf Macht läßt sich vielleicht ein Müssen, aber niemals ein Sollen und Gelten gründen. Dieses läßt sich vielmehr nur gründen auf einen Wert, der dem Gesetz innewohnt. Freilich, *einen* Wert führt schon jedes positive Gesetz ohne Rücksicht auf seinen Inhalt mit sich: es ist immer besser als kein Gesetz, weil es zum mindesten Rechtssicherheit schafft. Aber Rechtssicherheit ist nicht der einzige und nicht der entscheidende Wert, den das Recht zu verwirklichen hat. Neben die Rechtssicherheit treten vielmehr zwei andere Werte: Zweckmäßigkeit und Gerechtigkeit. In der Rangordnung dieser Werte haben wir die Zweckmäßigkeit des Rechts für das Gemeinwohl an die letzte Stelle zu setzen. Keineswegs ist Recht alles das, ,,was dem Volke nützt", sondern dem Volk nützt letzten Endes nur, was Recht ist, was Rechtssicherheit schafft und Gerechtigkeit erstrebt. Die Rechtssicherheit, die jedem positiven Gesetz schon wegen seiner Positivität eignet, nimmt eine merkwürdige Mittelstellung zwischen Zweckmäßigkeit und Gerechtigkeit ein: sie ist einerseits vom Gemeinwohl gefordert, andererseits aber auch von der Gerechtigkeit. Daß das Recht sicher sei, daß es nicht heute und hier so, morgen und dort anders ausgelegt und angewandt werde, ist zugleich eine Forderung der Gerechtigkeit. Wo ein Widerstreit zwischen Rechtssicherheit und Gerechtigkeit, zwischen einem inhaltlich anfechtbaren, aber positiven Gesetz und zwischen einem gerechten, aber nicht in Gesetzesform gegossenen Recht entsteht, liegt in Wahrheit ein Konflikt der Gerechtigkeit mit sich selbst, ein Konflikt zwischen scheinbarer und wirklicher Gerechtigkeit vor. Diesen Konflikt bringt großartig das Evangelium zum Ausdruck, indem es einerseits befiehlt: ,,Seid untertan der Obrigkeit, die Gewalt über euch hat", und doch andererseits gebietet, ,,Gott mehr zu gehorchen als den Menschen". Der Konflikt zwischen der Gerechtigkeit und der Rechtssicherheit dürfte dahin zu lösen sein, daß das positive, durch Satzung und Macht gesicherte Recht auch dann den Vorrang hat, wenn es inhaltlich ungerecht und unzweckmäßig ist, es sei denn, daß der Widerspruch des positiven Gesetzes zur Gerechtigkeit ein so unerträgliches Maß erreicht, daß das Gesetz als ,,unrichtiges Recht" der Gerechtigkeit zu weichen hat. Es ist unmöglich, eine schärfere Linie zu ziehen zwischen den Fällen des gesetzlichen Unrechts und den trotz unrichtigen Inhalts dennoch geltenden Gesetzen; eine andere Grenzziehung aber kann mit aller Schärfe vorgenommen werden: wo Gerechtigkeit nicht einmal erstrebt wird, wo die Gleichheit, die den Kern der Gerechtigkeit ausmacht, bei der Setzung positiven Rechts bewußt verleugnet wurde, da ist das Gesetz nicht etwa nur „unrichtiges Recht", vielmehr entbehrt es überhaupt der Rechtsnatur. Denn man kann Recht, auch positives Recht, gar nicht anders definieren denn als eine Ordnung und Satzung, die ihrem Sinn nach bestimmt ist, der Gerechtigkeit zu dienen.

(Quelle: Süddeutsche Juristenzeitung 1946, S. 105/107)

10. Bloch, Naturrecht und menschliche Würde

In „Naturrecht und menschliche Würde" (1961) wollte Ernst Bloch die „konkrete Utopie" des frühen Marx bewahren. Im Anhang zu diesem Werk findet sich eine Würdigung des großen Juristen Christian Thomasius.

Es gilt, eines aufrechten Mannes zu gedenken. Er war seiner schläfrigen und untertänigen Umgebung recht unbequem. Wäre es nach ihr gegangen, so hätte sie den ärgerlichen Neuerer vernichtet. Statt dessen zeigte sich wieder einmal, ein ehrlicher Kopf, der beides ist und Fortschritt spricht, macht sich auf die Dauer unvermeidlich. Eine kräftige und nachdenkliche Gestalt des bürgerlich aufsteigenden Rechttuns soll uns in folgendem wieder begegnen. Dieser Erzieher war und handelte deutsch, im trefflichsten Sinn des Worts. Nichts Steifes ist an ihm, außer, daß er vor keinem den Nacken bog.

Solch eine wahrhaftiger Mann war Christian Thomasius. Jurist mit Menschenliebe, Philosoph und nicht zuletzt einer der frühesten deutschen Publizisten. 1655 wurde er in Leipzig geboren, 1728 ist er, bis ans Ende voll gemeinnütziger Schlagkraft und Gedanken, in Halle gestorben. Sein Vater war bereits ein namhafter Gelehrter; der junge Leibniz zählte zu seinen Schülern. Thomasius studierte in Leipzig die Rechte, nachdem er Magister der Philosophie geworden war, promovierte 1679 zum Dr. iuris, hielt bald darauf in Frankfurt a. O., dann in Leipzig Vorlesungen. Sie waren durchwärmt von der Liebe zum Naturrecht, dem mit uns geborenen, wie man damals sagte, dem unabdinglichen. Der Glaube an die darin ausgedrückte menschliche Würde hatte Thomasius überhaupt zum Studium der Rechte geführt. Seine naturrechtlichen Vorlesungen erregten Aufsehen, freilich nicht immer angenehmes. Doch den Stein des Anstoßes brachte er zunächst von anderer Seite her in Gang ...

(Quelle: Suhrkamp Verlag, Frankfurt/M., 1961, S. 315)

Bildnachweis

Archiv Gerstenberg 2, 3, 5, 11, 14, 15, 17, 18
Archiv für Kunst und Geschichte 30, 35
Bildarchiv Foto Marburg 6
Bildarchiv Preußischer Kulturbesitz 4, 8, 9, 10, 12, 13. 20, 21, 22, 23, 24, 25, 26, 27, 28, 29, 31, 32, 33, 37
Fackelträger Verlag 16
Historia-Photo 39
Photopress Zürich 34
Süddeutscher Verlag, Bilderdienst 7, 36
Ullstein Bilderdienst 1, 19, 38, 40